华北理工大学社会科学研究院文库

国家凝聚力研究

主 编：何新生

编 委：尹景瑞
　　　　田　苗
　　　　吕　琨

燕山大学出版社
·秦皇岛·

图书在版编目（CIP）数据

国家凝聚力研究 / 何新生主编. — 秦皇岛：燕山大学出版社，2023.1
ISBN 978-7-5761-0308-3

Ⅰ．①国… Ⅱ．①何… Ⅲ．①中华民族－民族精神－研究 Ⅳ．①C955.2

中国版本图书馆 CIP 数据核字（2022）第 152912 号

国家凝聚力研究
GUOJIA NINGJULI YANJIU

何新生 主编

出 版 人：陈 玉		策划编辑：裴立超	
责任编辑：宋梦潇		封面设计：刘馨泽	
责任印制：吴 波			
出版发行： 燕山大学出版社 YANSHAN UNIVERSITY PRESS		邮政编码：066004	
地　　址：河北省秦皇岛市河北大街西段 438 号		电　　话：0335-8387555	
印　　刷：英格拉姆印刷（固安）有限公司		经　　销：全国新华书店	

开　　本：787mm×1092mm　1/16		印　　张：15.25	
版　　次：2023 年 1 月第 1 版		印　　次：2023 年 1 月第 1 次印刷	
书　　号：ISBN 978-7-5761-0308-3		字　　数：266 千字	
定　　价：62.00 元			

版权所有　侵权必究

如发生印刷、装订质量问题，读者可与出版社联系调换

联系电话：0335-8387718

前　言

国家凝聚力研究是一个较新的学科，但却是社科领域必须要研究重视的课题。因为不断提升人民群众对国家的认同感、自豪感，实现中华民族伟大复兴的中国梦必须有强大的国家凝聚力作支撑。

为加强对国家凝聚力的相关理论及实践的研究，2017 年《华北理工大学学报（社科版）》在全国期刊界率先开设了"国家凝聚力研究"栏目，这也是目前国内唯一进行此领域研究的特色栏目。几年来，该栏目以 2012 年河北省社科基金项目"国家凝聚力理论研究与运用"（HB12ZZ001）、2013 年国家社科基金重点项目"当代中国国家凝聚力研究"（13AKS003）为依托，以 2013 年 9 月出版的《国家凝聚力理论与实证研究》等优秀成果为基础，坚持自己的栏目特色，专门刊登相关研究成果。

该栏目开办初期，为扩大影响力和知名度，建立了快速发表通道，缩短了审稿周期，并广泛联系作者，征集优秀稿件。现已形成了由中国科学研究院、《经济日报》、中国人民大学、同济大学、中国矿业大学、四川大学、湖北大学、山东大学、南京大学等高校、研究院、新闻媒体中相关领域的专家、学者组成近百人的强大研究团队。目前，栏目连续出版 24 期，相继发表多篇高水平学术论文，在国内学术期刊界产生了较大影响，取得了良好效果。2018 年获得第三届中国高校社科期刊青年编辑业务技能大赛暨新媒体融合发展专题研讨会特色专栏策划案优秀奖，2021 年获得 2018—2019 年度河北省期刊特色栏目称号。

在作者、审稿专家和编辑部的共同努力下，涌现出了一大批高水平作品。如刘学谦、何新生的论文《我国国家凝聚力进入全面增强新时期》刊登在《中国社会科学报》头版头条，并被中宣部网站推荐为"学习强国"平台的学习材料；刘学谦系列论文成果获得河北省社科二等奖、唐山市社科一等奖；国家社科基金重点项目最终报告成果《当代中国国家凝聚力研究》在社会上引起较大反响，中国科学院科技战略咨询研究院院长潘教峰、河北科技大学原党委书记王余丁等分别在"光明日报客户端"和《河北日报》上刊文予以高度评价，《长江日报》的《读 +》周刊对该书的第一作者刘学谦进行了独家专访。

本论丛选取了自 2017 年 1 月《华北理工大学学报（社会科学版）》开设"国家凝聚力研究"特色专栏以来发表的一些文章，将其分为高校凝聚力研究、国家凝聚力建设路径研究、中国共产党的凝聚力研究、国家凝聚力总体研究和国家凝聚力研究笔记五个部分。从文章中可以看到每位作者独特的风格，其中既有"长篇大论"，也有"短评简语"，但都用自己的话语在讲述中国故事，传播中国声音。我们将众多佳作结集成册以飨读者，也是为建设社会主义文化强国、实现中华民族伟大复兴的中国梦贡献一份力量。

由于时间有限，疏漏之处在所难免，恳请学界专家、期刊同人批评指正，也欢迎广大读者为期刊栏目的建设和发展建言献策。最后要特别感谢华北理工大学领导及刘学谦、杨多贵、马志刚、刘玉成等学界前辈，以及被收录文章的作者对栏目建设和本书策划出版给予的大力支持。感谢学界好友在文章编选和书稿结构体例等方面提供的指导和帮助。

何新生

2021 年 11 月

目　　录

一、高校凝聚力研究

二、国家凝聚力建设路径研究

三、中国共产党的凝聚力研究

四 、国家凝聚力总体研究

五 、国家凝聚力研究笔记

一

高校凝聚力研究

高校思想政治理论课亲和力探析

洪彩贝，汪先平

高校思想政治理论课是党和国家开展思想政治教育工作的主阵地。高校思想政治理论课的发展向来为广大学者所关注。高校思政课亲和力是近年来很能引起热议的词语。"亲和力"原属化学领域的一个概念，特指一种原子或分子与另一种原子或分子间的关联属性，后来被广泛应用于社会领域，强调人与人之间、群体与群体之间愿意接近、相互趋同的特性。思政课亲和力是指在思政课教学中具有的意识、情感乃至行为方式上的接近、趋同的理论品质，教师与学生之间建立起亲密的关系，产生合力推动教学工作的发展。在全国思政课教师座谈会上，习近平总书记强调："推动思想政治理论课改革创新，要不断增强思政课的思想性、理论性和亲和力、针对性。"当前大多数亲和力提升与路径的研究，视角较为单一。从心灵哲学、情感心理学、信息哲学和行为主义心理学视角去探究"亲和力"的理论来源，是进一步准确把握高校思政课亲和力的重要方法，没有亲和力的思政课必然枯燥乏味。

一、心灵哲学视角的亲和力

心灵哲学观照的是我是否可以用我的"心灵"与别人的"心灵"沟通，我的心灵在什么样的通道，他人的心灵又是在怎样的通道，二者之间是否具有相通性？他心问题既是一个认识问题、理性问题，也是一个情感问题。有学者指出，"他心问题"是近代以来认识论的一个重要话题。通过利用推论主义与非推论主义相结合的方法，证明了他人存在着与我相类似的心灵状态。也就是说，我的心灵与他人的心灵具有相似性，是可以进行沟通的，二者之间存在着沟通通道，具备一个通约，即心灵上的沟通。高校思政课是教师与学生进行心灵沟通的重要渠道，通过观察学生的眼睛，高校思政课教师可以深入了解学生的内心世界。正常情况下，眼睛能够反映一个人真实的想法。教师在与学生沟通的基础上达成投洽，有利于思政课亲和力的提升。

（一）心灵上的沟通

伯特兰·阿瑟·威廉·罗素在《人类的知识》中指出："总之我们对于刺激的反应与'无生命'的物质的反应在很多方面有着不同，而在所有这些方面别人却和我类似。正如我清楚地知道那些支配我的行为的因果律一定与'思想'有关一样，我们很自然地推论同样的因果律适用于我的朋友们的类似行为。"在罗素看来，他心是存在的，我们可以感知到他心，从而建立起沟通的桥梁。高校思政课教师与学生之间的沟通，除了课堂外在的沟通，更重要的是心与心的沟通。心灵上的沟通需要思政课教师付出真心、真情和真意去感受学生的内心，需要教师细心观察总结学生课堂与课后的言行举止和眼神等，去理解学生，通过眼神的交互，打开学生心灵之窗，进行彼此心灵的对话。高校思政课教师应当加强与学生之间的沟通，建立心灵沟通的桥梁，进而彰显思政课的亲和力。

（二）心灵上的投洽

建立在心灵的沟通基础之上，当高校思政课教师与学生之间的沟通较为顺畅、形成一致的看法时，二者便能产生一种心灵上的投洽。中国的心灵哲学侧重于对个体心理的层层分析、形而上的追溯，中国心灵哲学更关心人类的心、群体的心即"大心"。"亲其师而信其道"，高校思政课教师不仅要关注自己的心灵，同时也要关注学生的心灵，心灵与心灵之间真诚的沟通和投洽才能使学生认同教师的看法，积极融入课堂教学，认真听讲，使思想政治教育的成效"入耳、入脑、入心"。高校思政课教师在授课过程中，要有一颗为学生着想的善良之心，除了做好与学生的沟通以外，还应当进一步寻找能够被学生所认同、所肯定的教学模式与教学方法，从而提升学生对课程的认同感和归属感。从心灵上的投洽到课程上的认同，进一步彰显高校思政课的亲和力。

二、情感心理学视角的亲和力

情感是心理学用词，是生活现象与人心相互作用下产生的感受。《心理学大辞典》中认为："情感是人对客观事物是否满足自己的需要而产生的态度体验。"在教学过程中，情感教学心理学是心理学的重要分支。情感教学心理学紧紧围绕着情感教学这一主题，大大收缩教学心理学的内容，以便能更集中、充分、深入地研究教学中的情感现象，为教学工作者充分利用情感因素，实施知情和谐统一的教学提供有关的情感心理学依据。在高校思政课教学过程中，思政课教师的情感起着信号、动力的作用，而学生的情感对学生的发展也至关重要。教师在课程教育中应当充分利用、激发和培养学生的积极情感，以达到情感上的共情与共鸣，来彰显思政课的亲和力。

（一）情感上的共情

卡尔·罗杰斯曾这么定义"共情"："所谓的共情是指站在别人的角度考虑问题，它意味着进入他人的私人认知世界，并完全扎根于此。"就是说关心一个人，不能把他作为一个客观物品从外面观察，而要进入他的内心世界，并根植于此。高校思政课教师与学生之间的共情是思政课亲和力的内在表现之一。高校思政课教师应当站在学生的立场上，去了解学生的心理，走近学生的内心。心理学中有这样一个真实的实验：以三十人的班级为例，将班级里的三十人分为五人、五人和二十人三个小组。对前五人每天以表扬的方式去赞美他们，而对后五人则每天以批评的方式去指责，对剩下的二十人则每天既不批评也不表扬。过了一段时间后，被肯定表扬的五位同学自信满满，进步飞快；而被否定批评的同学也进步了，却显得有些极端；既不被肯定也不被否定的二十位同学的变化则不明显。这项实验表明，在学习过程中，每位学生都渴望被表扬，获得老师的认可，渴望收获大家的爱，与他人形成情感上的共情。共情也被称为同理心，高校思政课教师应当站在学生的角度，善于发现学生的长处，做学生所喜欢的聆听者，贴近学生、鼓励学生，实现从理解学生到被学生理解的转变，这也是体现高校思政课亲和力之所在。

（二）情感上的共鸣

《简明心理学辞典》对情感共鸣含义的解释是："情感共鸣或称情绪共鸣，是指在他人情感表现或造成他人情感变化的情境（或处境）的刺激作用下，所引起的情感或情绪上相同或相似的反应倾向。"高校思政课教师在教学过程中与学生建立情感纽带后，除了思想上的共情，还应达到情感上的共鸣，使学生感受到老师对他们的爱，以及对他们存在的一种肯定，从而建立起情感通道。教师与学生从情感上的共情到共鸣是思政课亲和力的又一内在表现。通过改变传统的教学模式，运用沉浸式教学进行创新。以中国女排精神为例，通过对女排精神知识的系统梳理，将其演变成一个个小故事，将中国女排运动员的奋斗故事转换成一个个小片段，使学生身临其境，使他们在沉浸式教学场景中产生共鸣，从而更容易被感染和激励。把讲精神、讲知识、讲道德与讲故事相结合，有利于进一步提升高校思政课的亲和力。

三、信息哲学视角的亲和力

有一个比知识更天然和更基础的概念，对此哲学家已经花费了不少气力，这个概念便是信息。信息由知觉传递，由记忆储存，尽管也通过语言传递。今天的世界是信息化的世界，各行各业的发展都离不开信息，信息已经成为社会发展的重要基础。高校教学是信息交互的重要过程。教育者需在信息哲学引导下，整合信息资源，发挥信息哲学的教育溢出效应，创设更好更优质的教育管理环境，实现教育目标。也就是说高校思政课教师要发挥好信息的整合与分享作用，通过教学与学生们共享信息。通过信息的交流与共享达成共识，是高校思政课亲和力的表现形式之一。

（一）信息上的共享

近代以来，随着经验认识论的产生，以及 20 世纪多种数学信息论的发展和信息技术的兴起，"信息"概念已在科学和社会中占据了中心地位。而信息哲学正是从历史与系统的角度，对信息概念的一切表现形式进行哲学分析。高校思政课堂的信息交流和信息共享是信息概念的一种表现形式。高校思政课教师与学生的信息交流与共享也是思政课亲和力的重要表现之一。当前，社会生产力极大提高，社会信息化、文化多样化的深入发展使信息呈井喷式发展，信息的交流与共享成为新时代高校思政课教师与学生沟通和互动的重要纽带。高校思政课教师是知识的传播者也是信息的传递者，学生是知识的接受者也是信息的接收者。当下，广大学生接收信息的渠道日益多元化，信息成了一种大家共享的资源。高校思政课是由教师、学生、课程三者构成的一种独特的课程资源。在教学过程中，信息每时每刻都在三者之间交流。教师需要帮助学生去深度挖掘信息、使用信息，从而提升学生对系列信息的认知。大学是人生发展的重要阶段，学生的认知能力已经形成，高校思政课的教学模式应当以启发式教育为主，实现师生之间的共性与个性资源信息的共享；避免被动接受式的信息共享，以突显思政课亲和力的存在感。

（二）信息上的共识

在这个新兴社会中，信息和知识可以通过世界上所有的网络存在、交流、共享和传播。教师与学生从信息上的共享到共识是思政课亲和力的又一重要表现。高校思政课作为教师和学生共享知识的主阵地，要想教师和学生达到信息上的共识，则需要教师与学生进行互动，共同去研究和探讨系列事件的原因、经过和结果。教师作为重要的信息源，要依靠自己的专业知识储备，依靠经验积累的知识脉络，依靠对信息知识的理解和个人的经历，组成一个系统的、为学生服务的信息源。与学生的共享过程要建立在平等分享的基础上，要善于倾听每位学生对信息的个人理解，寻求与学生达成共识。如致力培养社会主义建设者和接班人的理念，致力实现中国梦的信念，致力贯彻"立德树人"的根本任务等。只有与学生达成课堂共识，才能进一步提升学生课堂知识信息的"入脑"率，彰显高校思政课的亲和力。

四、行为主义心理学视角的亲和力

行为主义是心理学的一个分支，《普通心理学》的作者彭聃玲指出："行为主义的一个特征是个体行为不是生来就具有的，而是在生活环境中学习的结果。"高校思政课是立德树人的重要课程，教师的行为和经历是学生学习的榜样。教师和学生通过行为上的配合来保持行为的一致性。约翰·华生的行为主义心理学的出发点是"可以观察的事实，也即人类和动物都同样使自己适应其环境的事实"，"环境是影响个体行为反应的主导因素，而华生所指的'行为'是指'有机体用以适应环境变化的各种身体反应的组合"。也就是说，学生在课堂上会根据课堂环境作出不同的行为。教师在教学过程中，与学生建立良好的关系，配合彼此的行为，便会使学生在课堂中保持与自己一致的行为。教师认真讲课、学生认真听讲构成行为上的互动，是思政课亲和力的重要表现。

（一）行为上的配合

高校思政课的主体是教师与学生，课堂教学活动是由教师与学生共同完成的。二者行为上的互动与配合是二者沟通的一种重要方式，学生行为上的配合体现了高校思政课的亲和力。教师与学生在课堂上的言行举止都是在与对方沟通和交流，并在不断的沟通中完成行为的配合。在教学过程中，思政课教师要充分发挥学生的主体作用，使学生由被动学习转换成主动学习，建立一种"尊重合作"的良好关系，运用行为引导教学法，即一种以培养学生"关键能力"为目标的先进的职业教学理念。与传统教育理念所不同的是，它注重发挥学生的主体性和培养学生的创造性，在教学过程中，教师为主导，学生为主体，师生互动，教学相长，以此激发学生的学习主动性和兴趣，改变学生消极的"要我学"为积极的"我要学"的现象。从思想的相通，到行为的一致再到行为上的配合，都需要高校思政课教师正确引导学生的思想，规范学生的行为，激发学生的学习动力，从而使他们积极融入课堂教学中。

（二）行为上的一致

高校思政课教师与学生的关系对教学活动有至关重要的作用。使教师与学生行为上的一致性所产生的合力共同作用于思政课堂，有利于教学效果的进一步提升。行为主义心理学注重行为的强化指导作用以及榜样示范学习，通过观察获得示范行为的象征性表象和图式引导个体作出与之相对应的行为过程。在高校思政课教学过程中，教师是学生学习的重要榜样，教师的行为对学生的行为具有重大的影响。教师与学生行为上的一致性包含方向上的一致性、立场上的一致性和行为选择的理性。高校思政课教师一是要坚持社会主义教学方向，贯彻"立德树人"的根本任务，使学生朝着德智体美劳全面发展的社会主义建设者和接班人的方向不懈奋斗；二是要保持正确的政治立场，在大是大非面前，要保持政治清醒，帮助学生对社会事件形成正确的政治看法，自觉养成正确的政治意识；三是高校思政课教师的行为选择要保持理性，坚持传播社会正能量，弘扬社会主旋律。同时，行为心理学侧重以量化以及可视的客观方法来研究人的行为，从而预测和把控人的行为。高校思政课的亲和力要从学生对亲和力的认知以及需求情况等方面进行调查，具体可通过观察、问卷或沟通交流的形式来进行并根据调查结果对高校思政课亲和力的提升路径进行完善。

五、结语

新时代提升高校思政课的亲和力是党和国家所高度重视的，也是发挥高校思政课思想政治教育功能的重要内在因素。把握高校思政课亲和力的理论内涵是增强高校思政课教学效果的重要途径之一，也是当下高校思政课面临的机遇与挑战。从心灵哲学、情感心理学、信息哲学和行为主义心理学等视角探析高校思政课亲和力的理论内涵，有利于进一步加强高校思政课教师对亲和力的理解与深入分析，并为提升高校思政课的亲和力奠定良好的理论基础。

以增强集体凝聚力为导向的新生养成教育探索

程立军，孟明川，郑尹

大学生群体是国家未来发展建设的主力军，他们的向心力和集体凝聚力直接关系着国家的经济发展、社会稳定、持续发展等核心利益。大学生集体凝聚力的塑造是新时代国家发展稳定的重要因素。目前大学校园的学生主体主要为"90后"，他们的自我意识强烈，个人表现欲强，集体荣誉感弱化。高校扩招的大背景又使得教学资源配置有限，教学人员管理范围增大，人均享有的教学资源，尤其是优质的教学资源降低，这都是对高校文化建设的挑战。目前我国正处在社会转型阶段的关键时期，全球化、信息化不断强烈地冲击着传统的国家、集体与个人的利益关系。大学生作为青年阶层的一个重要群体，正在扮演着提升国家凝聚力的重要社会角色。在小集体中培养学生高度的自觉性，才能让他们在提升国家凝聚力中发挥重要作用。集体的凝聚力无疑是高校文化建设的软实力和灵魂，更是增强国家凝聚力的重要途径之一。一个好的集体凝聚力带来的不仅仅是良好的学习氛围，更有益于形成健康的价值观念导向。为了加强高校的文化建设，帮助新时代大学生树立正确的价值观，建立新的且具有吸引力的集体凝聚力是重要而迫切的。

一、大学新生集体凝聚力建设的意义

对于集体凝聚力，苏霍姆林斯基表示："如果能通过各种努力来教育、团结集体，集体就具备了强大的教育力，会使每个成员受益。"这朴实的语言告诉我们集体的力量是无穷的，它会构建起和谐的人际关系，对每个人的发展起到积极的促进作用。所谓集体凝聚力，是指将集体中每个成员的力量汇集到一起，使所有成员都产生归属感与认同感，充分挖掘出每个成员的内在潜能，积极进行自我教育，增强教育效果，促进全体成员的成长。换言之，集体在发展的过程中，会受到诸多因素的影响，凝聚力则是最关键的一环，它能有效促进集体的和谐稳定，逐渐使之步入可持续发展轨道。对一个集体来说，如果每个成员都能向着共同的目标努力，潜移默化中会对全体成员产生积极影响。众所周知，人不可能脱离社会而孤立存在，每个人在学习与生活中都会与其他人产生交集，建立起复杂而庞大的人际关系网。培养集体凝聚力，对健全学生心理、促进他们的健康成长都具有重大意义。学生的集体凝聚力一旦形成，会形成高度的自觉性，为了群体的活动目标而自觉自愿地执行群体任务。

二、大学新生集体凝聚力建设的策略

目前，关于增强新生集体凝聚力的研究针对班集体的比较多，但是由于班集体之间存在差异性及方案的不同，使得提高凝聚力的效果一般。尤其是对于大一新生来说，他们来到陌生的环境，离开了给予自己无限呵护的父母亲人，离开了朝夕相处三年的高中同学，踏上了人生的新征程。在大学校园中，学习与生活较之从前都发生了明显改变，班上的同学来自五湖四海，不同的生活习惯、不同的家庭背景，使许多新生感到无所适从。新生入学后许多问题没能及时得到解决，各级学生管理部门处理问题的水平也参差不齐。如果针对所有大一新生搭建一个新生学习行为训练平台，对新生的许多共性问题，利用平台统一进行训练，必将会产生事半功倍的效果。

（一）以共同目标为主轴，建立以共同愿景为核心的导向机制

早在 20 世纪 60 年代，杰出的心理学家谢里夫就做过一次有趣的实验，通过组织 8 ～ 12 岁儿童参加夏令营活动发现，只要某一部分人拥有一致的活动目标，就可以构成一个群体，要想增强这个群体的凝聚力也并非难事，只需要鼓励他们为了实现共同的目标付出努力即可。由此得出结论，在积极有效的集体活动中，增加集体认同感，潜移默化中能增强全体成员的凝聚力。同时，组织集体活动也可以促使成员间形成互帮互助、团结向上的氛围，构建起和谐的人际关系，养成良好的学习生活习惯。

通过小集体来强化大集体的凝聚力，即通过加强班集体目标来强化学生对集体的归属感和凝聚感。针对班集体，可以通过建设优秀班级文化、建设班风学风等方式，营造积极向上的文化氛围，使学生受到熏陶与感染，不断培养班级凝聚力。通常情况下，当每个学生都产生强烈的集体归属感时，他们便会通过个人的努力来实

现班级整体建设目标，这就对辅导员与任课教师提出了较高要求：要深入班级当中，切实把握好班级建设实际情况，倾听学生心声，与他们共同制订出切实可行的目标。只有通过这种方式制订的目标，才会得到全班同学的认同，才能使班级的各方面工作都能按部就班地开展。以此为前提，任课教师、学生个人都要制订出个人目标，并为达成目标而付出不懈努力，构建起行之有效的目标管理体制。共同愿景实质上是全班同学个人愿景的汇集，每个同学前进的方向与班集体的发展目标保持一致，就会产生强大的感染力，这离不开辅导员的组织与管理。

（二）以情感效应为桥梁，建立融洽师生关系的沟通机制

从心理学角度出发，教育者的威望与教育效果之间具有明显的正相关关系。在新生训练营中，辅导员是与学生接触最多的教师，是学生全面健康成长的导师，在学校教育中起着主导作用。辅导员不仅要具备深厚的文化底蕴，而且要具备使命感，要怀揣着爱心与责任心投入到工作当中，把自己视作学生的知心朋友。第一，要严抓习惯养成教育。以运动会、竞赛活动、升旗仪式等活动为契机，磨砺学生意志，培养他们的集体荣誉感。第二，多与学生交流。耐心倾听他们的心声，帮他们排忧解难。深入学生群体，善于捕捉每个学生的情绪变化，以自己的阅历来指引学生，力争早发现、早解决问题。第三，纪律卫生管理常态化。充分发挥班委会的优势，广泛听取全班同学意见，制定出行之有效的班级规章制度，以此来约束与规范学生行为。第四，牢固树立时间观念。任课教师、辅导员给学生当榜样，以自己的言行来感染学生。第五，始终与学生站在一起。利用QQ群、微信群等媒介，增进与学生的情感交流，也要经常深入学生宿舍，帮助学生解决学习与生活中遇到的实际困难，使学生真真切切地感受到集体的温暖。及时发现学生的思想动向，对他们进行正确的引导，使他们鼓足勇气迎接风雨与挑战。

（三）以集体活动为载体，建立培育集体观念的教育机制

良好的校园文化可以起到第三课堂的教育效果，可以使学校教育永葆活力，唤起全体师生的激情，能折射出学校育人水平的高低，会发挥出润物无声的教育效果，可触及每个学生的心灵，使他们受到感染。集体活动是建设校园文化的有效途径，丰富多彩的活动可以使学生感受到集体的力量，增强他们的责任心与使命感，增强集体凝聚力。如华北理工大学轻工学院通过组织2016级新生训练营开展以"开拓视野，尽显风采"为主题的精彩纷呈的集体活动，包括风采礼仪大赛、主持人大赛、辩论赛、交谊舞大赛等；以节日或纪念日为契机的大型联欢会；学术氛围浓郁的科

技文化周、英文演讲比赛、IT 成果展等活动；体育竞赛，如乒乓球比赛、趣味运动会等。既拉近了心与心的距离，又使每个学生感受到集体生活的多姿多彩。一言以蔽之，学校将集体活动的优势发挥得淋漓尽致，依托集体活动来培养学生的集体荣誉感，为每个学生提供展示自我的平台，有效拓宽了学生视野，使团队意识深深地植根于每个学生的思想当中，使他们善于反思、勇于拼搏、不断超越，并构建起团结友爱的集体。

（四）以规章制度为约束，建立良好行为习惯的督促机制

自古以来，中国人就意识到规矩的重要意义。在校园生活中，离开了制度的保障，良好行为习惯的养成则无从谈起。国家凝聚力是一国公民整体信仰、道德水平、精神面貌的反映，这就需要把国家理想与目标变成对公民有导向性的行为准则、行为指导，使公民认同并自觉遵守。对大学生这一特殊群体而言，要想提高他们对国家的感情，首先要提高他们对小集体的感情。我们需要分析"90 后"学生的特点，了解他们接触到的信息和环境，熟悉他们的生活学习方式，制定出符合他们特点的行为规范训练系统和监督奖惩机制。在制度的约束下，每个同学都会严格要求自己，要想增强制度的威慑力，就要考虑学生的需求情况，把握好他们的身心发展规律，制定出相应的、切合实际的制度。但班规的执行情况却未必能尽如人意，为了使学生自觉遵守制度，要注意以下几个问题：一是树立典型，发挥榜样的带头辐射作用，形成正确的舆论导向；二是引导学生客观公正地对自己和他人的言行作出评价，找出与他人间的差距，增强制度的规范性；三是加强管理监督，及时发现违反制度的行为并进行说服教育，必要时要进行惩处。要使学生感受到制度对自身、对集体的重要意义，以自己的行为来表示对制度的认同，以制度来规范自己的言行。

以华北理工大学轻工学院 2016 级新生为例，从开展的新生训练营活动效果及学生反馈来看，学生的集体凝聚力建设取得了很好的效果。笔者利用微信平台的智慧问卷星，设计了一份《大学生集体凝聚力调查问卷》，包括人际关系、个人目标、班级认同、班级制度等 4 个维度共 18 道题，生成二维码，发送给新生训练营的所有大一新生，通过排除重复 ID 提交的问卷，筛选出有效问卷。通过对学生进入新生训练营之前和之后的两次调查结果的分析显示：参加新生训练营之前，学生们对班级认同度和管理支持度较低，人际关系较紧张，集体活动参与性较消极；参加新生训练营之后，学生们对班级认同度和管理支撑度较高，同学关系、师生关系较和谐，参与集体活动的积极性也提高了。

总而言之，对于大一新生来说，培养他们的集体凝聚力是非常重要的。我们要

全面而深入地分析学生特点，结合实际情况，采用多样化的措施，使新生尽快适应新的学习环境，融入新的集体，培养他们的集体意识，在营造良好班风、学风的基础上，不断强化他们的集体凝聚力，促进他们的健康成长。以此促进我国新时代教育事业的健康发展。

高校凝聚力建设的现状及对策

戴国辉，高文晏

目前，世界上有几个国家给世人留下了很深的印象。这些国家国土面积不大、人口不多、资源不丰富，但是国家综合实力、国民生活水平，尤其是在国民的凝聚力方面较突出，比如瑞士、日本、新加坡、韩国等。2017 年 10 月，习近平总书记在党的十九大报告中首次提出，中国特色社会主义进入了新时代。我们要不负人民重托、无愧历史选择，在新时代中国特色社会主义的伟大实践中，以党的坚强领导和顽强奋斗，激励全体中华儿女不断奋进，凝聚起同心共筑中国梦的磅礴力量。

具体到教育领域，建设教育强国是实现中华民族伟大复兴的中国梦的基础工程。其中，高校肩负着为国家培养德智体美劳全面发展的社会主义事业建设者和接班人的重大任务，必须充分发挥自身功能和特殊作用，不断提高凝聚力的建设水平，团结一致，凝心聚力，心往一处想，劲往一处使，为国家培养更多的优秀人才。

一、凝聚力的科学内涵及其意义

凝聚力是人们日常生活中所用的常见词语，它有两个含义：一是内聚力；二是使人或物聚集到一起的力量。内聚力是一个物理学概念，指物质内部分子之间的相互吸引力，是物体保持一定形状或处在一定状态下所发生的动力和维持力，分子之间距离越小，凝聚力就越大。

可见，凝聚力是从自然科学中的物理学概念引进到社会科学中的一个崭新概念。作为社会科学所指的凝聚力，一般指一个群体内部横向和纵向两个方向的吸引力。横向凝聚力是指群体成员之间的相互吸引力，纵向凝聚力是指群体各级领导人（或领导群体）对群众的吸引力。对于高校而言，凝聚力是教职工对学校的责任感、使命感和归属感的总和。

对一个群体来说，凝聚力就是生命力，凝聚力就是战斗力。凝聚力强，人们的工作效率、精神风貌、身心健康状况就会良好，工作就容易出成绩；凝聚力弱，人们的工作效率、精神风貌、身心健康状况就会低劣，工作就会停滞不前，甚至倒退。因此，高校应加强凝聚力建设，增强个体成员的责任感、使命感和归属感，打造一个牢不可破、坚不可摧的团队，顺利实现共同的奋斗目标。

二、高校开展凝聚力建设存在的问题及原因

中国的现代高等教育诞生于 19 世纪末。随着帝国主义的入侵，中国被迫向西方学习。在学习西方文明的过程中，中国的现代高等教育应运而生。中国高校在挽救国家危亡、反抗外来侵略、推动经济社会发展等方面作出过重大贡献，其在历史发展的重要关头表现出的团结一心、共克时艰，追求进步、勇往直前的凝聚力，在史书上留下了浓墨重彩的一笔。

凝聚力建设对于高校教育事业改革发展的重要意义和积极作用得到了广泛认同。多年来，在国家及教育主管部门的政策主导下，高校积极开展"凝聚力工程"建设，教学科研、人才培养、社会服务等工作都有了极大的提升。不过，随着我国改革开放的逐步深入，信息技术的迅猛发展，高校的凝聚力建设也面临着发展机遇和严峻挑战。高校凝聚力建设表现出了很多问题。

（一）信息技术的发展造成价值观多元化

随着互联网、智能手机等信息传播工具的普及，社会信息传播的渠道被极大地丰富了。只要会使用信息工具，每个人都可以成为信息的发布者和传播者，这改变了传统媒体单一的信息发布机制，使得自媒体时代来临，也使我国信息传播格局发生了重大变化。这个在信息日益丰富的时代，高校师生对客观事物的认知发生了重大变化。

（二）社会的变革造成利益诉求多元化

随着改革开放的逐步深入，高校旧有的格局被打破，收入差距化、住房市场化、后勤社会化成为高校的新常态。同时，不可否认的是，部分高校党建工作的弱化、思想政治工作的虚化、群团工作的无力化让教职工的集体归属感、荣誉感、责任感不断下降。高校教职工面临着不同程度的工作压力、生活压力和精神压力。

（三）制度的不健全造成凝聚力建设的边缘化

凝聚力建设的重要作用不言而喻，就高校的体制机制而言，宣传部、统战部、工会、团委、学生处等都负有开展思想政治工作、凝心聚力的职责，但各个部门各管一摊，"各扫自家门前雪"，这就很难形成工作合力缺乏一个领导小组居中协调，缺乏明确的工作计划和工作目标，造成一种"凝聚力建设说起来重要，做起来次要，忙起来不要"的不利局面，严重影响了凝聚力建设的进一步发展。

三、加强高校凝聚力建设的路径及措施

凝聚力建设永远在路上，没有完成时，只有进行时。加强高校的凝聚力建设，从高校的实际情况出发，进一步提升广大教职工干事创业的精气神，必须从物质、精神、政治文化和安全等方面统筹考虑，充分发挥合力优势，这样才能取得明显的效果。

（一）提高教职工的收入水平，夯实物质凝聚力

当前，我国社会的主要矛盾已经转化为人民日益增长的美好生活需要和不平衡不充分的发展之间的矛盾。不断满足人民日益增长的美好生活需要，首先要满足的是广大人民的物质需求，努力增加人民群众的收入。高校要根据实际情况，努力提高全体教职工的收入水平，收入增加了，生活水平提高了，全体教职工的责任感、使命感、归属感也会随之增强。

（二）以理想信念和道德建设为突破口，弘扬精神凝聚力

高校要以社会主义核心价值观为指导，深入开展道德建设工程，引导教职工讲道德、尊道德、守道德，鼓励广大教职工成为遵守学校规章制度、学术规范的道德模范。同时，坚决实施学术道德、师风师德"一票否决制"，把道德败坏者清除出教师队伍，以正视听。

（三）以增强党组织的凝聚力为重点，增强政治凝聚力

高校党委对高校工作实行全面领导，承担着办学治校的主体责任，必须充分发挥高校党委在深化高校综合改革、建设中国特色现代大学制度中的领导核心作用。高校党委要把握正确办学方向，深化改革创新，扎实开展党的建设，有效发挥基层

党组织战斗堡垒作用和共产党员先锋模范作用，着重加强基层党组织带头人队伍建设，让党员干部进一步增强存在感、责任感、使命感、成就感，不断凝聚高校内涵式发展的强大动力。高校党委要充分发挥党组织的思想政治优势、组织优势和密切联系群众的优势，公开公平公正地任免干部，及时化解干部和教职工之间存在的问题，创造一个优良文明的工作环境和亲切和谐的工作氛围。

（四）以大学文化建设为抓手，提升文化凝聚力

文化是一个国家的灵魂，是一个民族的精神家园，是一个民族区别于其他民族独特的精神标志。文化的整合与重塑，是高校发展建设的关键所在。大学文化建设也是一个长期的、不断推进的过程。高校要通过中华民族优秀传统文化，构筑广大师生正确的价值观，高校要建设学术文化，营造追求学术价值，鼓励学术研究，支持学术创新的氛围和风气；要建设制度文化，不断增强师生对制度的认同并内化为日常行动；要建设行为文化，提升学校的内涵和品位；要建设环境文化，凸显学校的风格和气派；要建设质量文化，提高人才培养质量的全员意识。

（五）以保护师生的身心健康为中心，加强安全凝聚力

随着经济社会的发展，人民群众对安全的要求越来越高。从新中国成立初期的政治安全、经济安全和国防安全，到今天的社会安全、信息安全、生态安全、食品安全等，每一种安全出问题，都会给人民群众造成重大的损失。高校要不断加大投入，通过人防物防技防，保障师生的人身安全；加大对大学生心理危机的干预和防范力度，从根源上避免大学生心理问题的发生；在师生外出实习、实训、社会实践时，加强安全知识教育，防止各种意外的发生；采取多项举措，引进培养高水平医生，加强对医生的业务培训，配备必要的检查设备、急救车辆等，不断提升校属医院的诊治水平，保障师生的健康安全；提高食堂的卫生管理水平，防止出现群体性公共卫生事件，保障师生的饮食安全。

物质、精神、政治、文化、安全五个方面的凝聚力建设相互联系、相互补充，又相对独立、相互影响，共同构成了一个不可分割的整体。任何一个方面的凝聚力削弱，都会造成整个凝聚力的失衡，最终影响教育事业的发展。对于高校来说，必须要加强顶层设计、统筹规划，不断加强凝聚力建设，凝心聚力，久久为功，才能推动教育事业再上新台阶，为国家的发展作出新的更大的贡献。

网络生态圈视域下高校大学生
国家认同表征与提升路径

陈文亮，肖蕴杰

习近平总书记在全国高校思想政治工作会议上强调："要坚持把立德树人作为人才培养的核心内容，把思想政治工作贯穿到高校教育教学全过程，注重人才核心价值观和国家认同思想的塑造，实现全程育人、全方位育人。"大学生思想发展和价值观养成正处于一个全新的成长环境——网络媒介生态圈，各种文明形态和思想认知、价值观念在互联网媒介平台上汇聚、交锋、碰撞，全新网络思想生态环境增加了高校大学生国家认同的安全压力。自媒体已成为社会思想和信息传播的有效方式，信息传播方式的革新影响了大学生的思想养成和知识获取，也是影响大学生国家认同的重要因素，网络生态圈"开放、多元、共享、类聚"的特征与国家认同"统一、共享、稳定、现实性"的特征怎样实现有效的对接和融合，是我们必须要面对的问题。现阶段"国家"仍然是参与国际事务、维护民族利益和表达人民利益诉求的主要载体，网络生态圈中同样需要塑造大学生对国家共同体的情感认同、文化认同、政治认同，移动互联网时代大学生将网络流行价值观、网络多元文化、网络意识形态等网络生态环境融入国家认同体系中显得尤为重要。

一、大学生国家认同内涵解读

网络生态圈中大学生国家认同面临诸多新的挑战，党的十八大报告中明确提出，积极培育和践行社会主义核心价值观的重要命题和重大战略是适时之举，是大学生国家认同塑造的顶层设计，体现出社会主义核心价值观的塑造和引领是大学生国家认同中的核心。自媒体环境下大学生国家认同的基础、方式、场景、结构等方面都发生了显著变化。大学生的国家认同是大学生群体在新的网络生态圈中学习、实践、成长和工作过程中表现出的对国家政治共同体、社会共同体和民族核心文化价值观的认可、践行和维护。它是大学生群体对生活在其中的社会共同体的积极向上的情感态度。大学生国家认同主要体现在：一是对某种政治共同体的认定；二是对某种共同体的历史文化传统的认可；三是对社会共同体核心价值观的积极践行。微信、微博等自媒体的广泛使用拓宽了大学生国家认同的表达途径，同时也给大学生国家认同带来了很多不确定因素。高校应适应自媒体时代大学生国家认同的新环境，筑牢大学生国家认同的网络思想阵地。西方发达国家利用先进的互联网技术传播着西方资本主义社会的价值理念和文化观点，这些"价值理念"有些可以为我所有，有些却是和社会主义主流价值体系相矛盾的。因此，大学生在吸纳优秀思想观念的同时，更要坚持传承"民族本色和国家特色"思想价值体系。

二、自媒体网络生态中大学生国家认同存在的主要表征

（一）大学生国家认同载体趋向影像化和虚拟化

网络生态圈中大学生国家认同载体发生了显著的变化，更加趋向影像化和虚拟化，思想传播的载体更加形象生动。传统大学生国家认同的载体主要是报刊、电视、英雄模范人物的现身说法和大学主题团日等，它们在激发大学生国家认同，尤其是在传承大学生文化认同、情感认同、政治认同等方面发挥了重要作用。随着自媒体时代的到来，大学生国家认同载体要适应大学生阅读方式的改变，充分利用自媒体及时、便捷、信息容量大的优势资源，将文字、声音、图像、动画等互联网新媒体元素融入国家认同载体中，尊重自媒体网络载体传播的规律和要求，积极将大学生国家认同内容在自媒体平台上进行有效地传播和扩散，尤其要利用好官方微博、微信，及时向大学生传播相关内容。

（二）大学生国家认同泛娱乐化倾向明显

自媒体环境下大学生国家认同存在"泛娱乐化"的倾向，"政治"和"娱乐"是两种看似不搭边的现象，但是自媒体平台上"娱乐化的政治"和"政治问题娱乐化"现象却对大学生的国家认同产生了解构。自媒体环境下"政治问题娱乐化"主要表现为一系列奇葩证明引发的网络调侃，这种泛娱乐化背后折射的是公众对政府的调侃、戏谑，这极大地损害政府的公信力，降低了大学生对国家的认同，这种政治

问题娱乐化现象在网络生态圈中传播极快，它慢慢消解了国家认同的主导价值作用。将娱乐新闻政治化的现象也较普遍，这种现象背后折射的是某些行业或者部门的工作信息不够透明，公众缺少应有的知情权和监督权，这同样也会导致大学生对国家认同的降低，娱乐问题政治化同样也会在网络空间中混淆视听，极大消耗公众注意力，引起大学生的思想分化。

（三）大学生国家认同表达缺乏理性

自媒体环境下大学生群体对"国家""国家认同"缺少全面深刻的理解，大学生在面对一个开放、多元、多变的网络生态环境时更应该坚持国家认同这一基本要求。大学生在理论层面应明晰国家认同的本质和要义，国家认同的核心是加强对社会主义核心价值观的认同和践行，部分大学生只是将国家认同放在了嘴边而没有真正放在心中，有相当一部分大学生在自媒体上表达国家情感和民族情感时缺少现实性和理性，他们认为国家认同就是排斥一切外来事物，或是只要是对自己有利的才会接受和认同，如西方社会的"普世价值观""自由主义"等不良社会观点在网络生态圈中受到了一些大学生的追捧。还有一部分大学生痴迷于自己的"网络小空间"，如沉迷于网络游戏、追星、自我秀等，对民族国家的重要事件从不关心，认为对国家的责任和义务都是别人的事情。这两类大学生国家认同采用的方式都是非理性的表达，在语言和行为方式上容易出现两种极端的现象，一种是使用不切实际的过激语言和行为在网络上发表干扰正常社会秩序的言论；另一种是"两耳不闻窗外事"，对国家重大政治、经济、文化的变革无动于衷，完全痴迷于自己的网络世界。

（四）大学生"网络虚拟角色"前置

每个人都在社会生活中扮演着不同的人生角色，多数情况下大家的角色转换、角色权利和角色义务都是在现实情境中发生的，但自媒体环境下大学生虚拟角色出现了前置现象。当大学生扮演某个角色时，他一定是希望别人认识、记住、认可他，而不希望大家关注这个角色背后的生活环境。大学生希望社会能记住的是他们主动展示的角色而不是这个角色背后的故事。戈夫曼认为，我们扮演一种社会角色的同时，也在他所称的后台回避某些人和事，这种后台可以用来避开观察者。如果别人能够看到一个人的后台生活，他们可能无法再接受这个人的原有形象。自媒体生态圈中大学生投入到网络中的时间和精力越来越多，网络成为大学生成长和思想发展的重要影响因素，大学生将自己的现实生活融入网络生态圈中，以各种网络虚拟角色活跃在虚拟社区中，"社会现实角色"和"网络虚拟角色"转换成为大学生必须要面对的现实问题，当前许多大学生为了逃避现实生活中学习工作的压力，沉溺在网络世界中的虚拟角色里无法自拔，将网络虚拟角色前置，避而不谈自己在现实社会中应该承担的责任和义务。大学生的语言表达、思想观点、行为方式和情感价值观等各方面都通过虚拟角色进行表达和展示，这种方式已经影响到大学生国家认同的表达和接受。大学生在微信、网络游戏、QQ 等自媒体平台中基本上都是以虚拟网名的身份存在的，从某种意义上说自媒体网络生态圈就是社会生活的"后台"，大学生是在现实生活中戴着面具，展示自我，进入"后台"生活中逃避现实生活中的"他者"。

三、大学生国家认同面临全新网络生态境遇

（一）影响大学生国家认同的因素复杂多变

经济全球化是大势所趋，在融媒体时代，经济全球化给发展中国家带来很多便利的同时，也给大学生国家认同带来了巨大挑战。经济全球化使得影响大学生国家认同的因素变得复杂，尤其是技术、资本等生产要素在全球范围内流动，伴随生产要素而来的是西方世界的各种文明形态和价值观念，这客观上削弱了大学生的国家认同，容易误导大学生产生"国界将失去意义""主权让渡"等各种错误思潮。西方发达国家利用移动互联网的技术优势，向其他国家输入技术、资本和价值观。据统计目前世界上有互联网根服务器 13 台，其中有 10 台在美国境内，其余 3 台分布在欧洲的瑞典、荷兰和亚洲的日本，都在资本主义国家中，互联网格局中西方资本主义国家在技术层面上的优势明显。追求同质化的经济全球化忽视和消解了民族文化特征，西方资本主义国家利用其在互联网和全球化进程中的优势资源不断侵蚀我国的民族文化和国家认同，移动互联网的全球化使得虚无主义态度强烈冲击大学生的国家认同感。大学生在建设国家进程中学习西方先进技术理念和保持民族特色的矛盾应得到合理引导。这种相生相克的关系决定了全球化时代的国家认同培养应该介于本色与开放之间的动态平衡中。

（二）大学生国家认同的客观基础转向虚拟社群组织

以往的国家认同主要是以地域环境、生活区域、文化传统、语言习惯等为现实基础，人们有共同的语言环境或者是区域文化，生存在一个共同的现实生态圈中。自媒体环境下大学生国家认同的场域基础正在发生着巨大变化，虽然现实因素依然是影响大学生国家认同的主要力量，但是网络生态圈中介于"想象"和"现实"之

间的网络生态媒介的作用同样不可小觑。这种基于数字技术的虚拟场域得到了广泛的应用，参与其中的大学生在物理环境上没有发生真实位移，但是他们可以在其中交流思想，增进情感，形成社群组织，养成社群文化和情感认同。自媒体环境下大学生国家认同基础发生了显著变化，一群有着共同兴趣和梦想的素未谋面的大学生可以通过网络聚集在一起，形成多种虚拟的社群组织，这些虚拟社群组织在微信、QQ、微博、BBS 等多种自媒体中生存，形成了多种多样的群体文化和价值观念。

（三）大学生国家认同的场景转向网络生态

大学生国家认同场景正在转向移动互联网的虚拟网络空间，电视、微信、微博和门户网站等组成了当前大学生国家认同的全新网络生态环境。传统大学生国家认同主要依赖现实的共同环境，通过社会实践活动、教育活动等亲身经历的感受和所形成的共同认识，养成共同的文化遵守，他们对"社会场景"的认识虽会有所不同，但总体"社会场景"是在国家政治、经济、文化、自然环境等因素影响下形成的。自媒体环境下大学生国家认同的"社会场景"是一个多面复合体，它包含了传统意义上的"社会场景"，同时也扩展到了一个开放、多元、复杂多变的"网络生态场景"，据第 39 次《中国互联网络发展状况统计报告》显示，我国域名总数为 4228 万，其中，中国网络域名的增长速度很快，".CN"域名总数年增长为 25.9%，达到 2061万，在中国域名总数中占比为 48.7%。青年大学生的国家认同面临一个全新的网络环境，各类文化价值观点在虚拟世界进行激烈碰撞。如表 1 所示：

表 1　2015.12—2016.12 中国互联网基础资源对比

	2015 年 12 月	2016 年 12 月	年增长量	年增长率
IPv4（个）	336 519 680	338 102 784	1 583 104	0.5%
IPv6（块 /32）	20 594	21 188	594	2.9%
域名（个）	31 020 514	42 275 702	11 255 188	36.3%
其中 .CN 域名（个）	16 363 594	20 068 428	4 244 834	25.9%
网站（个）	4 229 293	4 823 918	594 625	14.1%
其中 .CN 下网站（个）	2 130 791	2 587 365	456 574	21.4%
国际出口带宽（Mbps）	5 392 116	6 640 291	2 521 628	23.1%

网络生态场景已经融入大学生生活的方方面面，成为塑造大学生国家认同的重要领域，网络生态圈中大学生国家认同需要培育和践行社会主义核心价值观。网络生态圈中大学生国家认同是一种多元认同的叠加和组合，既包括对现实的自我认同和社会认同，又包括对虚拟网络社会中的自我认同和社会认同。

（四）大学生国家认同身份、地位等结构性因素发生了改变

社会是由多个"身份角色"的个人、团体组成的，当我们明确别人的身份时可以增进了解，建立稳定关系，增进对个体和社会共同体的认同。自媒体环境下，大学生在微信、QQ、BBS等平台中的身份多数是隐匿的状态，主要通过网名、昵称等进行交流，交往过程中对对方的职业、身份、社会角色等"一无所知"，这种交往方式完全颠覆了传统社会中的交往方式，它大大增加了大学生内心的不确定性和情感的不稳定性。大学生在网络空间中形成的所谓QQ群、团体、游戏联盟等虚拟社群组织，如果没有在真实身份基础上形成情感认同，则不会形成真正的共同体，当然这些共同体也无法起到维护社会认同的积极作用。大学生国家认同"身份"受到"网民"和"社群成员"等多重解构。自媒体生态圈中大学生拥有"网民"和"社群成员"等多个身份标签，部分大学生在自媒体平台中过分强调自己作为"网民"和"社群成员"的身份，认为只要是互联网中出现的现象都是正常的，只要是互联网中传播的内容都可以再次传播和转发，其实质是只强调自己作为网民的利益诉求，忽视了对国家利益的尊重和维护。

四、自媒体视域下大学生国家认同的提升路径

（一）以社会主义核心价值体系为引领，筑牢大学生国家认同的理论基石

社会主义核心价值观是国家认同的重要内容，大学生应深刻理解和践行社会主义核心价值观。大学生应该以网络课堂教学、课外实践活动和校园文化活动等形式积极践行社会主义核心价值观，并通过专业成果展示、创新创业活动等形式充分塑造自身国家认同感。自媒体环境下大学生国家认同必须要以社会主义核心价值体系为核心，引领大学生对国家、民族的关注和热爱。培育社会主义核心价值体系是增进中华民族价值认同、增强中华民族凝聚力的基石。大学生在自媒体网络生态圈中更需要社会主义核心价值体系的引领，当前应以中华民族伟大复兴的中国梦为着力点，积极培育大学生国家认同；社会主义核心价值体系的表达方式应适应新媒体方便传播、易于交流的要求，借助自媒体平台及时传递到大学生身边。

（二）融通官方舆论场和自媒体舆论场，促进大学生国家认同场域的有效转换

官方舆论场主要是政府部门借助报刊、电视、新闻发布会等方式营造的国家认同的舆论环境，这种舆论场有其独特特征，如具有权威性、系统性、规范性等，但

是对于新一代网络原住民的大学生来讲其弊端也显而易见，如传播形式单一，传播内容接受程度较弱等。将官方舆论场与自媒体舆论场有效融合是增强大学生国家认同的重要途径，这个融合平台既要发挥官方的权威性和规范性，又要体现传播的便捷性、丰富性和易接受性，让官方话语更接地气，符合广大网民的思维习惯和生活场景，让优秀传统文化、中国梦、社会主义核心价值观等国家认同内容得到迅速有效的传递。如习近平总书记的"为我们伟大的人民点赞"、李克强总理的"大道至简，有权不可任性"等网络用语的使用就有效拉近了青年网民和政府的距离，也更加有效地传播了国家认同的内容。移动互联网的网络生态圈与现实生活圈共同构成了人们生活中两种各具特色的行为、语言和思想"活动场域"，自媒体生态圈造就了青年大学生全新的时空观和价值观。事实证明，国家认同的提升需要利用移动互联网的自媒体网络生态圈，当官方内容诉诸微信、微博等自媒体平台时会形成民心与党意共鸣的巨大舆论场域，大学生对国家的认同感会得到进一步的巩固和提升。

（三）以"大学生身边的故事"为榜样，激发大学生国家认同的情感认同

大学生身边的故事最容易引起大学生思想的共鸣，自媒体生态圈中要将大学生身边的先进人物、感人事迹融入网络空间中，讲好大学生身边的故事。大学生国家认同塑造需要理论上的指导和引领，更需要现实生活中模范人物的示范。自媒体传播的"大学生身边的故事"要真实，有血有肉，契合大学生发展需求，容易引发大学生思想上的共鸣，引导大学生成为社会主义核心价值体系的信仰者、传播者和践行者。大学生国家认同行为应该从身边的人和事做起，整合大学生思想观念分歧，更有效地疏导大学生的思想矛盾，及时化解大学生的社会心理冲突，构筑大学生国家认同的坚实情感基础。

（四）以网络媒体平台为载体，拓展大学生国家认同的途径

大学生活跃于微信、微博、SNS、QQ、论坛等各种自媒体平台，自媒体环境下大学生国家认同要坚持"线上认同"和"线下认同"相结合。大学生网络生态圈环境正在慢慢改变着大学生信息获取方式、观察世界和认识世界的方式。大学生国家认同需要借助自媒体平台的独特优势，网络生态圈是介于"现实世界"和"精神世界"的中间领域，自媒体的网络生态圈与现实社会都是客观存在的，大学生在虚拟社群中的社会认同是对现实社会中社会认同的折射，大学生网络空间中的各种表现是大学生现实生活的延展，最终还要落到社会现实角色上。大学生在网络生态圈中对社会、民族的认同也在一定程度上反映了大学生群体对现实社会共同体的认同。

自媒体网络生态圈提供了培育大学生国家认同的新途径。面对多元善变的网络生态圈，我们需要提高政治敏感力和适应创生力，适应"网络生态场景"，自觉担当起网络生态圈中培养国家认同的责任。

（五）深挖中华优秀传统文化的当代价值，筑牢大学生国家认同的文化基础

中华优秀传统文化是大学生形成国家认同的重要资源和基础。美国政治学者亨廷顿强调，一个国家如果缺乏具有领导地位的文化价值作为精神主体，而仅仅以意识形态维系的话，那么这个国家的认同一定是不牢固的。高校要立足于实际，借助自媒体平台优势，开展有针对性的传统文化教育活动。如针对大学生不同文化需要，可以采用"读、写、讲、赛、演"等方式培育他们的家国情怀。又如深挖中华优秀传统文化的当代价值，深入学习中华优秀传统文化，将校园文化建设、学生实践活动、学生竞赛、课程教学等形式有效融入自媒体生态圈，增强大学生的民族自信心和自豪感。

五、结束语

网络生态圈中大学生国家认同是一个不断变化和长期塑造的过程，其核心是大学生以社会主义核心价值观为基础，对社会"理性建设"和"结构性制约"的互动与平衡。如美国学者亨廷顿所言："国家认同危机是一个全球性现象，各国危机除了特殊原因之外存在一些共性之处，即信息化、现代化和全球化过程中使得人们重新思考自己的身份，人们对文化认同和地区认同比国家认同更为关注。"移动互联网络生态中大学生国家认同存在着诸多不确定因素，一方面自媒体为大学生国家认同提供了诸多便捷化、多元化和特性化的信息源，另一方面大学生国家认同又面临自媒体网络生态碎片化、娱乐化和虚拟化对其的消解和解构。大学生国家认同需要在政治认同、文化认同、情感认同和角色认同中进行有效的互动和融合，最终达到一种"理性建设"和"结构性制约"的平衡。

文化认同视域下青海高校民族
预科生国家凝聚力培养

丁洁琼

　　"文化认同"是指人们在一个民族共同体中长期共同生活所形成的对本民族最有意义事物的肯定性体认，是凝聚这个民族共同体的精神纽带，是这个民族共同体生命延续的精神基础，其核心是对一个民族的基本价值的认同。因此，文化认同是一切认同的基础，是国家凝聚力形成的基础和前提。没有文化认同就不会有民族认同，更不会产生政治认同、国家认同，也就不能产生国家凝聚力。个体对文化认同的强弱程度，直接关系到一个民族和国家凝聚力的强弱，只有个体不断对自身文化进行认同，才能保证民族和国家凝聚力的持久和延续。

　　在我国高等教育中有一类特殊层次的教育，即民族预科教育。民族预科是党和国家落实民族政策、促进教育公平所采取的一项重要举措。民族预科生作为民族地区未来建设和发展的生力军，对中华传统文化的认同直接影响着国家凝聚力的塑造与培养。民族预科生国家凝聚力是民族区域和谐稳定发展的重要构成部分之一，民族预科生的凝聚力、向心力与新时代民族地区未来政治、经济建设、安全稳定、文化传承之间有着密不可分的联系。因此，以民族预科生中华传统文化认同调查为切入点进行分析研究，并根据民族预科生中华传统文化认同度探索和寻绎培养其国家凝聚力的主要方向和有效手段尤为必要。

一、青海高校民族预科生中华传统文化认同调查分析

（一）调查对象基本情况

青海高校民族预科生中华传统文化认同调查以青海民族大学预科教育学院为例，选取预科教育学院6个自然班（学生由青海大学、青海师范大学、青海民族大学三所院校的预科生组成），共计272名预科生进行电子问卷调查。根据数据统计，调查有效问卷为272份，有效率为100%。其中，民考汉文科、理科各42名学生参加问卷填写，占比为30.88%；民考民文科85名学生参加问卷填写，占比为31.25%；民考民理科103名学生参加问卷填写，占比为37.87%；参与此次问卷填写的男生共计96名，占总人数的35.29%；女生共计176名，占总人数的64.71%。藏族学生填写问卷人数最多，共194名，占比71.32%；其次为回族学生，共39名，占比14.34%；其后是土族和蒙古族学生，分别为22名和17名，占比分别为8.09%和6.25%。此次调查从民族、性别、专业分布等综合情况来看具有一定代表性。

（二）调查内容具体分析

首先，根据调查内容可以清楚了解民族预科生对中华传统文化的总体认知情况，其中包括民族预科生对中华传统文化的了解程度及了解渠道。调查结果显示，对中华传统文化进行过全面了解的人数为87人，占比为31.99%；只了解过部分的人数为160人，占比为58.82%；而完全不了解的仅有25人，占比为9.19%。在对中华传统文化了解程度的回答中，有很多学生给出了自己全面了解和了解部分的内容，其中包括中华传统文化中的伦理道德、传统民俗、宗教哲学、文学艺术、历史地理等多个方面，还有少数学生提及革命传统与革命精神。有些学生的回答十分具有典型性。例如有的学生填写中华传统文化博大精深，很难进行全面而深刻的了解；有的学生回答具体了解的内容中除了中华传统文化的优秀部分，还包括其糟粕部分。从这项内容来看，以往的研究认为大多数民族预科生对中华传统文化并不十分了解，因而才需要加强对民族预科生中华传统文化的教育。从典型性回答问题的学生的角度来看，中华传统文化中的内容确实多而深，往往需要大量时间和精力去了解，而要想全面了解，也不可能在某一个特定的教育阶段全部完成。可以说，民族预科生对中华传统文化的认同是一个渐进式的过程。且在这个过程中，学生会发现中华传统文化中除了有优秀文化部分，还有糟粕，从而促使他们对文化进行反思，使他们主动选择传统文化中的精华部分进行认同和传承。

由此来看，民族预科生对中华传统文化认同过程的总体发展是乐观、向好的。而且，从民族预科生对中华传统文化的了解渠道来看，教育所发挥的作用是无限的。学校教育与家庭教育各占89.34%和60.29%。信息全球化使中华传统文化的传播更为便捷和高效，电视广播及互联网占比分别为62.5%、58.82%。现今研究中，有观点认为信息碎片化时代使传统纸媒没落，但从调查来看，专业书籍占比48.53%，报纸杂志占比40.44%，并没有预期中的过低情况，有些同学表示更愿意从纸质书籍中获取所需的知识。其他渠道占比2.94%，有的同学认为通过人际交流与社会实践同样能够快速了解中华传统文化。由此可见，民族预科生对中华传统文化的了解整体情况较为乐观。

其次，是从民族预科生对中华传统文化的具体掌握情况来看其对中华传统文化的主动认同度。在上一项调查结果中，民族预科生对中华传统文化的了解涉及中华传统文化的多个方面，由此问卷进一步调查了民族预科生对中华传统文化的具体掌握情况和主动认同类别，包括语言文字、哲学宗教、伦理道德、文学艺术、历史地理、科学技术、民俗民风七个方面。其中，民族预科生对民俗民风的认同度最高，占比为53.68%。填写的内容大多是对自己本民族以及其他民族传统节日及礼节的认同，如年夜饭、端午节、泼水节、婚丧嫁娶等。其次为文学艺术，占比为36.76%。其中包括对四大名著、《史记》、唐诗宋词、少数民族文学的热爱和认同，还有绘画、雕塑、书法、戏曲等方面。再次是语言文字，占比为36.4%。部分学生对汉字的发展过程表现出极大的兴趣，对地方方言和俗语也有一定程度的关注。许多学生在对使用民族母语和国家通用语方面能够有清楚的认知，认为学好民族母语和国家通用语同样重要。最后，伦理道德、哲学宗教与历史地理各占22%左右。科学技术的认同度最低，为12.87%，同学们较为熟知的知识主要集中在"四大发明"。从此项调查结果可以看出，民族预科生对中华传统文化的掌握程度决定了他们对中华传统文化的认同和热爱。

另外，在多元文化交织发展的今天，民族预科生对外来文化的态度也影响着其对中华传统文化的认同度。在调查结果中，民族预科生对西方文化、外来文化的了解是根据自己的兴趣进行的，这部分学生占比为77.21%；18.38%的学生表示完全不了解；很了解的只占到了4.41%。值得注意的是，民族预科生对西方文化、外来文化的了解具有片面性。他们的关注点多集中在圣诞节、情人节等节日以及对体育、音乐、电影等领域的明星个体的关注上。这并不能代表他们对西方文化有一定的了解。因此，在对西方文化、外来文化持有什么样的态度上，86.76%的学生表示虽然会喜欢，但仍然认为自己本国文化更好。6.62%的学生表示推崇西方文化及外来文化，甚至超过了本国文化，并认为自己是受到信息全球化的影响，盲目跟风潮流所致。在更乐于参加中国各民族传统节日还是情人节、圣诞节等西方节日一项的调查中，63.97% 的学生表示更乐于参加本国传统节日；愿意参加西方节日的学生仅有 3.31%；表示都有兴趣参加的为 24.63%；都没兴趣参加的为 8.09%。从以上结果来看，在多元文化背景下，民族预科生对中华传统文化的认同度要高于西方文化、外来文化。同时，在多元化文化背景下，年轻一代的心态更为开放，他们不喜欢使用对立的二元模式去看待问题，而是更愿意在主动认同本国文化的基础上，去了解其他外来文化。

再次，民族预科生对中华传统文化的认同是十分明确的，即对中华传统文化感到骄傲和自豪，也明确感受到中华传统文化是国家及民族拥有强大向心力与凝聚力的来源，并受到中华传统文化的深刻影响。调查中有 91.91% 的学生认为中华传统文化将各民族儿女凝聚在一起；94.49% 的学生认为中华传统文化提升和增强了中国的凝聚力；90.81% 的学生对中华传统文化感到很自豪；71.32% 的学生表示在日常学习和生活中受到中华传统文化影响，这些影响主要集中在爱国、道德等重要核心价值观的塑造上；65.07% 的学生愿意用自己所了解的中华传统文化去影响身边人，以身作则，为身边的人树立起良好的榜样形象。另外，民族预科生在主动弘扬和传承中华传统文化上的责任意识是十分强烈的。94.49% 的学生表示会主动认同中华传统文化，并承担起弘扬和传承中华传统文化的重要责任。此外，民族预科生对中国传统文化保护方面的认识，也能够充分说明民族预科生对中华传统文化的认同。96.32% 的学生表示应该保护我们中华民族的传统文化。在采取何种保护措施方面，74.63% 的学生认为应当从自身出发，主动认同学习并弘扬传承中华传统文化。

综合上述调查情况来看，民族预科生对中华传统文化的了解和认知呈现出较好的发展趋势。但是在民族预科生对中华传统文化认同的过程中，仍然还存在着一些需要去思考和解决的问题。

二、民族预科生传统文化认同度对其国家凝聚力培养的影响

（一）正面影响

1. 以良好认知构建国家凝聚力

文化是任何一个民族和国家的灵魂，中华传统文化是中华民族的独特标识，也是构建国家凝聚力的精神源泉。民族预科生对中华传统文化的认知度是否良好，直接关系到其国家凝聚力认知体系的构建。根据调查情况来看，民族预科生对中华民族的传统文化的总体认知度较好。良好的认知度是民族预科生国家凝聚力认知体系

构建的前提。但需要注意的是，民族预科生对中华传统文化的认同是一个渐进式过程，其国家凝聚力认知体系的构建也应当是一个循序渐进的过程。在这个过程中，需要以中华传统文化认知的具体内容为导向，逐步建立起其国家凝聚力认知体系。但是民族预科生国家凝聚力认知体系的构建是否稳固，是否能持续发展，则有赖于其能否对中华传统文化主动认同。

2. 以主动认同夯实国家凝聚力

文化认同是一切认同的前提。有了文化认同，才有更深层次的政治认同、制度认同、国家认同。有了文化认同才能保证产生、增强、延续国家凝聚力。民族预科生对中华传统文化的主动认同为其夯实国家凝聚力提供了方向与内容的支撑。从此项调查结果可以看出，民族预科生对中华传统文化具体内容的掌握程度决定了他们对中华传统文化的认同和热爱。这充分说明民族预科生能根据自己兴趣，主动从中华传统文化的不同方面进行知识的获取，并在获取知识的过程中形成对传统文化的认同。因此，民族预科生主动认同的内容，可以成为其国家凝聚力培育的有效资源。从这些有效资源中民族预科生可以对比、寻找、挖掘每个阶段国家凝聚力强盛与衰弱并得以发展和延续的具体原因，形成对国家凝聚力更为全面的认识。

3. 以传承意识延续国家凝聚力

中华文明之所以生生不息，从未中断，就是源于中华传统文化的代代相传。也正是在这一传承过程中，国家凝聚力得以发展、扩大、延续。根据调查结果来看，民族预科生对中华传统文化的传承有非常强烈的责任感和使命感。大部分民族预科生为中华传统文化感到自豪和骄傲，认为中华传统文化中包含的价值观对自身有着潜移默化的影响，他们愿意用从中华传统文化中获取的积极能量去影响身边的每一个人，并努力从自身做起，保护和传承中华优秀传统文化。民族预科生对中华传统文化的传承和保护意识能够使他们在以后的学习、生活中身体力行，如此，民族预科生就能够在传承和保护中华传统文化的过程中有效扩展和延续自身的国家凝聚力。

尽管民族预科生在对中华传统文化认同上表现出向好与积极的一面，但民族预科生在中华传统文化认同上仍然存在一些较为明显的问题。这些问题的存在直接影响着民族预科生对中华传统文化的认同，并对其国家凝聚力培养和塑造产生一定的消极影响。

（二）消极影响

1. 认知缺失消解国家凝聚力

民族预科生对中华传统文化存在概念化认知现象。根据调查结果来看，大部分预科生实际上对中国传统文化有一定程度的了解，但是从他们的详细回答中可以看出，他们对中华传统文化缺乏深入而细致的认知，这种只知皮毛、不知内里的现象仍然是普遍存在的。甚至还有少部分学生对中华传统文化完全不了解，而且不愿意主动去求知。他们不仅对学习中华传统文化毫无兴趣，甚至对日常生活中的文化细节也不能有效感知。尤其是涉及一些必须掌握的中华传统文化常识时，更是表现出无知无畏、张冠李戴的现象。由此可见，民族预科生对中华传统文化的认知缺失会直接导致其文化认同度低弱，而这种低弱的认同度势必会消解其国家凝聚力认知体系的构建。

2. 认同缺失弱化国家凝聚力

民族预科生对中华传统文化存在片面化认同现象。民族预科生对中华传统文化这一概念并没有全面清晰的认识。民族预科生往往会将中华传统文化中的民族文化理解成狭义上的单个少数民族，从而出现排斥主流文化及其他民族文化的现象。也有的学生片面地认为中华传统文化即本民族文化，且缺少与其他民族学生交流和沟通，从而更加深其对中华传统文化的片面认同。此外，在上述调查中大部分民族预科生虽表现出与西方文化及外来文化相比，对中华传统文化的认同度更高、更强烈这一特点，但民族预科生对西方及外来文化的盲目性追捧仍然是一个需要重视的问题。互联网的高速发展，智能手机即时通信带来的快消文化、流行文化，使民族预科生的文化认同与价值观塑造呈现出多元化趋势，而这极度不利于其国家凝聚力的培养，当认同度与价值观出现偏颇、差异，甚至改变时，民族预科生国家凝聚力势必会遭到一定程度的弱化。

三、青海高校民族预科生国家凝聚力培养方向探索

（一）牢抓爱国主义教育

在民族预科生国家凝聚力培养过程中，爱国主义教育应置于首位。习近平总书记在全国教育大会上强调，要在厚植爱国主义情怀上下功夫，让爱国主义精神在学生心中牢牢扎根，教育引导学生热爱和拥护中国共产党，立志听党话、跟党走，立志扎根人民、奉献国家。通过教育在学子们心中播下爱国的种子，就能收获对国家和民族的浓浓之情、拳拳之心，才能培养出合格的社会主义建设者和接班人。如今，国际局势纷乱，国内局势也受到干扰，"港独""台独""疆独""藏独"等企图分裂祖国统一的势力仍然很活跃。由于信息全球化，民族预科生通过互联网很容易接收

到与之相关的不良信息。因此，爱国主义教育应常抓不懈。在对民族预科生进行教育的过程中，应当让他们清晰地认识到，有国才有家，热爱自己的祖国，拥护自己的祖国，应该是每个民族预科生必须遵守的底线和原则。只有热爱自己的祖国，维护祖国的统一，对祖国所取得的成就感到自豪，才能去塑造、去充实、去延续自身的国家凝聚力。

（二）强化文化认同教育

民族预科生对中华传统文化的认同度直接影响着其国家凝聚力的塑造，强化民族预科生文化认同教育势在必行。首先，应当扩大文化认同教育的深度与广度，即以中华优秀传统文化为基础，同时将革命文化与社会主义先进文化教育融入民族预科生日常教学中，发挥好各学科的文化认同渗透功能，并有所侧重。如语文、文化概论等课程侧重于中华优秀传统文化教育；历史、思政侧重于革命文化与社会主义先进文化教育。针对民族预科生对科学技术了解和认同度低的问题，应当在自然科学类学科中融入教育内容，增强学生对古今科学技术发展的了解，培养其对科学技术的兴趣和动手能力。在课堂教学之外，应当开展丰富多彩的校园文化活动。如诗歌诵读比赛，音乐舞蹈大赛，红色经典、时代先锋剧目展演；或以各类中华传统节日为契机，打造以传统节日为主题的文化月活动，同时加大对中国特色社会主义文化的宣传和教育；也可以举办多民族传统文化特色展示活动，让民族预科生展示自己民族的特色与风采，使各民族学生之间得到互动交流，从而能自觉促进民族融合，民族团结，增进"多元一体"文化认同。通过教学改革创新，丰富学生业余生活等举措来强化民族预科生文化认同教育，能够提升民族预科生的文化认同度。

（三）重视社会实践教育

《荀子·修身篇》有"道虽迩，不行不至；事虽小，不为不成"之语，指出任何事业只有通过实践才能完成。重视民族预科生的社会实践教育，是培养其国家凝聚力不可缺少的重要环节。首先，社会实践活动能够拓展民族预科生的视野，增长见识。民族预科生在进入高校学习之前，一直生活在民族区域，特定的政治、经济、文化氛围往往使其视野较为固定，而社会实践活动能够帮助民族预科生直接参与主流文化社会活动中，促使其对国家发展、社会运行、人民生活有更为全面的了解，这有助于其全面认识国家凝聚力的内涵。其次，社会实践活动能够提高民族预科生的综合素质。将社会实践活动与课堂教授内容结合联动起来，使民族预科生在礼仪规范的使用、道德品质的塑造、集体凝聚力的发挥、解决实际问题的能力等诸多方面得到综合提升，让其意识到个体综合素质在国家、社会、集体中的功能与作用，体会到个体应当承担的社会责任感和使命感，并以此来促进其国家凝聚力的全面提升。

综上所述，民族预科生国家凝聚力培养是民族预科教育未来发展中一项不可忽视的重要内容。民族预科的特殊性在于其是本科的过渡和衔接段，在这一阶段，民族预科生进入主流文化语境后的各种价值观还未固定，因此国家凝聚力的培养应当及早展开，这也是为他们进入本科学习生活奠定良好的思政教育基础。民族预科生作为党和国家民族政策的直接受益者，更应当正确认识和领会国家凝聚力的重要性，并且增强塑造和培养自身国家凝聚力的自觉性，主动承担起未来民族地区政治经济发展、文化传承的责任，积极维护民族地区的安定和谐，为中华民族的伟大复兴贡献力量。

二

国家凝聚力建设路径研究

国家凝聚力的提升：社会主义核心
价值观认同分析

李婷婷

一、社会主义核心价值观认同是提升国家凝聚力的重要渠道

社会主义核心价值观是新时代中国实践的价值导向，是国家、社会和社会中每个现实的个人应有的价值观的集中表达和深度凝练。它是对社会主要矛盾在价值层面的思索与回应，体现着整个社会的本质属性、价值共识和精神追求。社会主义核心价值观认同是人们形成价值共识的过程，强烈的价值观认同是提升国家凝聚力所不可或缺的价值导向和精神支撑。

美国克莱恩在其著作《世界大国评估》中认为，国家的国力＝物质国力×精神国力，显然从克莱恩国力方程来看，如果国家的精神国力为零，包括基本实力、经济实力、军事实力在内的物质国力再强，也将会被釜底抽薪。国家的安全、稳定与繁荣，不仅需要强有力的国家"硬实力"保障，国家"软实力"也非常关键，如社会核心价值观的认同、民族精神感召力的汇聚、国家凝聚力的提升等。从东欧剧变的国际经验来看，一个国家核心价值观的缺失会导致国家凝聚力不足，严重危及国家的文化安全乃至国家安全。日本学者堺屋太一在其著作《历史的波澜》中分析并指出了东欧剧变的惨痛教训：只有两种原因会导致一种政权出现灾难性的颠覆，一种是法律的丧失和秩序的混乱，一种是人们对支持政权的文化失去信任。总结历史经验，显而易见，一个国家的人民对自身社会核心价值观的强烈认同，有利于整合社会成员的思想观念，汇聚民族精神感召力和提升国家凝聚力，这是一个国家在日益紧密依存又竞争激烈的国际环境中，自立自强、立于不败之地的精神力量。从这个意义上讲，社会主义核心价值观的强烈认同已经成为确保国家安全和提升国家凝

聚力的"软实力"保障。

每个社会都要立足于自身发展实际确立自己独特的核心价值观，通过多种途径使这种价值观为社会成员所认同，形成社会成员所认同和恪守的价值原则，凝结为社会成员所共同追求的价值目标、价值理想和价值信念。美国思想家威廉·A.多诺休的著作《新自由——美国社会生活中的个人主义与集体主义》分析指出，任何社会如果没有占主导地位的价值观，人们没有共同遵守的特定的价值规范和道德规范，毫无顾忌地放弃自己不赞同的东西，这将对整个社会带来破坏性的影响，人们对自由的向往也将化为泡影。从这个角度讲，社会主义核心价值观向社会成员传递着占主导地位的价值取向，凝聚民族独立之精神，呈现国民独具之特质。正如梁启超的文章《新民之议》所指出的，屹立于世界之中的每个国家，都有其国民独具之特质，各个领域都有一种独立之精神，世代传承，凝成合力。

社会中每个现实的个人都要立足于自身发展实际选择自己所认同的价值观，每个人做人做事的原则和习惯往往取决于他所认同的价值观。人们通过自己所认同的价值观来衡量能做什么，不能做什么，为自己的社会活动和日常生活提供规则、标准和模式。作为社会大家庭的一员，个人虽有具体的价值诉求，但每个人都是社会中现实的个人，不可避免地具有社会属性，具有与社会发展相一致的目的、利益和需要，因此，人们的社会生活需要有共同价值秩序，而核心价值观对这共同价值秩序的建立起重要的导向作用。从这个意义上讲，价值观认同掌舵整个社会的方向，支撑整个社会的运转。

二、社会主义核心价值观的历史生成

社会主义核心价值观的形成有其深刻的历史依据和现实基础，对其历史生成进行研究，是促进社会主义核心价值观认同和进一步提升国家凝聚力的逻辑前提。从历史与现实的发展进程来看，社会主义核心价值观的形成是一个在社会经济、政治、精神文化各领域中不断丰富和发展，并在全国人民的伟大奋斗中经受检验的过程。

"富强、民主、文明、和谐"集中表达了国家发展需要和人民努力追求的奋斗目标，体现了伟大的共同梦想，展现了伟大的民族精神，从价值观角度生动体现了国家发展的现实需要与发展理念的变迁。从1954年到1964年的10年间，中国将农业、工业、国防和科学技术的现代化作为努力实现的目标，争取使中国在经济发展方面处于世界领先地位。1982年党的十二大从工作全局角度提出这一历史时期的总任务，创造性地提出社会主义建设中的"两个高度"，即在实现"四个现代化"的基础上，建设"高度文明、高度民主"的社会主义国家,第一次把经济建设、政治建设和思想文化建设同时并举,这清楚地体现了社会主义中国强国富民的共同梦想,这在中国乃至于世界社会主义发展史中都是首创。党的十三大确定了这一时期的"为把我国建设成为富强、民主、文明的社会主义现代化国家而奋斗"的基本路线,明确把实现"富强""民主""文明"同时列为发展目标。十六届六中全会进一步发布了"建设富强、民主、文明、和谐的社会主义现代化国家"的决定,清楚地展现了促进整个社会和谐、有序、健康发展的目标。党的十七大把"和谐"一词写入基本路线,体现了全党和全国人民的共同愿望。

自近代以来,中华民族所渴望实现并始终为之奋斗的中华民族伟大复兴的中国梦,其基本内涵包含"富强、民主、文明、和谐",同时也包含"自由、平等、公正、法治"。中共十七大报告明确指出,加强公民意识教育,树立社会主义民主法治、自由平等、公平正义理念。正因为科学把握了社会发展的规律,正确认识了时代进步的特点和要求,始终为人民群众带来美好生活的愿景,把中国人民所渴望实现的富强、民主、文明、和谐,自由、平等、公正、法治清楚地写在了自己的旗帜上,中国共产党才能凝聚最广大的人民群众,实现由小到大、由弱到强,最终取得革命的胜利,不断完成新中国的崛起、不同历史阶段的伟大飞跃到新时代社会主义建设的新发展。直至今天,树立社会主义民主法治、自由平等、公平正义理念,培养社会主义合格公民,依然是我国教育改革与发展的题中之义。

"爱国、敬业、诚信、友善"价值理念的形成反映了社会主义精神文明的实践探索过程,是全社会崇尚良好道德风尚的理论呈现。根据党在现阶段的历史任务,无论现在还是将来,我国公民道德建设的指导思想是:在全社会大力倡导"爱国守法、明礼诚信、团结友善、勤俭自强、敬业奉献"的基本道德规范,努力提高公民道德素质,促进人的全面发展。从这个意义上讲,社会主义核心价值观体现了社会主义制度在道德方面的本质要求,主导着社会主义精神文明的基本方向,在整个社会中引导公民恪守基本道德规范,促进每位公民的自我完善与全面发展。

从社会主义核心价值观历史生成过程可见,它所主张的每一层面、每一价值理念都呈现了社会发展的价值要求,从不同角度展现了共同需要的行为准则,承载着共同梦想,凝聚着精神力量。

三、社会主义核心价值观的精神实质

社会主义核心价值观有特定的精神实质,对其精神实质进行研究,是促进社会

主义核心价值观认同和进一步提升国家凝聚力的理论前提。这里主要从历史底蕴、现实基础、道义力量三个方面来探讨其精神实质，以此阐述分析国家凝聚力提升的理论前提和有效路径。

（一）社会主义核心价值观的历史底蕴

社会主义核心价值观有其深厚的历史底蕴。社会主义核心价值观与中华优秀传统文化相承接，根植于这片沃土，吸取了它的精髓，洋溢着浓郁的民族精神。习近平总书记指出："中华优秀传统文化已经成为中华民族的基因，根植在中国人内心，潜移默化影响着中国人的思想方式和行为方式。今天，我们倡导和弘扬社会主义核心价值观，必须从中汲取丰富营养，否则就不会有生命力和影响力。"如果没有传统文化的薪火相传，我们将会丧失共同的文化命脉，丧失精神归根的家园，丧失社会核心价值观认同的文化底蕴和精神来源。中华民族特有的传统文化是社会主义核心价值观的生命力、亲和力和凝聚力的源头。

从思想文化传承来看，中国传统文化中的许多优秀思想在今天的社会生活中依然弥足珍贵、不可缺少，是社会主义核心价值观自我涵养的重要来源。早在两千多年前，中国古代思想家们就在探讨人与人、人与社会、人与自然之间的关系，提出很多影响深远、在今天依然至关重要的价值理念。

"富强、民主、文明、和谐"价值理念是中国传统文化中"民本思想"、"和合文化"、自强不息等理念的继承和升华，从国家层面标注了社会主义核心价值观的时代刻度。《尚书·五子之歌》中讲"民惟邦本，本固邦宁"，与社会主义核心价值观倡导的以人为本的价值理念和价值期盼相一致，阐述了国家植根于人民，人民安居国家才能安定的道理。《周易·乾》中谈到"天行健，君子以自强不息"，呈现了中华民族自强不息的理想品格，在今天社会主义中国不懈追求强国富民共同梦想的进程中依然至关重要。

"自由、平等、公正、法治"价值理念是中国传统文化中"天下为公""崇正义"等思想的继承和升华，反映了人们对美好社会的期望和憧憬，是现代社会充满活力又和谐有序的重要标志，在今天的社会生活中依然是不可缺少的。《礼记·礼运》中讲到"大道之行也，天下为公"，体现了高尚贤德的古人们对理想社会的一种不懈追求。中国传统文化主张以德治国、以文化人，这样的思想和理念，不论过去还是现在，都生动诠释了特有的精神特质和浓厚的民族禀赋。

"爱国、敬业、诚信、友善"价值理念是"孝悌忠信""礼义廉耻""仁者爱人""与人为善"等中国传统道德的继承和升华，体现了更好地处理个人与国家、社会、他人的关系，不断提升自己的人生境界的价值追求。顾炎武在《日知录》中谈到"天下兴亡，匹夫有责"，呈现了中华民族重整体利益的道德节操，与社会主义核心价值观所倡导的每个公民都应恪守的道德规范相一致，我们可以清楚地看到，首先要爱国才能承担时代所赋予的使命。中国传统文化强调仁爱、诚信，这样的思想和理念，生动展现了高尚的理想情怀。

社会主义核心价值观是对中华优秀传统文化的继承和升华，它把涉及国家、社会、公民的价值要求融为一体，赋予中华优秀传统文化以新的时代内涵。中华民族作为具有数千年历史的民族，历经千百年来的沧桑却生机勃勃，一个不可忽视的重要因素就是中华文化的世代传承、源远流长。作为一个多民族国家，所有民族能共享福祉、荣辱与共，一个不可忽视的重要因素就是拥有中华文化带给我们的精神家园，以及由此而来的强烈文化认同感和价值观认同。正如习近平总书记所指出："我们生而为中国人，最根本的是我们有中国人的独特精神世界，有百姓日用而不觉的价值观。我们提倡的社会主义核心价值观，就充分体现了对中华优秀传统文化的传承和升华。"历史上的全民族抗日战争、抗美援朝战争、两弹一星、众志成城抗震救灾充分地体现了这种价值观认同和文化认同。

（二）社会主义核心价值观的现实基础

社会主义核心价值观有其坚实的现实基础。它不仅与中华民族独特的历史文化相契合，还同我们正在进行的奋斗相结合，同我们所要解决的时代问题相适应。正如习近平总书记所指出："一个民族、一个国家的核心价值观必须同这个民族、这个国家的历史文化相契合，同这个民族、这个国家的人民正在进行的奋斗相结合，同这个民族、这个国家需要解决的时代问题相适应。"

科学研究中的"同时发现"现象表明，人们所研究与思考的无非是时代发展与社会生活中的现实问题。由于每一个民族、每一个国家的经济基础、政治传统和生活方式不尽相同，所要解决的现实问题不尽相同，人民所担当的历史使命也不尽相同，因而每一个民族、每一个国家所形成的价值观也各有其特点。包括社会主义核心价值观在内的任何价值观念都同最鲜明的时代主题相适应，并反映一定时代的社会现实问题。概而言之，今天我国社会主义核心价值观的孕育和形成基于中国特色社会主义发展的实际和改革开放的实践。习近平总书记指出中华民族的伟大复兴必将在改革开放的进程中得以实现。实现伟大民族复兴是近代以来中华民族所渴望实现并始终为之奋斗的最伟大的梦想，实现伟大民族复兴必须不断推进中国特色社会主义建设和改革开放，必然要有自己鲜亮的精神旗帜，有明确有力的价值观引领。

社会主义核心价值观生成于中国特色社会主义建设和改革开放的实践，它所倡导的价值理念和构建的价值秩序无疑是当今时代中国社会发展内在要求的深度凝练和生动诠释。

中国特色社会主义建设也以无可辩驳的事实生动展示着社会主义核心价值观的生命力和感召力。改革开放以来中国特色社会主义的发展成为人类发展史上的奇迹，这不断赋予社会主义核心价值观新的时代内涵，提出推进社会主义核心价值观认同的新要求，为推进社会主义核心价值观认同提供了有力的现实保障，为提升国家凝聚力创造了广阔空间。社会主义核心价值观之所以能够有效凝聚社会价值共识、解决和化解社会矛盾、促进国家凝聚力提升，正因为它深深根植于中国特色社会主义发展的实际和当今时代改革开放的实践。

（三）社会主义核心价值观的道义力量

社会主义核心价值观有其宽广的道义力量。真理与道义相结合，可以历久弥新、持久深远。社会主义核心价值观不同层面的不同价值理念呈现了先进性、人民性和真实性，以强大的道义力量占据了人类社会价值的最高点，承载着共同梦想，凝聚着精神力量。

作为一种具有先进性的价值观念，社会主义核心价值观立足于马克思主义科学理论的基础之上，与马克思毕生所思考的重要问题和追求的价值理想——人的解放与自由全面发展相符合。《共产党宣言》指出了未来理想社会的本质特点："代替那存在着阶级和阶级对立的资产阶级旧社会的，将是这样一个联合体，在那里，每个人的自由发展是一切人的自由发展的条件。"社会主义核心价值观以人的解放与自由全面发展为价值理想，集中表达了当今时代中国社会发展的价值要求，更是科学社会主义的价值原则和价值目标在当今时代中国社会发展中的守正创新，是人类社会价值观念发展史上的一次飞跃。

作为一种具有人民性的价值观念，社会主义核心价值观清楚地反映了社会主义的本质，生动地诠释了以人为本的价值理念，社会主义的本质，是解放生产力，发展生产力，消灭剥削，消除两极分化，最终达到共同富裕。中国共产党的发展史是一部生动的以人民为中心的奋斗史，社会主义核心价值观应当而且必须在根本立场上诠释社会主义以人为本的价值理念，彰显社会主义社会的价值企盼，这是它能够最大范围、最大程度获得人民认同的内在依据和实践基础。

作为一种具有真实性的价值观念，社会主义经济基础是时代所倡导的价值理念得以实现的坚实基础和有力保证。正因为有了这个坚实的基础，其自由、平等、公正、法治等价值理念才能在各个领域得以实现、持续普及，有效避免了资本主义平等观的抽象性和不合理性。列宁说过，马克思在《资本论》中就批判了抽象的、空洞的自由、平等、博爱思想。列宁的一段话："少谈些什么'劳动民主'，什么'自由、平等、博爱'，什么'民权制度'等等的空话吧。今天有觉悟的工人和农民从这些浮夸的词句里，是不难看出资产阶级知识分子的欺诈手腕的"，笔调鲜明地揭示了这种"平等"具有不可避免的抽象性和不合理性。实际上，只要资产阶级开始掌握政权，由资本主义生产资料的私有制所决定，这种"平等"的合理性和进步性也就完全消失了。公有制的经济基础是社会主义核心价值观所主张的价值理念得以实现，并在各个领域持续普及的有力保证，有助于它进一步引领社会思潮，凝聚精神力量，提升国家凝聚力。

四、以核心价值观认同促国家凝聚力提升是新时代的历史使命

价值观在一定时代条件下的社会生活实践中产生，随着社会生活实践的发展而发展。中国社会已经驶入新时代，中华民族正经历着一场空前剧烈的社会变革，在中国发展的新的历史方位中，现代化、市场化、社会主义改革正凝聚在一个时空中进行。一方面，剧烈的社会变革为社会发展注入了新的活力，为人们的价值观念注入新的时代内容，使人们的价值观念逐渐向现代化跃进；另一方面，这场深刻的社会变革必将引发人们对价值观念和价值秩序的重估，社会思潮和人们价值观念的复杂性和多变性越来越突出，甚至可能出现价值失序现象。在复杂多变的价值体系之中，一个社会的核心价值观反映着最鲜明的时代主题和这个社会正在进行的实践的内在要求，主导着社会基本价值取向和价值秩序。一个社会核心价值观的广泛认同有助于整合社会意识、凝聚社会价值共识、解决和化解社会矛盾，关系到国家的安全、稳定和繁荣。鉴于此，理解与承认多种价值观的同时，切实推进社会主义核心价值观认同，以核心价值观认同不断促进国家凝聚力提升，是新时代赋予我们的历史使命。

大力提高发展质量，增强当代中国物质凝聚力

杨多贵，陈翔，张公嵬，甄翠敏，薛晓光

经济基础决定上层建筑，物质是一切的根本和前提，没有物质上的满足，精神、文化、政治、安全都是空中楼阁、海市蜃楼，所以国家物质凝聚力是国家凝聚力的首要构成部分，是国家凝聚力的前提和基础。但是，国家经济实力的强大不等同于国家物质凝聚力的强大，只有国家经济实力的强大同满足人民的物质需要具有正相关性时，两者才会产生协同。如果国家经济实力的增长是建立在分配不均衡、社会保障不完善、科技水平不高、可持续发展能力不足的基础上，那这种增长对于国家物质凝聚力的强化就非常有限，甚至会呈现反作用。当下，我国经济实力增速保持强劲，经济总量位居世界第二位，但是经济结构不协调、分配机制与社保机制不健全、可持续发展水平相对较弱的现象突出，国家物质凝聚力的限制因素凸显，国家发展质量问题已成为影响国家生存和发展的关键性问题。强化国家物质凝聚力，就是以"创新、协调、绿色、开放、共享"五大理念为引领，从制约发展质量的关键因素入手，进一步实现调结构、促转型，着力提升发展质量和可持续发展能力，成为国家突破中等收入陷阱、实现中国梦和中华民族伟大复兴的核心举措。

一、国家物质凝聚力的概念内涵解析

（一）国家物质凝聚力的内涵

国家物质凝聚力是在满足人民的物质需要基础上，人民对国家形成的向心力。国家物质凝聚力指的是国家满足人民群众经济与社会生产以及生活物质需要的能力，是整个国家凝聚力体系的基础和前提，它具有基础性、周期性、非均衡性、可

持续性四大特点。国家物质凝聚力的构成要素主要包括国家财富（总量和人均）、国民平均寿命、国家科技创新能力、国民社会保障程度、国民收入分配公平度、可持续发展能力。其中，国家财富不仅包括金钱、房产、自然资源等硬资源，更包括教育资源、科技资源、创新资源等软资源。完善收入分配制度不仅仅是对财富的创造和分配，更重要的是实现教育资源、科技资源和创新资源的公平分配。因为代际贫困背后隐藏更多的是软资源的分配不均，软资源的分配不合理不仅导致一代人的没落，更导致下一代人生存发展的巨大压力，仅仅靠提供物质保障并不能根本解决这种压力。

国家物质凝聚力不是孤立存在的，它必须与国家精神凝聚力、国家政治凝聚力、国家文化凝聚力、国家安全凝聚力凝聚为统一整体，协同作用，才能发挥国家凝聚力的重要作用。国家物质凝聚力是国家凝聚力的基础，国家精神凝聚力、国家政治凝聚力、国家安全凝聚力、国家文化凝聚力都需要在人民的基本物质生活需要得到满足之后才能实现。国家物质凝聚力是国家精神凝聚力的物质保证，是国家文化凝聚力的发展前提；同时由于人民的温饱和安居乐业是人民的基本需要，也是国家的基本需要，所以国家物质凝聚力构成国家安全凝聚力的实现底线；最后，国家物质凝聚力也构成了国家政治凝聚力的凝聚基础，人民的基本生活有保证，国家的民主和法制才成为可能。

（二）国家物质凝聚力的特点

基础性。国家物质凝聚力是国家生存的基础支撑，也是国家凝聚力建设的重要基础和支撑。这种基础支撑作用主要体现在以下两个方面：一是国家必须考虑人民的物质需要，这个国家才有凝聚人民的执政基础；二是不管一个国家的经济实力曾经多么强大，国家物质凝聚力的削弱，必将带来国家凝聚力的全面降低，导致执政基础不稳定。英国著名学者霍布斯·鲍姆在其著作中说："至于苏联的瓦解，也不是如同某些苏联问题专家所言，是导因于境内的民族紧张情势，虽然这的确一直是苏联的隐忧之一。促使苏联瓦解的真正关键，应该是它所面临的经济困境。"苏共作为执政党，没有最大限度地满足广大人民群众日益增长的物质文化需要，削弱了执政的群众基础。由苏联的经验教训我们可以看到，物质凝聚力的强化对国家凝聚力的保持，甚至是国家的生存都起着至关重要的底线和基础作用，如果没有了物质生活的满足，任何其他凝聚力形式都是无源之水、无本之木。

周期性。国家物质凝聚力是因国家满足人民对物质需要而产生的。人民的物质需要具有周期性变化的特点，因而国家物质凝聚力也必然表现出周期性的特点。这里要特别强调的是，国家不能因满足于人民的初级物质需要而止步，要在周期性的变化中与时俱进，使满足人民的能力和水平得到提升，因为人民的需要也在周期性的变化中不断发展和提升。因此我们可以知道国家物质凝聚力的周期性是国家凝聚力周期性变化的基础，持续地满足人民不断增长的物质需求，是克服凝聚力的周期衰退，实现国家凝聚力持续增强的重要基础和根本保证。

积淀性。国家物质凝聚力发展的惯性和物质积累决定了国家物质凝聚力的积淀性。在国家物质凝聚力的保持阶段中，必须保证一定水平的人民物质需要的满足程度，这种满足必须具备可持续性和与时俱进的特点。如果国家物质凝聚力中的五大要素有一个或者多个在极短的时间内，因为突发事件被削弱，那么这几个因素的影响也是有限的，主要原因就是国家物质凝聚力的发展具有惯性和积累效应，在原有的基础和速度上，多个因素的暂时失控，不会导致整个力量的衰竭。但是如果听之任之，不采取果断措施强化短板，弱势不断积累，也会因为国家物质凝聚力的积淀性，最终导致力量衰竭和无法挽回。要善于利用国家物质凝聚力的积淀性特点，从五个不同要素入手，善于利用每个要素一点一滴的积累，最终实现国家物质凝聚力的不断累积和健康稳定可持续的强化。

非均衡性。国家经济发展和物质分配的非均衡性及不公平性导致国家物质凝聚力的非均衡性。一方面，非均衡性体现为区域之间发展的非均衡，体现为一个国家不同区域由于基础条件和发展策略的不同形成的发展差距，造成国家满足人民物质需要水平的不平衡，引起国家物质凝聚力强弱不均衡。另一方面，非均衡性也体现在内部的分配不公，引发内部矛盾，造成国家凝聚力对不同分配群体的凝聚强度不均衡。认识国家物质凝聚力的不均衡特点，其价值意义就在于透过不均衡现象，找出薄弱环节，采取针对措施，全面加强国家物质凝聚力。

可持续性。国家物质凝聚力的可持续特点，是由人类物质需要的可持续特点决定的。人类的物质需要要求国家的经济发展必须具有可持续性，不仅要满足当代人的物质需要，还要满足后代人的物质需要。不可持续的发展所给予人民物质需要的暂时满足，可以形成短时的物质凝聚力，但会丧失长久可持续物质凝聚力。认识国家物质凝聚力可持续特点的重要意义在于增强国家走可持续发展之路的自觉性，坚决防止损害子孙后代发展的短期行为，使得国家可持续地满足人民需要，产生可持续的国家物质凝聚力。

二、增强当代中国物质凝聚力的现实意义

（一）促进发展力量的聚合

国家利用国家物质凝聚力化解物质分配矛盾，统一目标，集合力量，达到提升国家物质凝聚力推动国家发展的目的。不同的群体力量是分散的，但经过国家物质凝聚力的集聚、转化与整合作用，国家力量就不再是分散的，而是统一的促进发展的整体力量。这种统一的整体力量共同作用在国家目标的支点上，会形成推进国家发展的强大力量。目前，我们国家经济总量上来了，但是存在大而不强的情况，在外资流入中国的同时，存在国内由于分配不均衡、保障不完善而导致的人才和资源外流的情况，影响国家的发展质量和可持续发展能力。强化国家物质凝聚力可以很好地凝聚起国民干事创业、一心一意谋发展的共识，减少国民对国家前途的担忧，创造资源流入和人才顺差的良好局面，协调不同阶层、不同群体发展力量并形成合力，避免出现内耗严重和南辕北辙的不利现象，凝聚起实现中华民族伟大复兴的巨大力量。

（二）促进发展需求的提升

国家满足了人民日益增长的物质需要后，人民就会在此基础上向维持国家繁荣富强、努力实现可持续发展的目标奋进。这种欲望作用在国家物质凝聚力各种构成要素上，会形成推动国家发展的巨大动力。一方面国家物质凝聚力促进分工合作及高新技术的研发与引进，不断提升生产效率，做大物质财富总量；另一方面国家物质凝聚力促进社会物质利益分配体制的进一步优化，避免对物质的过度追求，增加对普通群众的分配额度，实现社会物质资源的优化配置，最终提升经济社会发展的效率和质量。当下，增强国家物质凝聚力就是要与时俱进，不断发现和满足人民群众日益增长的物质文化需求，不断解决新出现的分配机制、社保机制和可持续发展领域的新问题，让人民群众坚决拥护中国共产党的领导，为实现国家发展质量和数量的双提升，注入不竭动力。

（三）促进发展质量的提高

国家物质凝聚力的内涵要求不仅要实现国家财富的积累，还要实现分配机制的健全，社保体系的完善、可持续发展能力的提升，而这种要求正是强化发展质量的关键举措。当下，我国迫切需要强化国家物质凝聚力，提升发展质量，来解决大而

不强、人才和资源严重外流的情况。国家物质凝聚力的弱化必然导致发展质量的失衡和国民凝聚意识的弱化，在目前严峻的国际形势下，这是十分危险的，也是绝不能发生的。这就要求我们必须紧紧依靠国家物质凝聚力强化发展质量，这对国家综合国力的提升和中华民族的伟大复兴都有着重大的现实意义和历史价值。

（四）促进发展目标的聚焦

国家物质凝聚力所内含的人民日益增长的物质文化需要，就是国家组织社会生产的方向和目标。世界各国的社会性质不同，但要把人民求发展的力量凝聚起来，就必须以满足人民日益增长的物质文化需要为目标。因此，国家物质凝聚力所表现的发展目标，具有强大的导向性，它明确了国家应该发展什么，如何发展。我国科学发展观提出的以人为本，全面、协调、可持续发展，实际上准确回答了强化国家物质凝聚力对发展力量的导向问题。当下，只有在全面协调可持续发展导向的前提下，才能从根本上提升国家的发展质量，跨越发展的陷阱，最终实现中国梦。

三、当代中国国家物质凝聚力的SWOT分析

（一）优势因素（S）

经济总量稳步提升。国家积极应对国际金融危机持续影响等一系列重大风险挑战，适应经济发展新常态，不断创新和完善宏观调控，推动形成经济结构优化、发展动力转换、发展方式转变加快的良好态势。经济保持持续较快发展，经济总量稳居世界第二位，达到68万亿元，比1999年增长6.55倍，人均国内生产总值也增至49351元。经济结构调整取得重大进展。农业产值稳定增长，第三产业增加值占国内生产总值比重超过第二产业。国民寿命显著增加。随着医疗卫生条件极大提升，我国居民人均预期寿命2015年比2010年提高1岁；孕产妇死亡率由2008年的34.2/10万下降至2014年的21.7/10万，婴儿死亡率由2008年的14.9‰下降至2014年的8.9‰，提前实现了"十二五"医改规划和联合国千年发展目标，总体上处于中高收入国家水平。发展质量不断强化。经济发展进入新常态，向形态更高级、分工更优化、结构更合理阶段演化的趋势更加明显。消费升级加快，市场空间广阔，物质基础雄厚，产业体系完备，资金供给充裕，人力资本丰富，创新累积效应正在显现，综合优势依然显著。新型工业化、信息化、城镇化、农业现代化深入发展，新的增长动力正在孕育形成，新的增长点、增长极、增长带不断成长壮大。全面深化改革和全面推进依法治国正释

放新的动力、激发新的活力。居民消费率不断提高，城乡区域差距趋于缩小，常住人口城镇化率达到 56.1%，基础设施水平全面跃升，高技术产业、战略性新兴产业加快发展，一批重大科技成果达到世界先进水平。分配制度和社会保障体系不断完善。分配体制改革向纵深拓展，公共服务体系基本建立、覆盖面持续扩大，教育水平明显提升，全民健康状况明显改善，新增就业持续增加，贫困人口大幅减少，人民生活水平和质量进一步提高。新医改迅速推进，2009 年到 2014 年，全国财政医疗卫生累计支出 4 万亿元，其中中央财政累计支出 1.2 万亿元，有力支持了医改各项重点工作，分层次推进改革，协调推进各项重点任务。全民医保制度基本建立，职工医保、城镇居民医保和新农合参保人数超过 13 亿，参保覆盖率稳固在 95% 以上。国家科技创新能力实现跨越式发展。国家科技创新信息化程度不断提升，科技创新的质量和潜力不断增强，全国科技投入经费呈明显的上升趋势，其中包括 R＆D 经费和基础研究人员经费等项目，经费投入的迅速增加对科技创新能力的提升有重大贡献，进一步强化国家物质凝聚力。可持续发展能力进一步增强。主体功能区制度逐步健全，主要污染物排放持续减少，节能环保水平明显提升，生态文明建设得到长足发展，建设资源节约型社会和环境友好型社会的能力明显增强，可持续发展能力得到进一步发展。

（二）劣质因素（W）

从国内看，经济长期向好的基本面没有改变，发展前景依然广阔，但提质增效、转型升级的要求更加紧迫。必须清醒认识到，影响国家物质凝聚力提升的核心问题依然存在，且比较严重。发展方式粗放，不平衡、不协调、不可持续问题仍然突出，经济增速换挡、结构调整阵痛、动能转换困难相互交织，面临稳增长、调结构、防风险、惠民生等多重挑战。发展质量不高，有效需求乏力和有效供给不足并存，结构性矛盾更加凸显，分配和社保制度改革阻力依然存在，传统比较优势减弱，创新能力不强，经济下行压力加大，财政收支矛盾更加突出，金融风险隐患增大。农业基础依然薄弱，部分行业产能过剩严重，商品房库存过高，企业效益下滑，债务水平持续上升。这些因素都成了限制国家物质凝聚力提升的阻碍。同时，研发机构和产学研合作企业发展速度缓慢，甚至出现下降趋势，科技型新产品销售收入占主营收入在低位徘徊，高技术产品出口占比不升反降，企业科技创新的应用进度缓慢，老旧产品淘汰不够及时，企业的科技创新能力在向产品创新转化的过程中受到明显阻碍，影响了科技创新产业化进程，滞后了国家物质凝聚力的提升，阻碍了科技创新能力发挥对国家物质凝聚力的核心动力作用。城乡区域发展不平衡，空间开发粗放低效，资源约束趋紧，生态环境恶化趋势尚未得到根本扭转，影响了可持续发展能力的增强。基本公共服务供给仍然不足，收入差距较大，人口老龄化加快，消除贫困任务艰巨，阻碍了人民满意度和幸福度的提升，削弱了国家物质凝聚力的力度和强度。

（三）机遇因素（O）

从国际看，和平与发展的时代主题没有变，世界多极化、经济全球化、文化多样化、社会信息化深入发展，这为国家实现稳定和健康发展，强化国家物质凝聚力提供了大有作为的战略机遇期。与此同时，新一轮科技革命和产业变革蓄势待发，国际能源格局发生重大调整，也为国家提升科技创新能力，完善分配和社保制度，提升发展质量提供了良好的环境。当下，全球治理体系深刻变革，发展中国家群体力量继续增强，国际力量对比逐步趋向平衡，国际投资贸易规则体系重构加快，国际化程度进一步强化，为我国在全球范围内通过强化国家物质凝聚力吸引人才和资金等优势资源提供了不可多得的历史机遇，我们必须紧紧抓住战略机遇期，乘势而上，实现发展数量和发展质量的双提升。

（四）挑战因素（T）

新时期国内外发展环境更加错综复杂，国际金融危机冲击和深层次影响在相当长时期依然存在，世界经济在深度调整中曲折复苏、增长乏力，这对我国的经济增长提出了严重的挑战，如何在震荡不稳的国际经济形势下，保持国家物质凝聚力的力度和强度是关乎国家生存发展的核心问题。当下，主要经济体走势和宏观政策趋向分化，金融市场动荡不稳，大宗商品价格大幅波动，全球贸易持续低迷，贸易保护主义强化，新兴经济体困难和风险明显加大。多边贸易体制受到区域性高标准自由贸易体制挑战。局部地区地缘博弈更加激烈，传统安全威胁和非传统安全威胁交织，国际关系复杂程度前所未有，这对我国产生了强大的外部压力，也对国内分配和社保制度改革、科技水平的提升和可持续发展的深入践行产生了强大的阻力。如何进一步增强党和国家的执政能力，变压力为动力，解决制约增强国家物质凝聚力的关键问题，是新时期的重大挑战。

四、增强我国国家凝聚力的对策建议

（一）以"共享理念"引领物质凝聚力的方向性

共享是中国特色社会主义的本质要求。必须坚持发展为了人民、发展依靠人民、发展成果由人民共享的理念，这样才能满足人民群众日益增长的物质文化需求，强化国家物质凝聚力。要作出更有效的制度安排，使全体人民在共建共享发展中有更多获得感，着力提高发展质量，增进社会和谐，朝着共同富裕方向稳步前进，实现共享发展。优化国家资产负债表，提升国家物质凝聚力硬实力。提升国家财富管理水平，优化国家资产负债表，可以有效提升国家物质凝聚力的稳定性，提升国家物质凝聚力的整体质量。进一步完善市场经济体制，推进产权体制改革。合理拟定硬件考核标准，建立健全政府债务管理工作责任制。完善社会保障体系，强化国家物质凝聚力的稳定程度。统筹城乡社会保障制度，整合城乡居民基本养老保险和基本医疗保险制度，实现城乡居民在这两项基本制度上的平等和管理资源上的共享。建立社会保障待遇确定机制和调整机制。深入推动收入分配改革，保持国家物质凝聚力的平衡。深化收入分配制度改革，优化收入分配结构，构建扩大消费需求的长效机制，使发展成果更多更公平地惠及全体人民，增强国家物质凝聚力的平衡性，提升国家物质凝聚力的整体实力。继续完善初次分配机制，加快健全再分配调节机制。加快健全以税收、社会保障、转移支付为主要手段的再分配调节机制。健全公共财政体系，完善转移支付制度，调整财政支出结构，大力推进基本公共服务均等化，让人民在共享中强化国家责任意识。

（二）以"创新理念"保持物质凝聚力的成长性

创新是引领发展的第一动力。必须把创新摆在国家发展全局的核心位置，不断推进理论创新、制度创新、科技创新、文化创新等各方面创新，使创新成为强化国家物质凝聚力的第一动力。要牢牢把握科技进步的大方向，瞄准世界科技前沿领域和顶尖水平，力争在基础科技领域有大的创新，在关键核心技术领域取得大的突破。要牢牢把握产业革命大趋势，围绕产业链部署创新链，把科技创新真正落到产业发展上。要牢牢把握集聚人才大举措，加强科研院所和高等院校创新条件建设，完善知识产权运用和保护机制，让各类人才的创新智慧竞相迸发。要继续深入开展国家技术创新工程，重点推动创新型企业建设工作，支持企业重点围绕行业共性技术和战略性新兴产业开展联合研发。加强科技创新规划与战略管理，坚持行业领先策略，立足产业高端，居于行业前列，努力突破关键核心技术，打造企业竞争优势。要突出主业，切忌四面开花、全面出击。构建开放式技术创新体系。建立高效、协同、开放的技术创新体系，着力加强实验室、中试基地等基础条件平台建设，着眼于长远，努力集聚一批一流的设备、一流的人才，努力向世界先进国家、企业学习、靠拢，达到世界先进水平。整合全球资源，开展深层次科技合作，推进科技成果转化应用与知识产权的管理保护。

（三）以"绿色理念"提高物质凝聚力的可持续性

绿色是可持续发展的必要条件和人民对美好生活追求的重要体现。必须坚持节约资源和保护环境的基本国策，坚持可持续发展，坚定走生产发展、生活富裕、生态良好的文明发展道路，进一步提升发展质量，增强国家物质凝聚力的可持续性。发展中既要绿水青山，也要金山银山，而且绿水青山就是金山银山。要正确处理发展和保护生态环境的关系，要把生态环境保护放在更加突出位置。在生态文明建设体制机制改革方面先行先试，把提出的行动计划落实到行动上，实现发展和生态环境保护协同推进。科学划定资源环境生态红线。严守资源消耗上限。合理设定资源消耗上限，加强能源、水、土地等战略性资源的管控。着力构建绿色产业体系。进一步推进供给侧改革，促进产业结构、产品结构、企业组织结构优化升级，加快构建科技含量高、资源消耗低、环境污染少的产业结构。积极化解过剩产能，加快发展绿色产业，发展节能环保低碳产业。推动建立资源节约集约利用体系，协同推进节能减排，推进重点领域节能。

回忆形象与仪式感：身份认同
和国家凝聚力的提升

张东赞，樊子湘

党的十九大之后，党和国家领导人来到浙江嘉兴瞻仰南湖红船，缅怀历史。嘉兴红船作为文化回忆形象通过现代传媒手段再一次进入全国人民的视野，它承载了中国共产党人"为中国人民谋幸福，为中华民族谋复兴"的伟大初心。共产党员重温入党誓词，宪法宣誓制度以及相关仪式的修订，这一系列具有仪式感的举措均激励人们在社会主义建设新时期不忘初心，砥砺前行。正确应对时间消磨，永葆初心不变，从而为社会主义建设的伟大实践提供精神动力和智力支持，其中，处理好文化中文化回忆的积累、回忆形象的现时化以及过去经验传承三者之间的关系至关重要。文化记忆是群体的重要精神财富，也是群体成员进行身份认同的重要依据，只有当它附着在一定物质之上方能更长久地传承下去。仪式活动作为文化记忆的首要组织形式，它所具有的重复性让文化记忆的激活和传承得以更好地完成。在社会主义建设新时期，国家仪式感的凸显对唤醒百姓身上的文化基因，增强民族凝聚力具有重要现实意义。

一、文化回忆形象的共享有利于民族凝聚力的增强

集体身份的认同建立在成员有共同知识系统和回忆基础之上，二者的获得是群体成员逐渐被"文化"的过程，同时也是成员归属感形成的过程。共有知识主要通过群体成员所共有的语言来获得。语言是一个族群存储世界知识以及生活经验的宝库，也是建构社会现实的重要工具，群体成员通过习得的方式来获得语言并据此对世界进行认知。共同回忆作为群体的"过去"主要通过成员之间的交互活动来共同

建构。人作为群居动物，群居的基础和起决定性作用的因素属于象征性层面而非生理层面。群体成员通过不同的路径来分享具有仪式感的象征系统从而体验到群体身份的归属感，并将这种仪式化的活动建构为群体共同的文化记忆以便更好地进行传承。对群体来说，成员之间所共享的文化回忆越多，回忆形象越清晰，整个群体的凝聚力也就越强。

作为身份认同的重要外在形式，文化回忆形象需要负载于一定载体之上即实现物质化并于一定时空环境中进行现时化，才能形成群体成员所共享的经验、期待和行为空间。语言、文字、图画或者景象以及一些仪式化的活动则是激活回忆空间的重要手段。其中，景象以及仪式化活动作为主要的组织形式对文化记忆的存储、调取和传承有重要的作用。就国家层面而言，群体成员对国家身份的认同在一定程度上也受到景象以及具有国家仪式感活动的影响。威廉·伍德曾在 1800 年呼吁英国政府在伦敦建造一个巨大的金字塔，主要目的是通过视觉感官这一媒介让群体成员的灵魂喜悦、惊愕、提升或者被统治，使"国家"作为一个群体的外在表征形象被认同并传承下去。该塔一旦建成将被赋予一定的文化意义，围绕该塔举行的某些活动会将其植入民众的回忆空间之中，从而为某些回忆形象的激活提供场所。威廉·伍德希望英国的国家形象能够通过该塔进行载体化，并通过相应的活动来现时化，从而起到增强国家凝聚力的目的。通过感官印象存储起来的回忆比通过语言重复这种媒介存储起来的回忆更具有无与伦比的真实性和直接性。感官所存储的回忆形象作为群体的重要外在表征更容易被激活。

在伦敦建造一座超大规模的金字塔可以刺激群体成员的感官，让"国家"作为集体认同形象通过视觉感官的方式变得可见，这种效应正如法国的埃菲尔铁塔和美国的自由女神像。埃菲尔铁塔作为巴黎的城市地标已经成为法国的文化象征之一，是法国荣誉的纪念碑。同样，自由女神像也成为美国所标榜的追求自由的象征，让不同种族乃至不同肤色的群体成员找到文化认同。2018 年 10 月 31 日，印度花费巨资打造的高达 182 米的团结雕塑在古吉拉特邦揭幕，印度总理莫迪参加了揭幕仪式。该雕塑取名为团结雕像，团结雕塑的建造并非只是为了发展当地的旅游经济，最主要的目的是要提醒人们记住为了印度的独立而作出贡献的英雄萨达尔·瓦拉巴伊·帕特尔，从而进一步激活印度人民对维护独立、团结的共同回忆。同样，威廉·伍德希望在伦敦建造的大型金字塔能够成为英国文化中的一种凝结性结构，通过感官受到不断重复的刺激，从而让群体对国家形象的回忆形成认知轨迹，以便加深成员对国家身份的认同。不过，他的这一呼吁并没有获得相关部门的支持。200 多年后的今天，继 2014 年苏格兰公投之后，2016 年 6 月英国举行脱欧公投，同时英国国内又出现了伦敦和北爱尔兰脱英独立公投的呼声。英国发生了一系列的变化似乎回应了威廉·伍德的"随想"。

我国经过 40 多年的改革开放，人们的物质生活条件得到了极大改善。同时我们也看到在这个过程中传统文化受到西方文化的严重冲击，人和人之间的关联在机械化大生产面前变得松散，浮躁情绪在年轻人中滋生，社会呈现原子化倾向。如果任其发展下去，社会的组织力和凝聚力就会消解。因此，从国家层面出发通过一定的制度设计来提升群体的凝聚力可谓势在必行。

二、回忆形象的仪式化可以激活文化基因

中华民族本身是一个社会学上的概念而非生物学上的概念，是一个多民族聚合的大群体。植根于农耕社会的中华文明，成员身份认同的路径是由外到内，即先群体认同再到自我认同的路径。个人进入所属的群体之中，通过与其他成员之间进行交往互动，分享并建构群体共同的文化回忆进而形成对集体身份的认知，即对"我们"的认知。基于这样的文化背景，群体成员的身份认同就不能仅局限于家庭乃至家族的层面，而需要上升到国家层面。集体成员所共享的回忆形象就显得十分重要。现代大众媒体的发展让国家层面的仪式化活动变得更加容易实现，即群体成员，通过现场直播的形式感受仪式活动的现场，从而有利于群体回忆形象的建构。据统计，2015 年由河南省政府、国台办以及全国侨联联合举办的黄帝故里祭祖大典在实现全球实况转播的情况下，网络点击率超过亿次。观众通过现代媒体可以享有亲临现场的感觉以及仪式的带入感。2019 年炎帝祭祀大典在宝鸡炎帝陵隆重举行，此次祭祀大典突出"丝路寻根，全球华人老家，打造中华民族共同精神家园"这一主题，用文化繁荣经济，凝聚民心，诠释幸福。

文化记忆作为群体的共同回忆往往会忽略掉日常交际中的一些细枝末节，脱离人们对具体事物的记忆范畴，从而使本来隐而不显的时间和认同索引变得更加清晰。中共一大最后一天的会议在浙江嘉兴南湖一艘游船上召开，这艘游船已经被群体成员建构为文化符号并形成一种回忆空间，从而使中国为实现国家独立和富强而奋斗的中国共产党人的群体形象载体化。2017 年 10 月 31 日，党和国家主要领导人集体瞻仰浙江嘉兴南湖红船，并重温入党誓词。这一国家层面的举动使嘉兴红船所承载的文化记忆再一次被激活，过去和现在通过嘉兴红船很好地连接到了一起，南湖游船已经成为一种象征物，成为大家关注的焦点。国家领导人瞻仰南湖红船的活动通过媒体呈现于全国观众面前，红船所承载的中国共产党人"为中国人民谋幸福，为

中华民族谋复兴"的初心被再一次激活，可以有效地提升整个民族的凝聚力。

任何一个群体如果要稳定下来，都必将想方设法为自己创造这样或那样的时间或空间从而将回忆形象进行物质化的定格，这些时空环境往往就成为其成员进行身份认同的回忆空间，成为他们回忆的线索。物质化的象征体系和回忆又通过重复的形式展现在人们的日常生活中。每个人的"当前"不但包括他个人过去的投影而且还包括整个民族"过去"的投影。将过去重要的事件或者人物通过一定的形式固定并存储下来从而对此进行回忆或讲述，这是人类的一种本能，也就是我们常说的历史感，它是人们从现在认知过去的重要路径。南湖红船承载了中国共产党建立之初的那段记忆，从而成为文化回忆的载体，不断呈现于人们面前。重复作为人类生存的一种重要技能，它让人们在其熟悉的领域取得成就感，并且避免在同一事务上浪费时间，从而可以腾出更多的精力探索新领域。通过重复，人们的行为模式再一次得到辨认，从而被当作共同的"文化"元素得到认同。

三、作为群体背景的"过去"与身份认同

一般来说，自我身份的认同需要三个要素：认知主体、参照对象与认知背景。认知主体需要与参照对象互动来进行自我认知。参照对象的显著度对认知主体定位目标有一定影响。当认知主体和参照对象处于相同的背景时，即认知主体和参照对象具有共同的身份，认知主体能相对容易完成身份认同。反之，当主体和参照对象无法找到共同的背景时，他们就很难形成共同的身份认同。作为一种潜在的认知背景，当过去被不同的认知主体所识别的时候，不同主体之间就更加容易达成彼此身份的认同。过去不同于历史，过去总会在当今的人们生活中找到自己的影子，并在一定程度上影响当下人们的生活。当过去被人遗忘而不被提及时历史才开始。国家或者群体作为群体行为主体通过功能记忆来建构自己，在这个功能记忆中为自己架设一个特定的过去。被群体所建构的过去是群体共同价值观、经验的反映，并通过一定的形式传承下去。认知背景主要表现为认知主体和参照对象所共同拥有的"过去"，当这个背景越大的时候，二者之间所拥有的共同文化回忆也就越多，也就越容易形成共同的身份认同。阿莱达·阿斯曼将人们的记忆分为存储记忆和功能记忆。其中，存储记忆是无人栖居的记忆，它所记录的是与现实失去有生命联系的东西，一般不能成为认知背景。功能记忆的特点是群体关联性、有选择性和价值联系且面向未来，它是与一个主体相连接的主体，这一主体认为自己是功能记忆的载体，功能记忆往往无法成为一种认知背景。人们在进行身份认同时首先是一种对比的过程，

对比的过程起关键作用的不是肤色也不是身高，而是与共有知识相关的文化回忆。在共同背景之下才能更好地凸显群体成员的人物形象的特点。

作为一种功能记忆，文化记忆是人们在当下生活的背景。离开这个背景，人们自我身份认同的形象就会变得模糊。群体成员所共享的背景是动态的并且是不断发展的，也是可以不断叠加的。当叠加的背景越多，身份认同度也就越高。前一个背景既是共有系统，又是下一个背景身份认同的参照。群体成员对自我的认知需要置于一定的背景即共有过去之下，通过这个背景来建立与其他人之间的认可，当这个背景是家族共享的时候，成员之间则完成家族成员的身份认同，当这个背景够大而成为一个族群的共有过去时，群体成员则实现族群的身份认同。南湖红船之所以能成为一种文化符号正是国家所要凸显的重要价值观念，且通过在全国直播的形式呈现在人民的面前有直接关联。当南湖红船通过媒体直播的形式以国家背景呈现在全国人民面前，其所承载的文化信息通过国家领导人的瞻仰以及入党誓词的重温这样的仪式化活动再一次被激活。嘉兴南湖红船作为国家层面的文化符号承载着人们对过去的记忆，承载着整个民族共同的文化载体已成为当下人们生活的文化背景。南湖红船承载了中国共产党人为推翻压迫，建立新中国而努力奋斗的初心。"为中国人民谋幸福，为中华民族谋复兴"的中国共产党人的群体形象也通过南湖红船再一次被激发出来。

四、身份认同与群体凝聚力的提升

在生命演化到人类之前，把兽群、畜群维系在一起的是动物的生存本能。在物种中有一种内在的群体性，即"群居本能"，这种凝聚力在人类出现以后就自动消失了。自发传统即人类学家所谓的"习俗之饼"替代了动物的群居本能来控制这种群体的无政府状态。群体成员共同遵守的风俗习惯同时也成为某种行为规范，一旦破坏了这种行为习惯则被视为离经叛道而受到周围人的批评。人们生活在一个由自己所织就的习俗之中，这个习俗将一个个的成员组织到一起，这是人类的天性使然。人类既是规则的制定者，同时又是规则的遵守者。从国家层面而言，群体成员之间的关联度越强，国家的社会动员能力也就越强；反之，当社会呈现原子化的状态时，整个国家的凝聚力也就相应减弱，国家的社会动员能力也就被大大削弱。随着工业文明在人类社会的不断推进，社会生产力的极大发展提升了个人的自足能力和经济能力，从而使个体对他人的依赖度逐渐降低。这也导致个人对社会活动乃至国家治理的参与热情的消减。中华文化自古以来就非常重视个人对国家对社会的责任，重视家国情怀的培养，将个人的价值与国家结合在一起。在工业化进程中，中华文化的堤坝受到西方文化的严重冲击，安全形势面临严峻考验。在这种严峻的形势下，提升国家凝聚力，筑牢中华文化的长城具有重大意义。

首先，从国家层面来发挥文化符号的身份标识性功能。文化符号是一个民族经过时间洗涤之后沉淀下来的物质文化和精神文化的精华，存储着一个民族丰富而集中的历史记忆。成员所共享的文化回忆构建了群体所共有的文化凝聚性结构。作为文化意义的物质载体，文化中的凝聚性结构起到了连接的作用，它可以将过去与现在关联在一起，同时通过构建一个共同的经验、期待与行为空间将人与其身边的人连接在一起。这样的一个共享空间可以作为群体成员进行身份认同的认知背景。国家层面的文化符号可以将人们所共享的认知背景最大化，从而有利于身份认同和凝聚力的提高。孔子、黄帝等作为国家层面的文化符号，已经成为文化意义的物质载体。通过祭祀活动可以增强人们对自身文化的认同，提升作为中国人的身份自豪感和荣誉感。文化符号是文化凝聚性结构建设的重要部分，文化中的凝聚性结构越多，也就越容易将群体成员聚合起来。通过不断的重复来激活蕴含在群体成员内部的文化基因，从而增强文化的活力和群体的凝聚力。

其次，文化符号的制度化和仪式化。从符号产生的那一刻起便同时产生了文化符号所负载意义的重复。重复是人类的一种重要生存技能，它让人们在其熟悉的领域取得成就感，并且避免在同一事务上浪费时间，从而可以腾出更多的精力探索新领域。从信息处理的角度看，人们对日常行为的处理主要是自动信息处理，即个体听任情绪反应并按照惯例行事。在这种情况下，人们对内部和外部的诸多信息往往视而不见。对抗这种无视生活中固有秩序的有效行为就是文化观念的重复，即某种文化观念以固定的形式周期性地出现在人们的日常生活之中。这就需要使文化观念通过某些仪式活动获得重复的机会，也就是将文化符号所依赖的仪式化活动制度化。节日活动作为文化符号的制度化形式，在人们的日常生活中扮演着重要的角色。节日活动的基本结构主要包括时间节点、特定仪式、象征意义等方面。我国传统节日是中华民族在漫长的历史发展进程中形成的，是体现民族价值观、文化传统、伦理道德与生活方式的文化意义的载体。传统节日通过不断的重复展演来凸显某种共同的文化意义，它的存在可以将群体的身份认同体系保持活跃的状态而使其不至于陷入停滞。中华文明之所以历经沧桑而从未中断，一个重要原因就在于群体身份认同系统的正常运行。传统节日作为华夏文明中重要的文化符号在人们的日常生活中发挥了重要的作用。

再次，将国家层面的仪式活动与民间层面的仪式活动有机地结合起来，使二者相辅相成，相得益彰，实现文化活动的雅俗共赏。国家身份的认同归根结底还是文化的认同，是群体成员在更大的范围内所接受的文化价值观。在国家归属感的建设过程中，应该将雅文化和俗文化有机结合起来。雅文化与俗文化往往有一种向对方靠拢的本能倾向。执政者和知识阶层往往向社会底层强加自己的文化（雅文化），包括将自己的文化通俗化以扩大对全社会的影响，执政者或者知识阶层出于猎奇或调节的目的而从俗文化中汲取营养，这也给雅文化以新鲜的血液。以农民丰收节为例，2018 年国家将农历的秋分定为中国农民丰收节，这是农耕文明中的重要节日，是春耕夏长秋收冬藏的农耕文化的重要体现，各个地方都在进行庆祝活动，在国家层面上则是通过媒体进行广泛宣传，农耕文化与群体成员的身份认同被很好地结合到了一起。

最后，通过现代传媒的便利条件不断刺激群体成员所蕴含的文化基因。现代媒体的发展，让更多的人可以更好地互联。现代媒体让一些仪式化的活动的准参与者的数量扩大，即起到了扩大仪式化活动背景的作用，当这种背景越大，可以参与其中的人物也就越多，从而可以在更大的范围内进行身份认同。

五、结论

在日常生活中，人们对一些事情回忆的多少往往取决于有多少机会向别人讲述它们。故事所蕴含的价值取向与某些文化观念通过讲述者再一次向听者进行传承并得以巩固。每一次讲述都是某种文化观念的现时化，讲述的过程也是一种文化继承。同样，国家层面仪式活动的参与或者见证都是民族价值观的再次激活。这些记忆通过重复的方式逐渐成为人们的一种认知轨迹，并最终成为民族的文化基因。要使一个民族持之以恒，有一种永远的凝聚力，单靠经济的发展不是长久之策。一旦经济衰退，人心就散了，最重要的还是要靠民族自身的文化。许嘉璐先生指出："一个民族经济发展不好可以亡国，一个民族文化丧失就可能亡种。"随着全球化的不断推进，不同文化之间的接触也越来越频繁。如何讲好中国故事，让华夏民族过去的共同回忆更好地传承下去就显得非常重要。作为一个多民族的国家，增强民族间的凝聚力与群体的认同感关系到国家执政能力的建设。

新时代网络主流意识形态凝聚力
和引领力提升策略探析

闫永超

意识形态工作是一项关乎旗帜、关乎道路、关乎党的执政地位的重要工作。近些年，信息化和经济全球化相互促进使互联网融入社会生活的方方面面，深刻地改变了人们的生产方式和生活方式，成为人们，特别是年轻一代获取信息、交流信息的大平台，极大地改变了人们的求知途径、思维方式和价值观念。它对主流意识形态产生影响是通过所传播的思想文化来实现的。由于这些思想文化中不可避免地包含着意识形态因素，网络空间便逐渐成为意识形态斗争的主战场。在这个主战场如何确保意识形态可管可控，如何打赢意识形态攻坚战，如何营造风清气正的网络空间，提升网络主流意识形态凝聚力和引领力就显得尤为迫切。

一、网络主流意识形态凝聚力和引领力的理论省察

（一）网络主流意识形态凝聚力和引领力的内在构成

意识形态的凝聚力和引领力作为一种"力"，其本质来源于意识形态的社会功能，它既是意识形态对自身魅力发挥的有效表达，又是意识形态对其建设所达到的目标设定。凝聚力就是主流意识形态对不同思想观念、价值取向、行为习惯的整合力，整合力越大凝聚力越强，反之则凝聚力越弱。引领力就是主流意识形态以其独特的内容和形式对全体社会成员所形成的号召力，号召力越大引领力越强，反之则引领力越弱。具体到网络主流意识形态，其凝聚力和引领力是指网络主流意识形态对社会成员的感召、说服和引导以及对现实问题的阐释效度，外化为理想信念、价

值观念和行为准则。

网络主流的意识形态不是抽象的，其本质归属于观念上层建筑，是对现实的、具体的实践生活的镜像反映，其凝聚力和引领力的构成要素包括认知解释要素、价值信仰要素和目标策略要素，这三个要素紧密相连、相互促进构成了一个内在统一的有机整体。认知解释要素是网络主流意识形态的内容体系对当前社会的政治、经济、文化、社会、生态等方面作出的科学解释，体现了特定阶级和集团对当前社会各方面的理性认知。它是凝聚力和引领力的理论前提，只有科学地认知社会，才能保证网络主流意识形态的现实性和可行性。价值信仰要素是网络主流意识形态所倡导的价值、情感、意志和信念，体现了特定阶级的价值观和信仰。作为凝聚力和引领力构成的重要内容，价值信仰要素既是人们进行价值选择的依据，又是人们对现实社会进行价值评价的尺度，其最终目的是引导本阶级或全体社会成员树立起正确的价值观和信仰。目标策略要素是网络意识形态的理想目标及实现价值信仰的途径和方法，体现了特定阶级行之有效的行动纲领。凝聚力和引领力的大小取决于特定阶段行动纲领的人本性和通俗性。目标策略要素从本质来看从属于实践，能够将认知解释要素和价值信仰要素结合起来转变为改变世界的现实行动。

（二）网络主流意识形态凝聚力和引领力的生成机理

网络空间中的主流意识形态是对现实社会的反映，其凝聚力和引领力不是凭空产生，而是根源于社会存在。衡量一种意识形态凝聚力和引领力的大小，关键看意识形态团结群众、聚合人心和鼓舞斗志的功能能否充分发挥。网络主流意识形态凝聚力和吸引力的生成机理既与意识形态的产生和发展密切相关，又与网络技术的产生和发展密不可分。

在新技术和新时代背景下，网络主流意识形态凝聚力和引领力的生成机理模式相对独特：基础——坚持改革创新、环节——维护网络安全、归宿——契合大众需要。首先，改革创新是形成网络主流意识形态凝聚力和引领力的基础，其内在逻辑是根据新时代提出新课题，新课题催生新理论，新理论引领新实践的。当前，我国处在一个日新月异的新时代，应当以改革创新精神开创网络意识形态工作的新局面。改革就是破除不适应主流意识形态发展的一切顽瘴痼疾，使意识形态充满生机和活力，其实质也是一种创新。提升网络主流意识形态凝聚力和引领力离不开改革创新，在实际的工作中我们要善于将理论创新和实践创新结合起来，实现二者的良性互动。其次，维护网络安全是网络主流意识形态凝聚力和引领力的形成环节。随着互联网技术和移动终端技术的发展，信息传播方式发生了翻天覆地的变化，传统的信息传播模式正在被新兴的网络传播模式所取代，伴随着这一发展进程网络安全问题也相应产生。网络信息传播的无界性和隐蔽性使得网络安全已经成为我国面临的最复杂、最现实、最严峻的非传统安全问题。提升网络主流意识形态凝聚力和引领力离不开网络安全，在实际的工作中我们要建立领导监管机制、信息疏滤机制、预警反馈机制，维护好我国的网络安全。最后，契合人民群众的需要是网络主流意识形态凝聚力和引领力的归宿。理论只要说服人，就能掌握群众；而理论只要彻底就能说服人。所谓彻底就是抓住事物的根本。人民立场是习近平新时代中国特色社会主义思想的根本立场，也是网络主流意识形态的归宿。网络主流意识形态能否形成强大的凝聚力和引领力，不在于理论如何完美，而在于其能否真正地契合人民的精神需要，能否扎根于人民的内心深处。在新的历史条件下，根据我国社会主要矛盾的变化，应自觉地把人民群众对美好生活的向往作为我们的奋斗目标，破除网络主流意识形态与社会成员精神需要之间的障碍。

二、新时代提升网络主流意识形态凝聚力和引领力的重要性

（一）新时代提升网络主流意识形态凝聚力和引领力的历史必然性

一个国家要振兴，就必须在历史逻辑中前进，在时代潮流中发展，习近平总书记指出中国特色社会主义进入了新时代，这是对我国发展所处的历史方位作出的重大政治论断。立足新时代，我们应更加充分认识到提升网络主流意识形态凝聚力和引领力的历史必然性。

第一，提升网络主流意识形态凝聚力和引领力是发展中国特色社会主义的必要条件。中国特色社会主义是历史的选择和人民的选择。在当代中国，增强中国特色社会主义道路自信、理论自信、制度自信、文化自信，都离不开网络主流意识形态凝聚力和引领力。提升网络主流意识形态凝聚力和引领力就是让广大网民了解中国特色社会主义道路，从而保持清醒的头脑，不为任何干扰所惑，不惧任何风险；就是让广大网民掌握中国特色社会主义理论体系，从而用中国特色社会主义理论体系的最新成果——习近平新时代中国特色社会主义思想武装头脑；就是让广大网民坚定中国特色社会主义制度自信，从而自觉抵制西方政治制度的诱惑；就是让广大网民认同中国特色社会主义文化，从而增强文化自觉和文化担当，构筑中国精神并凝聚中国力量。

第二，提升网络主流意识形态凝聚力和引领力是巩固中国共产党执政地位的有

力支撑。从历史的发展来看，苏联解体的重要原因就是忽视以马克思主义为指导的意识形态的创新和发展。一方面，教条化地理解马克思主义，使其意识形态丧失说服力，逐步动摇了马克思主义在苏联民众中的认同基础。另一方面，非马克思主义和反马克思主义的东西肆意泛滥，扰乱党心、民心，最终使得苏联共产党丧失执政地位。从当前来看，新时代要有新气象，新气象要有新作为。一方面，我们必须通过加强网络主流意识形态建设，对中国共产党的执政地位进行合理论证和有效阐释，使广大网民从内心认同其执政地位。另一方面，我们要夺取反腐败斗争压倒性的胜利，不断保持先进性，提高执政能力，这些都离不开网络主流意识形态凝聚力和引领力的支撑。

第三，提升网络主流意识形态凝聚力和引领力是实现中华民族伟大复兴中国梦的客观要求。实现中华民族伟大复兴是以习近平同志为核心的党中央对全体中国人民作出的政治宣言。我们要充分发挥网络主流意识形态凝聚力和引领力对中华民族伟大复兴的正面作用。首先，要加强网络主流意识形态凝聚力和引领力，为实现中华民族伟大复兴提供精神动力，让人们坚定对社会主义制度的信念和增强对未来社会发展的信心，从而为实现中华民族伟大复兴而努力奋斗。其次，需要明确中华民族伟大复兴的合理性，以获得广大人民的认可和支持，这离不开网络主流意识形态凝聚力和引领力对其进行合理性辩护。再次，实现中华民族伟大复兴离不开社会各项活动的有序进行，而网络主流意识形态凝聚力和引领力可以为其提供现实关照。

（二）新时代提升网络主流意识形态凝聚力和引领力的现实必要性

习近平总书记强调，"意识形态工作是做人的工作，人在哪里，意识形态工作的重点就应该在哪里。我国网民规模已达到7亿多，居全球第一"。从当前我国网络场域中意识形态所面临的问题来看，增强主流意识形态的凝聚力和引领力具有现实必要性。

第一，不同阶层的利益诉求对网络主流意识形态凝聚力和引领力提出了新要求。当前，我国正处在推进供给侧结构性改革、建设现代化经济体系的历史新阶段，资源配置方式和劳动产品的分配方式的变化导致了不同的利益主体的产生，形成了利益阶层多元化的格局，呈现出利益诉求日益多样化的趋势。多样的网络意识形态便是现实社会中不同阶层利益诉求的集中表现。如果没有强大的网络主流意识形态凝聚力和引领力，就无法疏导不同利益主体的利益诉求；如果没能及时对不同社会阶层尤其是社会弱势群体的利益诉求进行"答疑"，不同利益主体就会削弱网络主流意识形态凝聚力和引领力。如何整合多元利益诉求、化解社会矛盾、稳定社会秩序，让人民群众更有获得感，已经成为社会转型期对网络主流意识形态凝聚力和引领力提出的新要求。

第二，网络传媒的快速发展对网络主流意识形态凝聚力和引领力产生了新冲击。随着计算机技术、信息网络的快速普及，国际与国内、线上与线下、虚拟与现实的界限越来越模糊，互联网逐步突破传统信息交流平台的范畴，我国的媒体格局和舆论生态发生了巨大的变化。一方面，互联网"去中心化"的传播模式改变了传统媒体意识形态宣介的主体，信息传播的主体已经不是之前的媒体从业人员，网民成了网络空间中信息传播的主体，普通民众获得了前所未有的话语表达权。另一方面，大量虚假、暴力、攻击、色情、反动的信息也依靠网络获得了生存的土壤和发展的空间，各种不负责任的声音在网上层出不穷，网络主流意识形态的传播内容面临被曲解的窘境，这大大增加了舆论引导和管理的难度。

第三，西方资本主义意识形态对网络主流意识形态凝聚力和引领力产生了新侵蚀。当前我国意识形态斗争形势依然严峻，西方敌对势力不希望看到一个繁荣、强大、复兴的中国，他们在不断破坏我国意识形态的建设。首先，西方资本主义国家凭借其自身网络技术、资本等优势极力推行"网络霸权"，不断同我们争夺网络阵地、争夺民心，利用网络诋毁和歪曲我国主流意识形态，宣扬资本主义政治模式，粉饰资本主义制度，企图对我国发动"颜色革命"。其次，西方敌对势力以"学术交流"为手段对我国的社会精英阶层进行意识形态渗透，拉拢我国高层访问学者和知识分子为其传播西方价值观。最后，西方国家特别是美国不仅具有强大的经济"硬实力"，还具有强大的文化"软实力"，美国利用自身文化产业和文化产品的优势在网络上宣扬西方的价值观念和生活方式，企图让人们在享受中潜移默化地接受他们的意识形态。

三、提升新时代网络主流意识形态凝聚力和引领力的路径架构

（一）提升新时代网络主流意识形态凝聚力和引领力的主体塑造

提升网络主流意识形态凝聚力和引领力离不开一定的主体，主体承担着维护主流意识形态主导地位，宣传主流意识形态观念，拥护主流意识形态理论的重任。提升网络主流意识形态凝聚力和引领力不是一个纯理论问题，而是关系到每个公民学习、工作和生活的具体实践问题。它离不开任何一个与之相关的实践主体，离不开不同职业、群体的理论认知、日常生活和工作实践。提升网络主流意识形态凝聚力

和引领力需要充分发挥不同实践主体的独特作用。

第一，党员领导干部率先作榜样示范。网络主流意识形态凝聚力和引领力是中国共产党在网络空间凝聚人心、整合社会力量的具体体现。各级党委和政府机关是新时代中国特色社会主义现代化建设的中枢，机关及党员领导干部要讲党性、重品行、作表率，充分发挥对其他社会实践主体的引导及榜样示范作用。网络主流意识形态凝聚力和引领力最终会因党内腐败分子的破坏而失去作用，为此必须用铁的纪律管党治党，不断扎牢制度的笼子。在提升网络主流意识形态凝聚力和引领力的过程中，各级机关和党员干部要把党的政治建设摆在首位，应坚定社会主义和共产主义理想信念，加强党性修养，积极带头学习并传播主流意识形态，自觉践行社会主义核心价值观，带头树立良好的工作作风和生活作风，提高执政为民、全心全意为人民服务的能力，努力成为提升网络主流意识形态凝聚力和引领力的先锋和楷模。

第二，宣传工作者要准确阐释和积极传播主流意识形态。建设具有强大凝聚力和引领力的社会主义意识形态，是全党特别是宣传思想战线必须担负起的一个战略任务。在提升网络主流意识形态凝聚力和引领力的过程中，意识形态宣传工作者发挥着重要的作用，他们直接关系到网络主流意识形态的传播能否紧跟时代的发展。主流意识形态宣传工作者要积极维护党中央权威和集中统一领导，在思想和政治行动上同党中央保持高度一致，践行党的群众路线，改进主流意识形态的宣传方式，能够俯下身、沉下心、密切联系群众，积极传播新时代中国特色社会主义理论、路线、方针、政策，努力推出有思想、有温度、有品质的宣传作品。此外，还要适应网络空间意识形态分众化、差异化的传播趋势，按照从实效着力、把握节奏、讲究策略的要求紧跟经济和社会的发展，树立以人民为中心的工作导向，对人民群众普遍关心的问题要全面地、准确地、积极地回应，了解网情民意，引导网民情绪。

第三，知识分子阶层要广泛参与传播主流意识。习近平总书记在党的十九大报告中指出，"加强党外知识分子工作，做好新的社会阶层人士工作，发挥他们在中国特色社会主义事业中的重要作用"。要提升主流意识形态凝聚力和引领力离不开广大知识分子的积极参与和大力推动，知识分子阶层是一个特殊的社会阶层，他们既有阐释中国特色社会主义理论的学术水平，又有心系群众的实际行动，在社会的道德重建、价值塑造和文化建设方面发挥着巨大作用。他们应当不断提升自己的政治素质和业务素质，将习近平新时代中国特色社会主义思想以广大网民喜闻乐见的形式及时传递到网络空间，成为社会良知的守护者和社会责任的坚守者。知识分子应当结合网络空间的信息传播规律和人们的认知逻辑，解读党的最新理论和政策，对网络空间中出现的虚假信息和错误言论要及时地进行理论批判，积极为网络主流意识形态的建设贡献智慧和力量，成为网络主流意识形态的积极倡导者和坚定维护者。

第四，广大普通网民要普遍认同和自觉拥护。普通网民对网络主流意识形态所倡导的思想理论、价值观念、精神风尚、策略目标的普遍认同和自觉拥护，对提升网络主流意识形态凝聚力和引领力具有重要意义。为此，我们要促进网络主流意识形态与广大网民之间形成良性的互动。一方面，网络主流意识形态作为一种观念形态，不仅要从广大网民的实际需求和切身利益入手，解决他们的物质需求，维护网民的根本利益，而且要从广大网民的文化和心理方面入手，满足他们的精神需求，尊重他们的主体意识、提高精神境界，这样才能得到他们的支持和拥护。另一方面，广大网民要不断提高道德素质，增强自律意识，不断加强马克思主义理论知识的学习，能够自觉地运用马克思主义的立场、观点、方法分析和解决网络空间中危害主流意识形态的杂音、噪音，自觉维护网络主流意识形态。

（二）提升新时代网络主流意识形态凝聚力和引领力的实践路径

当前，我国网络主流意识形态建设面临着新形势、新要求和新挑战，提升网络主流意识形态凝聚力和引领力是一项十分复杂的系统工程，不仅要塑造可靠的主体，还要结合新时代网络空间这一特殊场域的特点，以党的十九大精神为指导，坚持马克思主义在网络意识形态领域的指导地位，站在时代和战略的高度，切实有效地开辟提升网络主流意识形态凝聚力和引领力的实践路径。

第一，建构意识形态话语权威。在意识形态领域，意识形态凝聚力和引领力与意识形态的话语权威直接相关。意识形态理论的权威性不仅意味着得到人们的认可，而且意味着其自身具有强大的感召力，建构网络主流意识形态的话语权威对其凝聚力和引领力至关重要。意识形态的话语权威来自意识形态理论体系自身的逻辑自洽性及其对现实的解释力，我们必须建构主流意识形态的话语权威，以增强网络主流意识形态的先进性和科学性为目标，在实践的基础上坚持和发展马克思主义，创造性地把握马克思主义的精神实质，形成新的理论认知。网络主流意识形态要紧跟时代发展潮流提炼出更加科学的内涵，深刻把握可观察的外部现实生活的变化，增强对网络空间中出现的实践问题的解释力和指导力，进一步探索和挖掘理论自身与现实生活中不同网民的利益相耦合的价值观念。

第二，完善信息传播体制机制。习近平总书记在党的十九大报告中指出："保持锐意进取的精神风貌，善于结合实际创造性推动工作，善于运用互联网技术和信息化手段开展工作。"为此，我们必须以构建多样化、立体化的现代传播体系为目标，完善和创新网络作为传播主流意识形态的体制机制。首先，坚持党管媒体的原则，牢牢把握党对意识形态工作的领导权，规范网络信息传播机制，增强对非主流意识形态尤其是一些反马克思主义的意识形态的控制与屏蔽能力。其次，健全网络信息的预警机制和疏滤机制，利用网络大数据做好网络舆情监控，有效地抵制不良信息对主流意识形态的侵害。充分发挥网络的互动性功能。最后，建立网络主流意识形态的认同沟通机制。只有充分沟通，才能保证信息传播的真实性，才能回应不同阶层的利益呼声，扩大网络主流意识形态在广大网民中的影响力。

第三，建立网络综合治理体系。面对互联网技术和应用的快速发展，在海量的网络文化中夹杂着的一些有害和虚假信息削弱了主流意识形态凝聚力和引领力，我们需要建立多手段相结合的网络综合治理体系，营造清朗的网络空间。首先，建立党委统一领导、政府行政管理、网民共同参与和行业自我约束的治理体制，严格落实意识形态工作责任制，要做到守土有责、守土负责、守土尽责，走出一条齐抓共管、良性互动的新型治理道路。其次，夯实网络综合治理的法律基础，互联网不是法外之地，通过加强立法、健全法制把主流意识形态的要求转化为刚性的法律规定，打击各种网络违法犯罪行为，从而使政府能够依法管网、互联网企业依法运营、公民能够依法上网。最后，提供网络综合治理的技术保障，加大对互联网技术创新的资金支持力度，支持具有战略意义的项目研发，发展自主可控的网络核心技术，形成拥有自主知识产权的网络应用和监控体系，构筑起维护网络主流意识形态安全的防火墙，全面提升对网络文化的监管和治理水平。

第四，改进意识形态工作方法。经过长期的努力主流意识形态在统一思想、凝聚人心方面取得了良好的成效，积累了很多富有成效的传统意识形态的工作方法。当前，从国际来看，西方资本主义国家对我国实施意识形态渗透从未停止，并呈现出隐蔽的特点。面对错综复杂的网络意识形态环境，我们要牢牢坚持以正面宣传教育为主，积极开展舆论斗争、敢于亮剑、增强主动性，创新捍卫网络主流意识形态的主导地位的工作方法。从国内来看，我们必须坚持与时俱进，在全面总结传统意识形态工作方法的基础上，开辟新路径、运用新手段，改进网络主流意识形态的工作方法，使其更具有针对性和教育力。根据人们的现实利益需要和年龄差异，有针对性地分层施教，尤其是应加大对中低收入者和广大青年学生的教育引导。按照网络传播规律的特点改进文风，改变"学术腔""文件调"，借助于网络的图、文、音、像，声情并茂地传达思想，增强意识形态教育的感染力。

新的社会主要矛盾下
增强国家凝聚力的着力点

李赞，刘学谦

习近平总书记在党的十九大报告中指出，"经过长期努力，中国特色社会主义进入了新时代"，"中国特色社会主义进入新时代，我国社会主要矛盾已经转化为人民日益增长的美好生活需要和不平衡不充分的发展之间的矛盾"。社会主要矛盾的转化，一方面说明了人民需要的变化由"日益增长的物质文化需要"转化为"日益增长的美好生活需要"。从数量和质量看，人民的需要是无止境的，无止境的人民需要会推动社会经济发展；从内涵上看，人民需要的内容从基本的物质文化需要向物质、精神、文化、生态、安全、政治等全方面不断扩展，这是我国经济快速发展进程中人民生活水平和思想政治觉悟不断提升的必然结果。另一方面也说明了党和国家工作重点的转化。要从改变、提高落后的生产力以满足人民日益增长的物质文化需要，转化到通过平衡发展、充分发展，最终实现高质量发展来满足人民日益增长的美好生活需要。工作重点由普遍性、大规模的提高各行各业的生产力以实现高速发展，转化为由补差距、补质量、补品牌、补生态、补创新等立体化的补短板以实现高质量发展。

国家凝聚力是国家内不同民族、政党以及民众在理想、目标、利益共同的基础上，国家满足其物质、精神、政治、文化、安全等需要而产生的内向聚合力和外向吸引力。世界各国发展的历史表明，国家凝聚力是国家兴衰的直接决定因素。国家凝聚力强则国家兴盛，国家凝聚力弱则国家衰败。国家凝聚力的形成与发展有其自身的规律性和周期性，其源泉是人民的需要，动力是满足人民需要的能力。因此，在新的社会主要矛盾下，人民需要有新的变化且呈现新的特点，旧的社会主要矛盾下满足人民需要的动力不能满足新的社会主要矛盾下的人民需要，而且这种动力不会自动转化。这就要求国家凝聚力的着力点要与时俱进，完成国家凝聚力的周期性转化，保持国家凝聚力的连贯性与可持续性。

一、社会主要矛盾与国家凝聚力的关系

（一）社会主要矛盾与国家凝聚力演进具有时间同步性

人民需要的范围从基本的物质文化需要向全面的物质、文化、精神、政治、安全需要延伸，人民需要的内涵随着经济的发展和社会文明民主程度的提高不断升级，形成了高层次的全面需要。比如，人民的物质需要从简单的解决温饱到追求数量再到追求更绿色、更健康的质量型的物质需要；人民的政治需要从最初的追求当家作主，升级为如何发挥主人翁作用。这些都体现了人民需要的不断变化与升级。

解决社会主要矛盾的过程与增强国家凝聚力的过程相辅相成，两者互相促进。国家凝聚力如果能够解决社会主要矛盾，则国家凝聚力增强，如果不能解决社会主要矛盾，则国家凝聚力减弱。随着旧的社会主要矛盾的不断解决，人民的需要不断得到满足，群众的获得感不断增强，国家凝聚力也得到增强。同时，强大的国家凝聚力也转化为现实的生产力和创造力，加速社会主要矛盾解决的步伐。随着旧的社会主要矛盾的不断解决，以及人民需要的不断发展变化，新的社会主要矛盾就会产生。只有国家满足人民需要的能力随着社会主要矛盾的变化而变化，适应并满足新的社会主要矛盾，才能产生新的国家凝聚力。如果国家不能适应人民需要的变化，不能满足人民的新需要，国家凝聚力就会减弱。

（二）社会主要矛盾与增强国家凝聚力具有内容相关性

新中国成立后，我国四次社会主要矛盾的转变都体现了在当时历史条件下人民需要与社会供给之间的不匹配。在新的历史条件下，党的十九大报告中提出的新的社会主要矛盾转变反映了经济社会发展的客观事实，是生产力与生产关系发展的历史必然结果。国家凝聚力是一个国家满足其物质、精神、政治、文化、安全等需要，而产生的内向聚合力和外向吸引力。人民群众的需要及其需要的满足是国家凝聚力发展的源泉与动力。国家凝聚力源泉与动力的辩证统一关系与社会主要矛盾中所蕴含的辩证统一关系具有一致性。人民需要是随着生产力的发展而不断变化的，由低层次需要到高层次需要，由物质需要到物质文化需要再到物质、文化、安全等对美好生活的全面需要。需要的转变直接转化为国家凝聚力发展的源泉。人民需要是无

止境的，是螺旋式上升的，因此，满足人民需要的国家凝聚力也具有周期性。新的需要的形成带来国家凝聚力新的周期的开始，国家凝聚力的周期变化同人民需要的周期变化具有同步相关性。

二、新时代增强国家凝聚力的着力点

人民日益增长的美好生活需要是国家凝聚力的源泉，而满足人民不断发展变化的美好生活需要，则是国家凝聚力的发展动力。人民对美好生活的需求具有全面、动态发展的特点，因此，只有国家物质凝聚力、国家精神凝聚力、国家文化凝聚力、国家政治凝聚力、国家安全凝聚力的全面增强，才能保证凝聚力的均衡发展。在新时代，各项工作都要围绕新的社会主要矛盾展开。因此，虽然国家凝聚力的源泉和动力并未发生本质变化，但国家凝聚力建设已发生周期性转变，我国进入了全面增强国家凝聚力的时期，增强国家凝聚力的着力点也随之发生改变。

（一）物质凝聚力建设更注重平衡性与可持续性

国家满足国民经济与社会生产生活的需要形成了国家物质凝聚力。我国已经全面建成小康社会，人民的物质需要已经得到极大的满足，国家物质凝聚力相对强大。同时，也要认识到人民的物质需要是不断变化的，国家满足人民物质需要的能力与人民物质需要之间还存在着矛盾，即满足人民物质需要的不平衡性、不充分性和不可持续性。因此新时代增强国家物质凝聚力主要以补短板、达平衡为主要着力点。

一是更加关注人民群众由原来单一的、低层次的、数量型、有形的物质需要到追求多元化、高品质、个性化、质量型、有形与无形相结合的物质与服务需要。为此，我国实施了《中国制造 2025》行动纲领、"国家品牌计划"，提出大力发展现代服务业，旨在满足人民群众更高层次的需要，不断增强物质凝聚力。

二是更加关注贫困人群。国家物质凝聚力对每个个体是不均等的，国家满足了这部分群众的物质需要，就对这部分群众产生了物质凝聚力；没有满足那部分群众的物质需要，就不会对那部分群众产生物质凝聚力。如果满足的程度不同，失去了公平性，不仅不会增强国家物质凝聚力，还会削弱国家物质凝聚力。因此促进物质需要满足的公平性，是进一步增强国家物质凝聚力的关键。党的十九大报告中提出的，"在发展中补齐民生短板、促进社会公平正义"，"深入开展脱贫攻坚，保证全体人民在共建共享发展中有更多获得感，不断促进人的全面发展、全体人民共同富裕"，就是要凝聚更广泛的群众，补齐国家物质凝聚力的短板，加强国家物质凝聚力的平衡建设。

三是更加注重生态环境的保护。生态环境与经济发展之间的不平衡是现阶段我国经济社会发展不平衡的主要表现之一。生态文明建设是实现国家物质凝聚力可持续发展的重要保证，同时也是现阶段国家物质凝聚力建设的薄弱环节，这从人民群众对生态环境的不满意中可见一斑。因此，报告中提出，"提供更多优质生态产品以满足人民日益增长的优美生态环境需要"，就是要增强国家物质凝聚力的全面性、平衡性和可持续性。

四是正确认识人民的需要。报告中提出要"保障和改善民生要抓住人民最关心最直接最现实的利益问题，既尽力而为，又量力而行，一件事情接着一件事情办，一年接着一年干"。这一方面体现了国家满足人民的需要不能超越社会发展阶段。超越社会发展阶段的需要不仅不会增强国家物质凝聚力，而且还会拖垮国家财政，对国家的经济社会发展产生消极影响，削弱国家凝聚力。另一方面也体现了国家物质凝聚力建设的长期性和持续性。满足人民需要不是一蹴而就的，国家物质凝聚力的建设也需要长期的坚持与积累。

（二）国家意识形态建设在增强国家精神凝聚力中的作用更加突出

国家满足人民信仰、理想、精神、道德的需要形成了国家精神凝聚力。党的十九大报告中旗帜鲜明地提出要"牢牢掌握意识形态工作领导权"，并将意识形态工作作为推进社会主义文化繁荣兴盛的首要内容。必须推进马克思主义中国化时代化大众化，建设具有强大凝聚力和引领力的社会主义意识形态，使全体人民在理想信念、价值理念、道德观念上紧紧团结在一起，并明确提出要"注意区分政治原则问题、思想认识问题、学术观点问题，旗帜鲜明反对和抵制各种错误观点"。国家意识形态是国家精神凝聚力建设的关键因素，国家意识形态的错误会造成严重后果，例如，20世纪苏联解体的很大一部分原因是意识形态出现了错误。一个国家的物质、文化的需要可以是多元的、个性的，但国家意识形态必须是统一的、体现国家意志的。没有统一的国家意识形态的国家是没有国家凝聚力的。因此，在实际工作中，必须以党的十九大报告为指导，坚持、宣传、发展、完善马克思主义。

报告中还提出了"培育和践行社会主义核心价值观"和"加强思想道德建设"，这是国家精神凝聚力建设的思想基础。提高核心价值观，思想道德的认知度、认同度，并将其自觉转化为行为，在实践中践行，是增强国家精神凝聚力的根本路径。

（三）坚持中国共产党的领导是增强国家政治凝聚力的根本保证

国家按照人民的意志建设满意度高的政权及运行机制形成国家政治凝聚力。党的十九大报告明确提出，"明确中国特色社会主义最本质的特征是中国共产党领导，中国特色社会主义制度的最大优势是中国共产党领导，党是最高政治领导力量"。党的凝聚力在国家凝聚力中处于核心地位。国家政治凝聚力建设的关键是中国共产党的领导，这里面包括两层意思，首先要坚持全面从严治党，提高党的领导力、执政力。"打铁还需自身硬"，提高党的领导力、执政力是人民群众自愿、自觉坚持和维护党中央权威和集中统一领导的基石，是自发形成并增强国家政治凝聚力的基础。这就要求全面从严治党、坚持民主集中制、以零容忍态度惩治腐败等等，始终保持和增强党的生命力、创造力。其次是毫不动摇坚持中国共产党的领导。中国共产党是把全国人民凝聚成整体力量的根本保证，也是国家凝聚力的凝聚核心。坚决维护党中央权威和集中统一领导，是增强国家政治凝聚力的根本途径。

中国特色社会主义制度优势最核心的是坚持党的集中统一领导，确保政令统一。疫情对中国特色社会主义制度是一次大考。实践证明，中国特色社会主义制度得到了人民的认可与拥护，形成了强大的凝聚力。同时，抗击新冠疫情取得的成果充分展示了党中央领导核心的凝聚力。党中央是此次抗疫斗争中强大凝聚力的核心，是打赢疫情战争的指挥部。正是因为有了人民群众支持拥护的党中央领导核心，凝聚力才有了凝聚的作用支点，才有了抗击疫情的定盘星。

（四）重视互联网技术在增强国家文化凝聚力中的独特作用

随着信息技术、移动客户端的不断发展，互联网作为一种文化传播的载体，在国家文化凝聚力的建设中发挥着越来越重要的作用。首先，互联网作为一种技术工具为人民参与国家治理，实现共享共治提供了技术支撑。根据马斯洛的需求理论，随着我国经济社会的发展，人民群众最基本的物质需要和安全需要已经基本得到满足，进入了更高层次的需求，即感情的需要、尊重的需要和自我实现的需要。因此，在新时代，在新的社会主要矛盾下，人民参与国家治理，表达自己政治诉求的欲望也越来越强。"互联网＋政务"、政府公众号、政务微信/微博平台等利用互联网技术提高群众参与社会治理的方式在不断地兴起，这改变了原来城市管理中的"政府家长制"模式，实现了群众对城市建设、城市管理的共享共治。其次，互联网作为当今社会信息传播的主要途径之一，既可能增强国家凝聚力，也可能削弱国家凝聚力。正如习近平总书记指出互联网不是法外之地，要重视互联网在文化凝聚力建设中的独特作用，注重发挥互联网增强国家凝聚力的作用，避免不利于国家执政能力建设的负面信息传播。

（五）国家安全凝聚力建设的内涵更加丰富

满足人民安全需要形成国家安全凝聚力。党的十九大报告中的国家安全观体现在对内对外两方面，对内要"坚持走中国特色强军之路，全面推进国防和军队现代化"，"有效维护国家安全"；对外要"坚持和平发展道路，推动构建人类命运共同体"，"中国无论发展到什么程度，永远不称霸，永远不搞扩张"。国家安全观丰富了国家安全凝聚力的内涵。首先，国家安全观的对内内容指明了国家安全凝聚力建设的目标，即要实现中华民族的伟大复兴，坚决维护国家主权和领土完整，绝不允许国家分裂的历史悲剧重演；其次，国家安全观的对外态度则指明了国家安全凝聚力的作用方向，即中国永远不称霸，永远不搞扩张，中国的发展不对任何国家构成威胁。"一带一路"倡议、"人类命运共同体"理念是对国家安全观的诠释与践行，坚持与发展这些倡议与理念，体现了新时代中国的大国责任与担当，对内增强内心力，对外增强吸引力。国家安全凝聚力的目标与作用方向相互促进、相互统一，保证国家安全凝聚力朝着有利于人民、国家和世界和平的正确方向发展。

三、结论

随着中国特色社会主义建设进入新时期，我国的社会主义主要矛盾发生新变化，当代中国的国家凝聚力建设也由此进入了新时期。安全凝聚力和物质凝聚力是国家凝聚力的基础，政治、精神、文化凝聚力都是建立在其之上的，若安全和物质凝聚力不稳，其余三个凝聚力则不具有可持续性。因此，在新时期要牢牢围绕社会主要矛盾的变化、人民需求的变化开展经济社会工作，在不断化解社会主要矛盾的过程中不断增强国家凝聚力。

国家凝聚力"三大陷阱"及其中国跨越路线研究

杨多贵，刘开迪，周志田，张公嵬

国家凝聚力是一个国家和民族在形成、发展过程中不断积淀、变化、塑造、发展形成的一种聚合力和向心力，它既是国家和民族发展状况的一种符号标识，也是促进国家和民族发展的动力源，是国家软实力的重要组成部分。在当今全球化、信息化和金融化深入发展的时代，全球范围内的部落主义、分裂主义和民粹主义势力抬头。世界各地遍布部落冲突，多个地区都掀起了独立运动，如西班牙的加泰罗尼亚自治区，意大利的威尼斯，比利时的佛兰德，罗马尼亚的塞凯伊，丹麦的法罗群岛，加拿大的魁北克等地区。自 2008 年全球金融危机以来，民粹主义有增无减，"民粹派"特朗普当选美国总统，美国国内种族矛盾日益激化。世界各国国家凝聚力遭到严重腐蚀和弱化，面临着"虚无主义陷阱""塔西佗陷阱"和"核心平庸陷阱"的空前挑战，世界越来越"碎片化""原子化""去中心化"。针对中国国情，增强当代中国国家凝聚力，必须跨越"三大陷阱"：构建国家认同，跨越"虚无主义陷阱"；积累国家信用，跨越"塔西佗陷阱"；组织起来，跨越"核心平庸陷阱"。

一、构建国家认同，跨越"虚无主义陷阱"

国家认同是国家凝聚力形成的前提和基础，没有国家认同，就不可能形成强大的国家凝聚力。国家认同（National Identity）一词最早出现在 1953 年列文森论梁启超的名著《梁启超与中国近代思想》中。美国政治学家白鲁恂认为国家认同是处于国家决策范围内的人们的态度取向。塞缪尔·亨廷顿在讨论美国的国家认同时认为，它应该包括民族属性、人种属性、文化及政治四个要素。在政治学意义上，国家认同是公民个体或内部族群拥有的一种"主观的或内在化的、从属于某个（民族）国家的心灵感受"，"是国家存在的社会心理基础，是多民族国家归属感的核心"。国家认同是形成国家凝聚力的基础和前提保障，古今中外不同国家发展的历史表明，一个国家发展得快慢以及在世界上的地位如何与其国家认同的强弱有着密切的关系。历史上很多著名的帝国，如查理曼帝国、哈布斯堡王朝、奥匈帝国、大英帝国的崩溃，都是先在国家认同上出现了问题，直接导致国家凝聚力下降。凝聚力削弱就像国家机体内部的"溃疡"，让那些在历史上曾经强大的、不可战胜的帝国由于国家凝聚力的"赤字"，从内部衰败，直至崩溃。

当今，随着全球化、信息化、金融化的深入发展，国家认同遭遇到了前所未有的巨大危机，国家"虚无主义陷阱"日益凸显，给国家凝聚力建设带来了巨大挑战。在全球化背景下，要素、符号和商品均被全部或部分剥离了地理因素，出现了不同程度的国家认同危机、民族认同危机、社会认同危机等。美国加利福尼亚大学社会学教授曼纽尔·卡斯特（Manuel Castells）在《认同的力量》一书中认为，网络通过改变生活、改变空间和时间等物质基础，构建了一个流动的空间和无限的时间。在信息时代，工业化时期合法性的认知被瓦解了，人们由此缺乏一种普遍的认同感，不再把原来的社会看作是一种有意义的社会系统。全球化对民族、国家及其责任、政治、安全、环境和社会人文提出了严重挑战，如何克服认同危机，增强凝聚力，成为主权国家生存与发展的一项崭新的重大历史课题。美国哈佛大学国际政治理论家塞缪尔·亨廷顿（Samuel Huntington）在《我们是谁——美国国家特性面临的挑战》一书中，表达了对美国国家缺乏凝聚力的担忧。简言之，就是担心美国人不觉得自己是美国人了，担心美国人心不在一起了。应该说，塞缪尔·亨廷顿所担心的问题是每一个多民族国家所面临的共性问题，只不过因为各个国家发展水平的不同，认同危机在层次、程度上有着差异而已。

重构国家认同，跨越国家"虚无主义陷阱"。国家认同感的建构，需要从政治、文化、民族等不同维度和不同层面进行，政治认同、文化认同和民族认同构成了当代国家认同不可或缺的三个基本维度。中国特色社会主义道路自信、理论自信、制度自信、文化自信是塑造国家认同的基本准则。当代中国，国家认同是族群认同和文化认同的升华，并高于族群和文化认同，但如果国家认同缺位缺失，族群或文化认同高于国家认同，或者被用来代替国家认同，那就潜伏着让国家分裂的严重危险。民族认同与国家认同相统一，是多民族国家保持国家统一和社会稳定的思想基础。如果民族认同与国家认同不能统一，就很容易破坏国家的统一与民族的团结。从国家形态结构上看，中华民族是由秦汉开始的以郡县制为机制的统一国家结构开始的，它以统一国家为框架，是一个与统一国家互为表里的全中国的国族。中华民族与中国所具有的一体两面的关系，是中国历史发展道路的特色所在，是由国家与民族

（即国家与国族）的内在关系所决定的。从古到今，凡是强调国家认同，就是在增强中华民族的凝聚。讲国家认同，当然要维护国家统一。国家统一是由统一的国家结构、统一的语言文字、共同的优秀传统文化、共同的经济和交通等多方面的联系所构成的，而这些正是作为国族的中华民族的基本要素。因此，维护国家统一与维护民族团结也是一体两面的关系。

二、积累信用，跨越"塔西佗陷阱"

人类一切文明活动，无不与信用有关，信用是道德品质，信用是契约权利，信用是财富货币，信用是资本权力。信用是人类文明的基石，是推动人类发展进步的支点；一个文明社会，也一定是一个信用社会；一个国家、社会、文明的发展进步，必然伴随着信用体系的不断完善和发展。国家信用是以国家为主体所形成的一种信用活动，在当今信息化、全球化、金融化、网络化"四轮驱动"的高风险时代，国家信用成为维系国家生存的"粮食"，成为维护国家安全的"生命线"，成为国家发展繁荣的"财富之源"。今天由金融危机、经济危机、社会危机、政治危机导致的国家凝聚力下降，民粹主义崛起，分裂主义膨胀，从本质上来说，都源于国家信用危机，是国家信用过度膨胀、过度透支、过度滥用酿成的苦果。曾成功预测量化宽松政策和货币历史波动的传奇学者埃格·冯·格雷耶斯（Egon von Greyerz），在Goldmoney 发表的文章中认为，世界正面临着主权国家信用破产，经济金融崩溃风险：全球债务高达 230 万亿美元——这些债务永远无法偿还，也无法在利率正常化时融资；全球无资金储备的负债高达 250 万亿美元——这笔负债永远无法兑现；全球中央银行的资产负债表上有 20 万亿美元——都是无力偿还的；美国资不抵债——只有被高估的美元在苦苦支撑。美元作为全球储备货币，为美国创造了无穷无尽的"信用财富"，让全世界走上了一条被美元统治的奴役之路，美元洪水淹没世界，滚滚财富汇聚美国。但是，美元霸权也使美国成为全球最大的、不劳而获的"寄生虫"，真可谓是"成也美元，败也美元"，"成也信用，败也信用"。杨多贵、周志田等的研究表明，若没有全球每天给美国"输血"200 多亿美元，美国就很难活下去，借这么多钱怎么办？只能把债务摊到美国大众头上，转嫁到全世界人民头上，并且不断从未来透支。

古罗马历史学家塔西佗曾说过，当一个政府不受欢迎，失去了公信力，无论颁布好的政策还是坏的政策，都会被人民责难；无论说真话还是假话，做好事还是坏事，都会被人民认为是说假话，做坏事。这就是"塔西佗陷阱"。20 世纪 70 年代以来，全球新自由主义泛滥，经济金融化，资本一体化，资本力量独大，人民力量式微，金权"俘获"国家，特别是美欧等西方发达资本主义国家，普遍地遭遇资本"俘获"，普遍地被利益集团"绑架"，国家信用、政府公信、社会信任等出现空前透支。毋庸置疑，在全球新自由主义大潮冲击之下，中国也出现了国家信用有所透支，政府公信有所缺失，社会信任有所下降等迹象，对中国国家凝聚力构成了严重挑战。600多年前，明朝开国皇帝朱元璋打天下，提出"高筑墙、广积粮、缓称王"的战略方针。40多年前，为了应对美苏两霸的战略挑衅，毛泽东主席高瞻远瞩，提出了"深挖洞、广积粮、不称霸"的战略方针。国家最高领导者都把"广积粮"上升为攸关国家生死存亡的总战略、总方针。因为没有粮食，人民就会挨饿，国家就没有信用，执政者就没有公信，国家就会崩溃。

今日之中国，不仅要"广积粮"，更要"广积信"，要创造好、保护好、使用好国家信用、政府公信。因为，国家信用得难失易，它要靠年复一年地日积月累，需要精心地呵护和培育，稍有不慎，国家信用就可能在一瞬间轰然崩塌。中国银监会杜金富等的研究显示，我国政府"家底"较为厚实，2013年中国公共部门净资产为106.9万亿元，广义政府的净资产为92.3万亿元，狭义政府的净资产为55.5万亿元。中国社会科学院李扬等的研究显示，按宽口径算，2014年中国主权资产总计227.3万亿元，主权负债124.1万亿元，资产净值103.2万亿元，中国发生主权债务危机为小概率事件，我们的经济金融有足够的韧性和弹性，即使出现了不良信用风险，我们也有足够的手段去覆盖它。只要我们坚持和完善"国家所有制"的基本制度不动摇，坚持和落实"为人民服务"的宗旨不动摇，就一定能走出"塔西佗陷阱"，就一定能够创造出世界上任何国家都无法企及的、最高最好的国家信用；就一定能够守住国家信用"高边疆"；就一定能够打赢人民币与美元的"信用之战"，实现国家凝聚力跨越式提升。

三、组织起来，跨越"核心平庸陷阱"

当今人类社会正从IT时代迈入DT时代，数字化、网络化和智能化推动国家生存与发展运行的普适法则发生了根本性的变革：国家组织结构更加"通平化""去中层化"和"去科层化"；与此同时，又呈现出"集中化""强中心化"和"强核心化"的特征。依据国家自组织理论和国家健康理论，拥有强大的亲和力的、吸引力的"凝聚核"是国家凝聚力强弱的关键要素，"凝聚核"就是"国家之心"，它在国家生存与发展之中，处于绝对领导地位，可类比为人的"心脏"，《黄帝内经》明确指出："心者，君主之官也，神明出焉。故主明则下安……主不明则十二官危。"在资本独大，民主异化，民粹崛起，个人主义泛滥的全球背景之下，一些西方发达国家政党撕裂，多党恶斗选出的国家核心极不稳定，被各种利益集团绑架，而且领导核心普遍平庸，既没有责任担当，也没有能力带领国家应对纷繁芜杂的巨大挑战，普遍落入"核心平庸陷阱"之中，导致国家"核心瘫痪"，如，美国前总统奥巴马在一次演讲集会曾说："长期以来，那些有财有势的既得利益者，把持着华府的议事日程，他们总是跟我不咬弦。他们谈论我，就跟谈论一条狗没分别。"古巴革命领导人菲德尔·卡斯特罗在当地媒体上发表《最好的美国总统》短文，文章讥讽美国总统说："如果美国由机器人当总统，可能会变得更好。"卡斯特罗写道，对美国而言，拥有治国能力的机器人，可能是最好的总统，我相信，90%有表决权的美国人可能会投票给机器人，特别是西班牙裔、黑人、新增的中产阶级以及贫困人口。美国目前亟待由机器人入主白宫执掌政权，从而避免一场毁灭全人类的战争。

中华人民共和国成立之前，中国曾经长期国家组织能力低下，落入"核心平庸陷阱"之中。著名历史学家何炳棣先生指出，中国历代盛衰兴亡关键无一不在于广义的国家组织能力。在中国的悠久历史之中，战国、秦、西汉这段时期国家组织能力最强。西汉以后，层层自上而下的国家组织之中往往有不少阻力，削弱了国家组织能力。在内忧频仍外患空前的 20 世纪前半叶，诚如孙中山先生所说，偌大的中华民族已像"一盘散沙"。中国人只有家族和宗族的团体，对国事毫不关心，国家民族观念相当薄弱，只知有自己不知有国家，不能团结。中国共产党通过自己强大的动员能力把中国基层民众组织了起来。从此，中国的面貌发生了翻天覆地的变化。今天的中国已非昔日之中国，中国是世界上凝聚力最强的国家之一。1963 年 7 月，美国哈佛大学费正清中国研究中心主任麦克法夸尔教授在《国际事务》杂志发表《中国模式与发展中国家》一文，他认为国家凝聚力对发展中国家具有重大意义，特别是高层领导的凝聚力是发展中国家的一个主要优势，并且指出："无疑中国的这种凝聚力非常强，这是使这个共产党国家取得巨大经济成就的一个关键因素。"

唯有核心强大，才能把人民组织起来，进行有序有效的生产实践、社会实践和科学实践。在革命战争年代，中国共产党把广大人民群众组织起来、凝聚起来、领导起来，战胜了一切敌人，取得了新民主主义革命的伟大胜利。1942 年毛泽东主席在中共中央招待陕甘宁边区劳动英雄大会上发表《组织起来》演讲指出："把群众力量组织起来，这是一种方针。如果不走群众路线，就不能组织起来，就不能实现组织化，就不能成功。"20 世纪 50 年代，为了迅速摆脱新中国一穷二白的面貌，毛泽东主席就曾指出："人民群众有无限的创造力。他们可以组织起来，向一切可以发挥自己力量的地方和部门进军，向生产的深度和广度进军，替自己创造日益增多的福利事业。"早在 1954 年，毛泽东主席就在中华人民共和国第一届全国人民代表大会第一次会议开幕词中，明确提出领导我们事业的核心力量是中国共产党。在当代中国，国家核心具有三重内涵：一是指中国共产党共作为执政党，在整体上是领导中国特色社会主义事业的核心力量；二是指中共的中央委员会，特别是中央政治局和中央政治局常委会，是对全党实行集中统一领导的核心；三是在中央政治局常委会这个核心领导层，要形成一个"领袖核心"。没有这个核心，国家就是一盘散沙，凝聚人民力量时就失去了指挥员。中国共产党第十八届中央委员会第六次全体会议提出"以习近平同志为核心的党中央"，习近平总书记的核心地位是在推进伟大斗争、伟大工程、伟大事业的实践中确立起来的，"万山磅礴必有主峰，龙衮九章但挈一领"，看齐核心、维护核心、忠诚核心是当前增强中国国家凝聚力的关键要举、重中之重、第一要务。

革命歌曲在新时代国家凝聚力建设中的运用

李荣涛，黄芳

国家凝聚力和革命歌曲之间呈现出一种目的与手段的关系。国家凝聚力承担的是"目的"角色，革命歌曲创作、传播的最大动因是实现人群的聚合和目标的达成，革命歌曲承担了一种"手段"职能，国家凝聚力在革命歌曲的推动下得到增强和提升。战争年代，革命的实践产生了文艺的需要，红色音乐的出现推动了新民主主义革命事业的发展。在二者持续的互动中，中国共产党凝聚力不断增强，中华民族逐渐摆脱黑暗、走向光明。对以革命歌曲为代表的红色艺术形式进行研究，对更好地推进新时代我国国家凝聚力建设具有重要意义。

一、国家凝聚力与革命歌曲概述

（一）国家凝聚力的形成

一般而言，国家凝聚力是指"一个国家不同民族、政党以及民众在理想、目标利益共同的基础上，国家满足其物质、精神、政治文化、安全等需要，而产生的内向聚合力和外向吸引力"。国家凝聚力并不是一开始就有的，它是在一个国家的发展过程中逐步形成的。它的存在，经历了从无到有、由弱到强、由小到大的过程。国家凝聚力不同于民族凝聚力，民族凝聚力比国家凝聚力更稳定、更持久，民族不灭亡，民族凝聚力就可能永远不会消失。国家凝聚力则会随着人的需要的变化而变化，随着政权的更迭而改变。一定时期的国家凝聚力会反映民族凝聚力，并能够从民族凝聚力中找到依据。所以一个国家为了保持自身政权的稳定，总是向其国民强调"共同体意识"。中国共产党在我国当代国家凝聚力建设中发挥着重要作用，我国的国家凝聚力是中国共产党团结带领中国人民从革命、建设、改革的实践中逐渐发展起来的。值得注意的是，当中国共产党还没有成为全国范围内的执政党的时候，国家凝聚力指的其实是一个政党的凝聚力。在新民主主义革命前期，中国共产党的影响范围还不是很大，其实力也远远不及国民党。但在积极探索下，中国共产党逐渐找到了一条适合自身成长的道路，它的主张顺应了时代发展趋势，它的行动符合了人民需要，它所领导的无产阶级革命的成功成为历史的必然。在中国共产党内部生成的凝聚力虽然属于政党凝聚力，但它已经是国家凝聚力的一种，是初级形式的国家凝聚力。

（二）革命歌曲的地位

在充斥着血与火的动荡年代，为汇聚力量战胜凶猛的敌人，中国共产党在脚踏实地干革命的基础上，还进行了广泛的社会动员。创作革命歌曲，就是中国共产党在战争年代所采取的动员方式中的一种。一般而言，"在革命运动（无论是新民主主义革命还是旧民主主义革命）土壤中滋生的歌曲，就是革命歌曲"。此处的革命歌曲，主要是指中国共产党在领导中国人民进行新民主主义革命时期出现的红色歌曲。这些歌曲是马克思主义基本观点、立场、方法与中国革命具体实践相结合的产物，也是中国共产党革命精神与中华民族优秀文化相结合的产物。实现中华民族的伟大复兴离不开强大的国家凝聚力的支撑，建设当代国家凝聚力必须发挥中国特色社会主义文化的作用。党的十九大报告指出："中国特色社会主义文化，源自于中华民族五千多年文明历史所孕育的中华优秀传统文化，熔铸于党领导人民在革命、建设、改革中创造的革命文化和社会主义先进文化，植根于中国特色社会主义伟大实践。"革命歌曲是我国革命文化的重要组成部分，在谋求人民解放、民族独立的过程中发挥了独特作用。它的出现，极大地扩大了中国共产党的影响力、增强了人民军队的战斗力、提升了中华民族的凝聚力。

二、革命歌曲在推进当代国家凝聚力建设中面临的形势

（一）革命歌曲在汇聚中国力量过程中具备的优势

第一，社会基础深厚。从历史的烟云中走来，革命歌曲穿梭时空隧道，与人民一起进入了中国特色社会主义新时代。革命歌曲的社会基础，首先表现在广大共产党员对革命歌曲的喜爱上。革命歌曲不仅是一种艺术形式，而且是一种政治表达，它融入了共产党人的理想和信念。无论是在战争年代，还是在建设时期，抑或是改革时代，中国共产党那种"革命人永远是年轻"的精神风貌从未使革命歌曲的光环

褪色。革命歌曲的社会基础，还表现在广大革命军人对革命歌曲的推崇上。人民军队是中国共产党领导的重要武装力量，不仅在解放中华民族的伟大斗争中作出了巨大贡献，也为革命歌曲的创作与传播作出了巨大贡献，许多耳熟能详的革命歌曲都是革命年代创作的军旅歌曲。如创作于 1939 年的《八路军进行曲》就对人民军队的性质、任务、作风进行了描述，突出表现了人民军队是"工农的子弟"，是"人民的武装"，更是"一支不可战胜的力量"。又如针对人民军队建设而编成的《红军纪律歌》则以歌唱的形式向根据地军民进行了政策宣传和思想教育。这些歌曲以其节奏的鲜明、歌词的实用等特点深受革命军人的喜欢。革命歌曲的社会基础，也表现在人民群众对革命歌曲的传唱上。革命歌曲在战争年代鼓舞了人们的革命行动，在中华人民共和国成立后则鼓舞了人们的社会主义建设热情。透过革命歌曲，在对逝去的岁月的窥视中，激发起人们在新社会当家作主的高度自豪感和使命感。

第二，应用范围广泛。中国共产党成立初期，为引起人们对马克思主义的关注、启发工人的革命觉悟，中国共产党人将科学理论编成歌谣，进行传唱。如李立三在领导安源路矿工人运动时，就编写了《劳工歌》。这时的革命歌曲对马克思主义的中国化、大众化起到了重要作用。第二次国内战争时期，红色瑞金的建立、反击围剿、万里长征为革命歌曲的繁荣创造了广阔天地。这一时期的革命歌曲，被突出运用于中国共产党的政策宣传、处理党政军民关系、塑造革命必胜的理想信念。抗日战争全面爆发后，中国共产党人开启了全民族抗日统一战线的建立工作，革命歌曲的主题也转向了动员抗战参军、团结一致对外等方面，"工农兵学商，一起来救亡"。解放战争时期，革命歌曲则被更突出地运用在了对国民党军队的瓦解、同其他民主党派的联合上。从中华人民共和国成立到 1978 年十一届三中全会召开前，革命歌曲被主要运用于动员社会力量建设社会主义方面。改革开放至今，革命歌曲逐渐形成了两种运用。一是在较为正式的场合中。这类运用往往与建党、建军的周年庆典有关。逢此类庆典，党和政府所掌握的电视电台等各种有声媒体，都会对革命歌曲进行展播。各类企事业单位也会组织合唱比赛，进行现场演出。二是在非正式的场合中。这种场合中的革命歌曲，多是群众自发组织起来的，是群众真实情感的表达。公园中的演唱、广场舞蹈的伴奏都属于这一类。中国红色革命歌曲经历史的沉淀形成的具有经典意义的红歌体系，带给人们的不仅是旋律的艺术享受，而且歌词语言艺术所表现的时代风云，能激起民族豪情，进而催生积极向上的情怀。

（二）革命歌曲在当代国家凝聚力建设中面临的挑战

第一，社会思潮多重。改革开放大幕的拉开、市场经济的活跃、外来思想的涌入引起了人们内心的波荡，这种波荡表现在社会生活中就是各种社会思潮的出现。社会思潮是一种特殊的意识形态形式，是一定历史时期在一定的社会阶级阶层中流行，具有一定的理论作为主导，并通过一定的社会心态、社会行为、观念文化和学术理论而得到显著表现的社会思想潮流的总和。不同的社会思潮基于各自的理论和主张，对各自人群的思维方式和行为方式都具有一定的影响。多种社会思潮并存的事实对我国国家凝聚力建设形成了挑战，作为加强国家凝聚力建设的一种手段，革命歌曲自然而然地也会受到冲击。革命歌曲是马克思主义世界观的真实反映，它的鲜明主题是倡导集体主义价值观，但近些年来兴起的新自由主义，极力主张经济市场化、自由化、私有化，这就造成了它与革命歌曲追求目标的冲突；革命歌曲中有很大一部分是对历史事件的陈述，涉及人民群众在中国共产党领导下夺取革命胜利的基本事实，这就与那种以虚化党的历史、诋毁党的领袖为主要特征的历史虚无主义形成了严重对立；革命歌曲对中国共产党探索人民民主专政的辛苦历程进行了反映，但这与那种主张改良的民主社会主义形成了强烈反差。除上述社会思潮外，泛娱乐主义、民粹主义等也都对革命歌曲在国家凝聚力建设中发挥作用造成干扰。当今时代，形形色色的社会思潮种类不断增多、影响人群持续扩大，思想交锋愈演愈烈，如不加以适当引导，势必会加剧社会心理冲突，进而增加国家凝聚力建设的困难。

第二，文化生活多元。社会生产力的进步、物质产品的积累奠定了多元文化生活的基础，人们的精神需要在不断尝试中得到满足。我国经济体制改革促进了各种资源要素的重新组合，在此前提下产生的多种多样的文化生活逐渐取代了与原有计划经济相适应的有限的文化生活。任何事物、任何过程都具有两面性，作为矛盾体的多元文化生活也不例外。物质产品匮乏的年代人们集中力量发展生产力，目的是衣食无忧；文化生活单一的时候人们积极进行文化产品创作，目的是精神不再空虚。这一切都是在进行社会动员、汇聚各方力量条件下完成的。多元文化的出现标志着人们预期目的的达成，但也预示着新问题的到来。多元文化的存在一方面体现着社会的发展与繁荣，另一方面如果多元文化出现了泛化和冲突，就会造成人们思维的混乱和社会的无序。在这样的生活状态下，人们的选择范围扩大了，但是人们的选择能力却下降了。人们不知该如何选择，或者即使有所选择也不知道最后该何去何从，总体而言出现了一种孤独与失落的精神状态。作为促成文化多元局面形成手段的革命歌曲是不可或缺的，它在聚合与吸引外层人士的过程中发挥了重要作用；但作为文化多元状态下的革命歌曲却又略显落寞，它已经很难与那"后起之秀"进行竞争了。随着娱乐文艺的大规模兴起，现代社会给予革命歌曲的活动空间越来越小。

三、新时代运用革命歌曲提升国家凝聚力的策略

（一）推进革命歌曲资源的发掘与整合

第一，深入文献、深入群众进行革命歌曲资源的挖掘。对红色资源进行发掘是革命歌曲在国家凝聚力建设中得以发挥作用的重要条件。只有把革命歌曲的本来面貌真实地表现出来，才能使人们更加清楚地认识它、从心理上认同它。首先，要加大文本研究。广泛分布于网络、报刊、书籍等媒介的红色歌曲资源，因记载了歌词和曲谱等内容，是研究革命歌曲的重要材料。其次，要结合中国共产党的历史文献进行研究。党的文献刻画了中国共产党的发展脉络，也记载了重大历史事件。加大对这一部分资料的研究，能够清晰地认识典型革命歌曲的产生背景。最后，要深入群众调查研究。革命歌曲的传承有赖于文字记载，但也存乎于群众传唱。革命年代，中国共产党的队伍走到哪里，革命的歌曲就传到哪里。受革命歌曲影响的众多群众，有很大一部分是农民群众。他们文化生活单一，所以对革命歌曲的记忆就较为深刻。对一些革命老区的老同志进行走访，可以从他们那里获取一手的研究资料。

第二，整合革命歌曲资源，形成影音资料。网络的普及为各类影视影音资源的传播、传递创造了良好环境。建设革命歌曲资源库是推进革命歌曲资源整合的有效方式，在此基础上通过互联网技术向外传播，并向社会提供免费开放的资源链接。一是要进行歌曲原唱的视频影音录制，对革命歌曲的唱法、表演方式进行最大程度的还原。经过加工处理，增加原歌曲的观赏性。二是录制革命歌曲的背景故事。每一首歌曲都代表着一段历史、都有一串故事，而这些歌曲承载着的是中国共产党带领人民大众翻身解放的历史。因此，要积极推动革命歌曲创作背景的视频影音制作，充分发挥出革命歌曲的艺术价值和史学价值。

（二）要坚持正确的政治方向

第一，要避免革命歌曲的庸俗化、低俗化、媚俗化倾向。要使中国传统文化和革命文化得到创造性转化、创新性发展，革命歌曲应随着时代主题的改变进行一定形式的革新，部分歌曲还可以适当增添新的内容。通过一定形式的改编，革命歌曲更容易得到人民群众特别是青年群众的喜爱。有些革命歌曲还应注意保留历史的原貌，不能无原则地改动和不分情境地乱用，如《国际歌》《义勇军进行曲》主要用于比较严肃的场合，如将其娱乐化则会亵渎歌曲本身的意义。那种为博人眼球而进行"恶搞"的做法是对革命先烈的不尊重，更是对人们价值观的挑战。因此，要在坚持文艺为人民

服务、为社会主义服务前提下，创造出更加优秀的文化产品，推动社会主义文化大发展、大繁荣。

第二，要发挥革命歌曲的主流引导作用。文艺的繁荣满足了人民群众日益增长的精神文化需要，但也产生了文化领域内部不同种类文艺产品的竞争和冲突问题。主流文化是占据主要统领地位的文化，在精神文化领域起着主导作用。支流文化从属于主流文化，受前者的支配，会衍生出新的内容和形式，其实质不偏离共同的信仰就应提倡和支持。

（三）扩大革命歌曲在当代青年中的影响力

许多著名的革命歌曲都出自青年音乐家之手。《开矿歌》《卖报歌》是聂耳在 21 岁时创作的，《暴动歌》是贺绿汀在 25 岁时完成的，《黄河大合唱》的歌词是光未然在 26 岁时写就的，类似这样的例子不胜枚举。革命歌曲的传播也得益于青年，其影响范围的扩大与青年所具有的革命激情是分不开的。在那个动荡的年代，为唤醒劳苦大众、为宣传社会革命，进步青年们"用生命在歌唱"。进入中国特色社会主义新时代，红色文艺的兴衰仍然与广大青年密切相关。青年一代是国家的希望、民族的未来，革命歌曲的命运系于青年，红色文艺在国家凝聚力建设中发挥作用的大小也取决于青年。因此，要积极扩大革命歌曲在当代青年的影响力。

四、结语

国家凝聚力蕴藏于中国人民复兴之路的探索中，蕴藏于中国人民创造的优秀文化中。革命歌曲不是孤立的文化形式，它承载着厚重的历史。通过对革命歌曲这一教育形式的恰当运用，能够更好地回答中国共产党的初心和使命问题。

运用革命歌曲推进新时代的国家凝聚力建设，体现的是国家对人民群众文化需求的满足。这种精神文化的满足，有力地推动了国家凝聚力建设。国家能够满足人民需要才会产生凝聚力，国家能够可持续满足人民需要才能保持凝聚力，国家能够满足人民群众在不同的历史时期和发展阶段不断增长和变化的全面需要，国家才能强大凝聚力。新时代改革的号角既已吹响，我们要更加紧密地团结在以习近平同志为核心的党中央周围，为中华民族走向伟大复兴汇聚起磅礴力量。

传承融合创新　不断增强当代中国国家文化凝聚力

何新生，高馨

国家文化凝聚力是以对国家文化认同为基础，以民众共同利益、共同社会理想、共同奋斗目标为纽带，国家主流文化对国民形成的统摄力、吸引力和感召力。国家文化凝聚力在国家凝聚力中发挥着独特作用，是国家凝聚力建设的助推器。世界上无论何种制度、哪个时代的国家，都需要运用各种政治、经济、文化手段，以满足人民群众物质和精神文化的需要为动力，不断增强国家凝聚力。在当代中国，以社会主义核心价值观为指导，传承中华民族传统文化，融合世界各民族优秀文化，创新现代文化，增强国家文化凝聚力是时代发展的必然要求。

一、国家文化与国家文化凝聚力

文化是一种复杂的历史和社会现象，是社会历史的沉淀物，具有广泛的概念和丰富的内涵。文化的形式多种多样，国家文化便是文化的一种重要形式，在诸多文化中占据主导地位，反映一个国家的核心价值观，代表一个国家的主流文化，具有高度的融合力、较强的传播力和广泛认同的基础。

一般而言，文化认同能够产生文化凝聚力。国家文化认同便是形成国家文化凝聚力的前提和基础。在国家形成、发展的历史实践中，人们的信仰、理念、人生理想、道德观念、价值取向、审美意识等各种文化因素，在一定社会中占统治地位、主导性的根本观点的指导下交互作用、运作转化，最终形成共同的价值观、共同的理想和共同的奋斗目标，从而产生主体与客体之间的强大吸引力，这就是国家文化凝聚力。国家文化凝聚力的强弱主要在于国家主流文化自身是否具有吸引力、统摄力、影响力、聚合力，取决于四个方面是否协调一致、共同作用。国家文化凝聚力具有国家主体性、主权性、主导性的特点。

首先，国家主体性。人是国家的主体，也是国家文化的主体，但单个的公民个体不可能成为整个国家文化的主体，它只能由全体公民承载。而国家代表了全体公民的利益，一个国家的文化事业、文化产业必须在国家核心价值体系指导下进行，国家对整个国家文化起着决定作用，也就是说国家是国家文化的主体。正如毛泽东同志指出，一定的文化是一定社会的政治和经济在观念形态上的反映。因此，没有国家的存在，就没有国家文化的存在。所以，文化具有鲜明的国家主体性特征。

国家文化凝聚力凝聚的是占主体地位的处于统治地位的公民。只有国家真正成为国家文化的主体，公民或统治阶级公民取得文化和意识形态的领导权，成为文化权力的占有者、文化活动的运行者以及文化活动的参与者，才能使国家文化产生吸引力、统摄力和凝聚力。也只有当国家文化产生强大的凝聚作用才能更好地贯彻国家的统治思想、观念，并围绕自身利益，建立普遍认同的政治主体。

其次，国家主权性。国家文化主权体现了国家主体的最高权力与意志，是一个国家的最高、最终文化判断，体现着一个国家的文化个性与品格，代表着国家文化的核心价值。国家按照自己的意志决定对内对外文化政策，处理国内及涉外的一切文化事务，不受任何外来干涉。

国家文化凝聚力的主权性主要体现在文化创造权、所有权、保护权、优先享受权和阐释权等方面能否满足广大人民群众的文化需求。任何个人、团体、阶级、政党、民族的文化行为、文化意志、文化礼仪都必须在国家文化主权许可的范围内进行。因此文化凝聚力必然以国家文化意志为基础，继而才能形成吸引、感召和统摄的作用。如果一个国家失去文化主权，国家文化就不复存在，更谈不上国家文化凝聚力了。

最后，国家主导性。国家主导着社会资源，掌控着全部公共资源的支配和流向。国家在文化改革发展中起主导和引导、规划和规范、推动和推广的作用。文化改革和文化产业的发展均离不开政府的主导。

在社会主义的发展过程中，国家所承担的社会职能越来越多，国家把握着文化方向，文化建设和发展，包括国家文化政策、文化制度、文化投入、文化规划、文化保护、文化传播、教育文化资源、文化产业发展等多方面。在此基础上形成的国家文化凝聚力必然体现出国家的主导性，而国家的主导地位是国家文化凝聚力形成的基本保证和方向导引。

二、国家文化凝聚力构成要素分析

一个国家能够产生凝聚力就必须满足人民的物质、精神、政治、文化、安全等需要。国家满足人民的文化需要，就会产生文化凝聚力。为了强化定量研究，我们设立文化载体、文化教育、文化传播、文化产业四个构成要素，再下设各个子要素来理解国家文化凝聚力。

（一）国家文化凝聚力要素构成

文化载体是文化得以形成与扩散的重要途径与手段。文化载体种类繁多，包括语言文字、文学艺术、风俗习惯等，它们承载文化特定的机制、情感、内涵，在文化发展中发挥不同效用。

文化教育担负着保存、传递文化的功能，对文化起着传承、选择和创新等重要作用，它的成败与否、效率和效果如何、水平怎样，决定着文化的兴衰，影响着一种文化的吸引力和凝聚力。其中，文化资源所内含的历史、知识元素、价值符号，是一个国家历史文化同另一个国家历史文化相区别的重要标志，是国民相互认识、认同，一脉相承的文化根据。而历史底蕴是一个国家民族的精神、是国家民族文化的积淀，它能够导引方向，为社会发展提供精神动力，并能凝聚人心、积聚力量。

一个国家民族要生存、发展，就必须利用各种手段传播、灌输反映国家民族思想、价值观念的文化，特别要在书籍报刊、广播影视等传统传播方式的基础上，根据时代的发展创新网络多媒体等传播方式，加大主流文化的传播广度和深度。书籍在人类社会的发展过程中，能够传播思想、普及知识、积累文化，还对人们的思想、世界观的形成产生重要影响。广播电视媒体作为文化传播的重要载体，在提高国家文化软实力方面发挥着越来越重要的作用。一个国家主流媒体传播的信息和观念能否为国民所接受，能否在国民中产生广泛而深刻的影响，直接关系国家文化的传播和影响力、吸引力。此外，网络多媒体技术深刻影响和改变着人类的生产生活方式以及人际交往和沟通方式，极大地丰富了人们的精神文化生活，是任何文化传播方式都不能比拟的。一个国家要促进文化的发展，必须高度重视网络多媒体文化建设，使国家在文化竞争和文化发展中取得优势。

文化产业是指按照工业标准，生产、再生产、储存以及分配文化产品和服务的一系列活动。国家文化的构成要素都是通过文化产品传递到凝聚对象，进而发挥凝聚作用。文化产业发达，将会满足更多的人民群众的文化需求，从而在更大范围内对人民产生凝聚力作用。带有一个国家主文化要素的文化产品能走多远，一个国家文化的凝聚力就能影响多远。

（二）国家文化凝聚力各构成要素之间的关系及功用

国家文化凝聚力包含的文化载体、文化教育、文化传播、文化产业等四个构成要素及各子要素指标具有独立性和整体性特点。这些要素中每一种都有其自身独特的构成内容，形成相对独立的凝聚力体系，同时各要素之间存在相互作用、支撑、联结、制衡的关系。只有形成合力，才能推动当代中国国家文化的大繁荣、大发展，不断强化当代中国国家文化凝聚力。

首先，就独立性而言，构成国家文化凝聚力的文化载体、文化教育、文化传播、文化产业等四大要素在源泉、动力、内容、作用方式、功能、体系等方面都存在着独立性。文化载体通过不断满足人民种类繁多的语言文字、文学艺术、风俗习惯等文化需求获得源泉和动力，再由此把文化价值要素传递给凝聚对象，发挥凝聚作用，最终形成文化凝聚力。文化教育以不断满足人民群众接受教育、提高素质的需求为基础来强化国家文化凝聚力。其中，文化教育的普及与提高是国民认知、认同国家信仰、经济发展、政治制度、文化传承的前提条件，决定着人民的文化、政治、经济诉求。只有当深厚的历史底蕴、丰富的文化资源通过有力的文化传播途径传递给人民群众才能形成国家文化的凝聚力。新兴的文化产业更是通过发展文化产业来满足人民群众不断增长的物质文化需求，进而通过文化产品传递知识、信息、观念、情感或信仰，来增强文化的吸引力和凝聚力的。

其次，就整体性而言，无论是构成国家文化凝聚力的四个主体要素还是各主体要素下设众多的子要素，都是国家文化凝聚力涵盖的影响因素之一。它们虽然在不同的领域、通过不同的方式满足不同的需求，但总体而言，它们都为国家文化凝聚力这个主体服务，都是形成国家文化凝聚力这个合力的众多分力之一。当然，在历史发展的进程中，这些分力强度或强或弱、方向或正或反，但在推动国家文化凝聚力的形成和发展过程中，这些分力交互作用，最终形成推动国家文化凝聚力形成和发展的合力。在人民的社会生活中，有无数个"意志和力量"，因而就有无数个"力的平行四边形"，当这些力的平行四边形集合在一起时，就会在社会历史活动中产生一个"总的合力"，推动国家文化凝聚力不断强化。

三、在传承融合创新中提升当代国家文化凝聚力

当代中国的国家文化以国家核心价值观为基础，通过国家主导推动，坚持"传承、融合、创新"，传承传统文化精髓，融合吸收世界一切国家和民族的优秀文化成

果，并在此基础上结合时代特点不断创新发展，提升当代中国国家文化凝聚力。

（一）坚持把满足广大人民群众不断增长的文化需求作为传承融合创新的根本原则

关注和不断满足人民群众的文化需求是党的优良传统，是经实践检验的、必须长期坚持的正确路径。文化的中心问题是为群众和如何为群众的问题。新历史时期，要保证文化的正确方向、开创先进的文化局面、加强社会主义先进文化建设必须以满足广大人民群众的文化需求为根本任务，以保障人民基本文化权益为中心原则。

一个国家的文化只有不断满足人民群众的需求才可能产生凝聚力。同时，一个国家想要不断满足人民群众的文化需求就要不断加强文化建设，提高国家文化软实力。党的十六大提出"文化体制改革"的任务；党的十七大将"文化软实力"写入大会报告；党的十八大报告再度强调"建设社会主义文化强国，关键是增强全民族文化创造活力"。李克强总理代表国务院在十二届全国人大三次会议上所作的《政府工作报告》中更提到，让人民群众享有更多文化发展成果。文化是民族的精神命脉和创造源泉。只有党对文化建设规律的认识愈加深刻，国家文化认同度不断提升，国家文化体系对公民的统摄力、吸引力和感召力不断增强，国家文化凝聚力才会不断强化。

首先，人民群众不断增长的文化需求是当代中国国家文化凝聚力的源泉。人民群众的文化需求是不断变化、丰富的过程。这一过程随着经济发展、物质生活水平的提高而不断增加新内涵。在人民生活总体上达到小康后，人民群众对精神文化生活的需求更加强烈，也更加关注文化权益的保障，文化已经成为现代人精神需求的终极满足物。不断增长的文化需求能够为国家文化凝聚力的形成和发展提供源源不断的动力，注入新的内容。

其次，不断满足人民群众的文化需求是当代中国国家文化凝聚力的不竭动力。一个国家的文化不能满足人民群众的文化需求就不可能产生凝聚力。国家只有不断强化以国家核心价值观为主导的文化思想，发展文化事业和文化产业，不断满足人民群众日益增长的文化需求，才能形成国家文化凝聚力的源泉动力。《中共中央关于构建社会主义和谐社会若干重大问题的决定》指出，和谐文化是社会主义和谐社会的重要组成部分，构建社会主义和谐社会的过程，也是不断满足人民群众日益增长的精神文化需求的过程。只有促进文化事业和文化产业的繁荣发展，不断满足人民群众精神文化需求，促进人的全面发展，才能更好地推动社会主义和谐社会建设，实现社会主义和谐社会目标。在此过程中，国家主流文化的吸引力、凝聚力必然得以加强。

最后，在传承融合创新过程中要始终以人民群众接受不接受、满意不满意、文化需求是否得到满足为出发点和落脚点。党的十七届六中全会指出，要以满足文化需求为出发点和落脚点。改革开放 40 多年来，我国的社会生产力高速发展，人们的物质生活要求基本得到了满足，群众家庭财产普遍增多，吃穿住行用水平明显提高。随之，人们对精神文化生活的要求也越来越高。人类社会发展规律告诉我们社会进步是物质文明与精神文明协调发展、共同作用的结果。我国目前经济快速发展，文化建设却相对滞后。城乡之间、不同群体的人民群众之间文化生活差距拉大，成为阻碍社会和谐发展、实现公平正义的突出矛盾；国家提供的公共文化服务和精神文化产品还不能适应人民群众日益增长的精神文化生活需求。这就需要把满足人民群众日益增长的精神文化需求作为长期目标和基本原则；贯彻为人民服务、为社会主义服务的方向和"双百"方针，创作出优秀的文化作品；发掘传统文化，搞好文化创新；发展公共文化事业和文化产业；保障最广大人民群众的基本文化权益，最大限度地满足人民群众多方面的文化需求。

实践证明，自觉关注并切实满足人民基本文化需求是提升国家文化凝聚力的必要条件。人民基本文化需求的满足有助于党制定的正确的路线方针政策得到人民群众的支持拥护，加强党和政府同群众的联系，增强人民之间的凝聚力。此外，满足人民群众基本文化需求，让人民群众共享改革发展的成果，能够充分调动群众的积极性、主动性和创造性，促进国民思想道德和科学文化素质提升，使国家核心价值观的践行在国民中得以强化。

（二）传承中华民族传统文化精粹是增强当代中国国家文化凝聚力的前提基础

文化具有延续性、传承性。任何一个国家，任何一个民族，文化是其生生不息、薪火相传的血脉和精神。作为文化组成部分的文化载体、文化教育等均具有这一特质。语言文字、文学艺术、风俗习惯以及文化教育参与了人类文化的延续，知识的传衍，历史的沉淀，见证了人类文明的发展。历史是统一不可割断的，传统文化精髓是人类共同智慧的结晶，代代相传，历久弥新，其自身拥有强大的凝聚力，更对国家文化凝聚力的提升发挥着重要作用。历史文化资源是人类发展进程中所创造的一切含有文化意味的文明成果，是国民相互认识、认同，一脉相承的文化根据。历史底蕴是重要的文化资源、文化遗产，是一个国家民族的精神，是国家民族文化的积淀。传承传统文化需要从保护延续非物质文化遗产、继承和发扬中国传统思想、精神、美德等几个方面做起，使得文化资源、历史底蕴起到强化民众的民族的信仰、信念、价值观，增强国家文化的吸引力、感召力的作用，从而凝聚人心、积聚力量。

（三）融合世界各民族优秀文化是增强当代中国国家文化凝聚力的重要途径

加强世界各民族文化的交流与融合是文化历史发展的必然，开放融合是打造现代文化的客观要求。文化具有相对稳定性和特殊性，是最需要创新的领域。因此，一方面要加强文化与科技的融合，构建现代文化传播体系，提高文化的传播能力和覆盖面，增强我国文化整体实力和竞争力。另一方面要广泛吸收借鉴世界各民族文化精髓，打造当代中国先进的国家文化。此外，中国是世界第二大经济体，文化软实力要与中国经济地位相适应，这就使得拓展中外人文交流、加强国际传播能力建设至关重要。中国共产党人一直以来坚持在对外开放中进行文化交流互鉴、维护文明多样性、促进世界文化共同发展。当然，积极吸收借鉴国外一切优秀文化成果，必须坚持"以我为主、为我所用"的原则，在此基础上，学习借鉴一切有利于加强我国社会主义文化建设的有益经验、一切有利于丰富我国人民文化生活的积极成果、一切有利于发展我国文化事业文化产业的经营管理理念和机制。

中华文化博大精深，在传承发扬中历久弥新。全球化背景下，文化领域进一步扩大对外开放，加强文化融合，让中国文化走出去，可以让世界了解中国，了解中国特色的社会主义，增强对各国人民、广大华人、华侨的吸引力和影响力，有利于吸收和借鉴人类一切优秀文明成果，有利于推动中华文化走向世界，提升中华文明在国际上的吸引力、竞争力、影响力，最终实现文明的互鉴、共同促进世界的和平发展。

（四）创新现代文化是增强当代中国国家文化凝聚力的永恒动力

几千年的人类发展史表明，文化的发展始终是以文化创新为起点的。党的十八大指出，任何一种文化要有活力、有实力、有竞争力，归根到底要激发创造力。这是符合文化发展的特点和规律的。民族文化绵延不绝、建设文化强国离不开继承和创新。不善于继承，就没有创新的基础；不善于创新，就缺乏继承的活力。创新为国家文化注入了活力，推动了国家文化的发展，同时提升了民众对国家文化的吸引力、凝聚力、感召力，成为国家文化凝聚力提升的不竭动力。

因此，我们要正确处理继承、融合和创新的对立统一关系，大力推动文化思想、理念、内容、途径、方法、手段等的创新，推动文化体裁、题材、形式、手段的充分发展，充分发挥人民在文化强国建设中的主体作用，调动广大文化工作者的积极性，更加自觉、更加主动地推动文化的发展与繁荣，在中国特色社会主义伟大实践中进行文化创造。一方面，围绕发挥中华优秀传统文化作用、传统媒体和新兴媒体融合发展、非物质文化遗产传承保护等调研议政。另一方面，面对西方文化的输入，应有准确的认识，在正确文化观的指引下，有意识地吸收先进的文明成果，摒弃消极的思想。面向世界、面向未来，不断创新文化载体、文化传播、文化教育和文化产业。在互联网、"互联网+"的信息时代，深化文化体制改革，促进传统媒体与新兴媒体融合发展。

（五）始终保持国家主流文化的主导作用是增强当代中国国家文化凝聚力的根本保证

国家文化凝聚力是国家主流文化在广大公民中产生的凝聚力作用，反映一个国家的核心价值观、一个国家主流文化所具有的高度的融合力、较强的传播力和广泛认同度。国家文化凝聚力必然体现国家主体性、国家的主权性和国家主导性，而增强中国国家文化凝聚力要始终坚持国家主流文化的主导地位。只有保持国家主流文化的主导作用才能正确处理广大民众的文化需求与国家的文化发展的关系，提升国家文化的认同度、吸引力和统摄力，进而为国家文化的发展指引正确的方向。

党的十八大强调，要树立高度的文化自觉和文化自信。目前，我国正经历着经济体制的深刻变革、社会结构的变动、利益格局的调整，人们的思想观念也随之经历着深刻变化。树立文化自觉和文化自信必须选择正确的道路、方向和目标，坚持社会主义文化道路，坚定社会主义文化前进方向，保持国家主流文化的主导地位，只有这样才能不断地增强国家文化凝聚力，也只有不断地增强国家文化凝聚力才能为国家文化注入生机和活力，推动文化朝着正确的方向发展。

此外，国家主流文化是社会主义核心价值观的反映，而宣传学习践行社会主义核心价值观，可以提升国家文化的融合力、传播力和认同度，可以引领多样化的社会思潮，凝聚更广泛的社会共识。党的十八大提出："倡导富强、民主、文明、和谐，倡导自由、平等、公正、法治，倡导爱国、敬业、诚信、友善，积极培育和践行社会主义核心价值观。"一个国家和社会拥有广泛认同的核心价值观、保持主流文化的主导作用才能进一步达成共同利益、共同的社会理想和奋斗目标，才能真正增强文化对国民的吸引力、感召力，起到凝聚力人心的作用。实践证明，国家精神凝聚力和国家文化凝聚力具有更直接的相互支撑作用。人民群众有了正确的理想和信仰，整个社会才有国家文化的自信和认同，国家文化才会真正具有凝聚力。

以传统文化之优秀内涵增强国家凝聚力

丁洁琼

世界上很少有一个民族像中华民族一样，从幼时起就有"不学礼，无以立"的规矩，知"三人行，必有我师"的谦虚，学"孔融让梨"之礼让美德。每逢要事、节日或感悟个体生命意义时，不论何人，都能熟记诵读几句经典的唐诗宋词，有"举头望明月，低头思故乡"的故土依恋，也有"长风破浪会有时，直挂云帆济沧海"的壮志豪情。少数民族同胞们在谈起各自民族的古老文化与传统特色时，更是滔滔不绝、如数家珍。可见，文化是任何一个民族和国家的根本，文化建构起的是一个国家和民族的精神。中华五千年文明之所以从未中断过，不仅在于中国传统文化始终带有一种文化自觉的原生力量，即生活在既定文化中的人对其文化有'自知之明'，明白它的来历、形成的过程、所具有的特色和它发展的趋势。还在于中国传统文化这一重要载体不间断发挥出的凝聚力量，将民族和国家紧紧凝聚在一起。在历史的长河中，中华传统文化不断积聚汇合，最终沉淀出许多值得继承与发扬的优秀文化，也正是得益于这些优秀文化，中国古代社会"盛世"频现，彰显出民族与国家强劲的凝聚力。一个国家的凝聚力，其精神基础要紧紧倚靠文化的凝聚力，中华优秀传统文化正是以其海纳百川、博大精深的深厚底蕴，如润物无声的细雨一般浸润着世世代代的中国人，滋养着中华民族的血脉，支撑着中华民族的文化信念和道德理想，延续着千百年来民族与国家的凝聚力。

在全球化时代格局中，西方国家的意识形态等外来文化在中国十分活跃，由于过度追捧"西方文明"从而导致出现"全盘否定中华优秀传统文化和中华文明"的现象，传统文化在内部也遭遇了自我否定与过度消费，这无疑会使中国传统文化中的部分文化功能开始显现出弱化、衰退的趋势，进而影响民族与国家凝聚力的持续发展。因此，以中华优秀传统文化重新构建当代民族与国家精神，打牢夯实国家凝聚力的精神根基是中国特色社会主义新时代的必然要求。党的十八大以来，中华优秀传统文化愈发受到重视，本色愈发鲜明。国家领导人多次在重大场合传递和表达对中华优秀传统文化的认同与推崇，反复强调中华优秀传统文化是中华民族的"根与魂"，"文化软实力""文化自信"等概念也相继被提出。然而，不论是提升软实力还是树立文化自信，都是增强国家凝聚力的重要路径和方法，其核心点还是在于必须要传承传统文化的优秀内涵，并将其与时代特征紧密结合在一起，进行"创造性转化与创新性发展"，使中国优秀传统文化具有全新的时代内涵与价值，以便更进一步提升、增强、延续民族与国家凝聚力。

中国传统文化的优秀内涵在于其有一套成熟的思想价值体系，它经过不同时代的不断选择和具体诠释，发挥出重要的凝聚作用。传统文化优秀内涵的继承与弘扬，依赖于每个独立的个体，只有个体对文化自觉认同才能保持民族与国家的凝聚力。而要做到对文化的自觉认同，其前提是个体要建立起良好而健全的人格。中国的社会文化传统具有色彩鲜明的伦理本位思想，尤其重视人的作用以及对人格的培养。而在古代社会，有一种人格经过以孔子为中心的儒家学派的选择和阐释后，逐渐成为一种包含各种优秀品质的理想化人格，这就是千百年来被中国人所认同和尊崇的"君子人格"。

一、"君子人格"即是凝聚力

"君子"一词，最早出现于西周初年，其词义到孔子处完成了至关重要的变化，从以强调地位为主变为提倡以道德为尊，孔子本人也通过"君子小人"之说建立起了一套系统性很强的思想规范和道德准则。孔子所建构的伦理道德思想体系，对历代中国人培养、发展良好人格产生了不可替代的关键性作用。它包含了智、仁、礼、孝、克己等道德条目，这些道德条目无疑使君子人格的涵盖范围更加广泛，内涵也更加具体丰满。孔子不仅对"君子人格"进行了创造性的解释，而且还身体力行。春秋时期，周室式微，诸侯分疆立国，在动荡的时代里，孔子依然用对"君子"的要求来要求自己，他坚持"志于道，据于德，依于仁，游于艺"的理想，周游列国，四处碰壁，饱尝艰辛，为的就是恢复旧礼，建立斯文，匡正天下。这个他用毕生精力所坚持的宏大政治理想"除郑之、子产等几位世卿有心救世外，本人原在下层，而有心救世者中，无人能与其相比"。他有"是知其不可而为之"的勇敢和坚韧，在面对郑人"累累若丧家之狗"之言时，不怨不怒，欣然接受。他始终以"修齐治平"为目标，尽管"道路阻且长"，然而他并没有选择消极处世，退避隐居，而是处之泰然，乐天知命，用他心中执着守护的"君子人格"去实现个人、国家之"道"。他一生为实现"国有道"之理想而不断奔走,在面对讥讽、窘迫、质疑时仍能用自己强大的"君子人格"去支撑自己的政治文化理念,去感召、影响他的门人,这种自觉的追求和认同无疑就是一种凝聚力。而在孔子之后,"君子人格"得到了空前的肯定与弘扬。

在中国现代社会中,人们总会自觉地用"君子"作为衡量、区分人之善恶、好坏的标准,并以"君子"作为准绳和标杆,来约束自己的行为,希望任何时候都能保持谦谦君子应有的气度和风范。"君子人格"在现代社会中仍然具有无限的吸引力与凝聚力。现代社会呼唤"君子人格",同样也迫切需要去培育"君子人格",这是国民对优秀传统文化的主动追求与认同,这种对文化的自觉使得文化凝聚力日益增强,如此,国家凝聚力才能不断提升和延续。

二、家国情怀撑起凝聚力

由于中国社会文化有传统鲜明的伦理本位思想,中华民族优秀传统文化也孕育出了济世安民、胸怀天下的家国情怀。自西周宗法制度确立起,历代统治者开始强调民本思想。"家"不仅是民众进行社会生活的基础,更是国家能否建立统治秩序的关键所在。孟子提出:"天下之本在国,国之本在家。"每个独立的小家庭单元都是一个国家的缩影,因而家国同构、家国一体的思想在中国古代社会中最终凝结为强烈的家国情怀和家国意识。

在中国传统文化中,家国情怀首先体现在每个独立的家庭之中,家庭伦理的主要表现形式是怀祖先、孝父母、敬兄弟,由此扩展为对宗族的敬拜,后继续上升为对国家社稷的忠诚和奉献。家庭伦理强调道德感、责任心,同样,维护国家政治秩序也要依靠道德观念、责任意识与教化程度。中国人千百年来对家庭的依靠,对故土的眷恋,对国家的热爱和担忧都是家国意识的具体表现,没有家就没有国,没有国也自然不会有完整的家。

中国特色社会主义已经进入新时代,党的十八大以来,习近平同志反复强调"国家好,民族好,大家才会好"的理念,并要求国民要继续弘扬爱国主义精神,同时多次重提"家伦理"的重要意义,"不论时代发生多大变化,不论生活格局发生多大变化,我们都要重视家庭建设,注重家庭、注重家教、注重家风"。可见,家国情怀由古至今,传承未变,只有无数小家团结,民族与大国才可凝聚。

家国情怀是一个人对自己国家和人民所表现出来的深情大爱,是对国家富强、人民幸福所展现出来的理想追求。它是对自己国家的一种高度认同感和归属感、责任感和使命感的体现，是一种深层次的文化心理密码。家与国是国家凝聚力的重要支柱，没有了家和国，何谈国家凝聚力？以家国情怀撑起国家凝聚力是时代的必然要求。

三、儒道精华滋养凝聚力

在中国传统文化中，儒、道思想一直是两大各自独立又互相融通的体系，这两大体系对中国的社会发展起着引领性的作用。首先，发端于孔子的儒家思想，从汉代起成为主导思想，确立"尊"位，其重视天人关系、伦理道德，倡导经世致用、知行合一，但儒家学说的弊端也十分明显。统治阶级以儒家学说为显学宣扬教化，最终形成了一套固定的封建秩序和教条，严重束缚和制约了人们的思想。其次，以老庄为代表的道家思想，发展过程较为复杂，黄老之学、道教思想、魏晋玄学都糅杂其中，这就使道家思想中存在一些负面思想。运用辩证思维看待、分析儒道两大思想体系，才能真正做到"取其精华、去其糟粕"。在中华传统文化中，儒、道思想中的精华是国家文化凝聚力的源泉之一，也是增强国家凝聚力的优秀内涵之一。

儒家思想对中国优秀传统文化的贡献不仅体现在完整的道德理论体系中，还在于为"士"阶层实现政治理想指明了目标和方向。儒家主张经世致用，士人要具体践行，就一定要有安邦兴国的历史使命感和社会责任感，而这也正是增强国家凝聚力所需要的。

四、古典诗词咏唱凝聚力

任何国家、民族的传统文化要想保持旺盛的生命力，在建立起共性准则的基础上，必须要拥有自己鲜明而独特的个性。在中国传统文化中，就有一种特殊的文化形式——诗。

中国是诗之国度。《诗经》《楚辞》是诗的发端，汉魏乐府讲求风骨，唐诗气象恢宏，宋词豪迈哀婉，诗在形式上虽几经变化，但其深刻的内涵和精神一直在发挥着重要作用，并对中国文化产生巨大的影响。

中国古典诗词作为中国优秀传统文化中的重要组成部分，底蕴深厚，经久不衰的原因，是因为它具有能触动和唤醒人们情感的功能。也正是这一功能，使得民族和国家凝聚力持久而紧密。

近年来，"古风"渐盛。这种对古典、对传统的自觉追寻与回归，突显出的正是国人心中的骄傲，彰显的正是强盛的国家凝聚力。

五、结论

新时代，应该紧密结合新的时代背景，重新审视、探索、挖掘中国优秀传统文化的现代意义和价值，赋予其新的时代内涵。此外，自觉认同、主动继承并大力弘扬中华传统文化之精髓不仅是每个炎黄子孙义不容辞的责任，也是增强国家凝聚力的有效途径。

树立党的亲民形象　不断增加党的凝聚力

——以十九大报告中的"大白话"为切入点的分析

韩继伟

　　英国政治学家格雷厄姆·沃拉斯在最早提及政党形象这一概念时认为，政党是一个"意象"，并能够让人逐渐理解它的意义，从其阐释来看，政党如何通过语言描述来构筑自身的"意象"，从而展示其形象，就成了政党获得认可和支持的重要维度。现代政治条件下的政党只有善于接受普通民众的意见，并将其作为政党的主要理念和诉求，在其一言一行、一举一动中表现出足够的感染力和亲和力，才能获得民众的支持和认可。一般来说，政党的亲民形象是指民众以政党的阶级属性、理念主张、执政方式、作风面貌等客观要素为基础，对政党是否真正代表民众利益，所作出的相对稳定的主观认知和评价。其中，作为基础的客观要素通过怎样的话语方式传达给民众，就成为其树立自身亲民形象的重要手段之一。中国共产党自诞生以来就采用了独特的话语方式，在颇具自身特色的话语体系中，"大白话"尤为有个性。革命战争年代的"三大纪律，八项注意"，改革开放时期的"白猫黑猫的猫论""摸着石头过河"，新时代的"照镜子、正衣冠、洗洗澡，治治病"，"像石榴籽一样紧紧抱在一起"等"大白话"通俗易懂，深入人心，很容易被群众记住并传播，有效地将中国共产党所主张的宗旨、理念和价值追求传达给了人民群众，树立了中国共产党的亲民形象。

　　中国共产党的凝聚力是党团结带领全国各族人民通过革命、建设和改革实践逐渐发展起来的，而树立党自身的亲民形象能够为党的凝聚力的发展提供强大的民意支撑，它具有的传播、引领和导向的功能，在增加党的凝聚力的过程中发挥着重要的作用。标志着中国特色社会主义进入新时代的党的十九大报告，其中所运用的直白朴素和深入浅出的"大白话"，体现出了高度概括、通俗朴实、简洁明快、生动形象的论述策略，例如，"房子是用来住的，不是用来炒的"，"中国开放的大门不会关闭，只会越开越大"，等等，这些"接地气"的话语将我们党全心全意为人民服务的根本宗旨表达得十分明确，易于为群众理解和接受，既意义深远，又充满说服力和感染力，在中国共产党树立凝聚力、号召力、认同力和公信力的亲民形象的过程中，不断增加党的凝聚力。

一、围绕"绝不是轻轻松松、敲锣打鼓就能实现的"中华民族伟大复兴的目标，增强党的凝聚力

意指相同物质内部相邻各部分之间，具有吸引力和影响力的"凝聚力"一词，是从自然科学引申到社会科学领域中，用来比喻使人或事物聚集到一起的力量。一般来说，政党的目标，即这个政党聚合民众的要求而为之奋斗的目标，是这个政党吸引民众、凝聚力量的旗帜，因而，政党的目标是否能够对其他党派、社会组织、民众的共同利益形成整合力和影响力，便成了政党凝聚力的主要来源和重要标志。现代政党政治制度中，一个政党只有提出并将自身的目标付诸国家和社会治理实践，才能将最广大的民众凝聚在该政党的周围。

执政党的执政目标是这个党执政的基本价值取向，是政党发展的灵魂，是政党吸引和团结民众的一面旗帜，也是树立政党形象的基石。实现中华民族的伟大复兴，是我们党领导全国各族人民实现国家富强、民族振兴和人民幸福的最终目标，这一目标决定了党与人民群众根本利益的一致性，而"绝不是轻轻松松、敲锣打鼓就能实现的"，则把这一目标的艰巨性用形象贴切、通俗易懂的语言表现了出来，用较为朴素的理念提高了人民群众对执政目标的情感认同，提升了人民群众对党的领导是中国特色社会主义的最本质特征的理性认知，增强了党的凝聚力，树立了我们党的亲民形象。

几乎所有政党都努力地树立其亲民的形象，以将最广大的民众凝聚在自身周围，支持政党的政治诉求。中国共产党一向注重自身亲民形象的树立，自成立以来，重视群众、依靠群众，密切联系群众就成了全党的共识，革命年代，正是因为我们党始终坚持从群众中来并回到群众中去，才凝聚了最广大人民群众的拥护和支持，从挫折走向胜利，最终夺取政权。进入社会主义建设阶段以来，我们党的群众基础更加广泛，要争取最广大的人民群众对社会主义建设事业的支持与参与，就更需要使用接地气的语言，将我们党想要实现的目标告诉人民群众，将人民群众凝聚在我们党的周围，团结一致，共同奋斗，这也是我们党获得人民好感和支持最直接、最简

单的方式。

进入新时代，党的亲民形象可以为我们党领导人民取得中国特色社会主义事业的伟大胜利提供重要的保障。发展变革与调整融合的新世情国情，成为我们国家综合国力进一步提升发展的重要战略机遇，在中国这样一个高速发展的发展中大国，党在推动中国特色社会主义事业中肩负任务的艰巨性、复杂性、繁重性世所罕见，实现中华民族的伟大复兴任重道远，这就要求我们党必须继续保持良好的亲民形象，并赋予其新时代的内涵，不断增进人民对党的热爱，增强党的凝聚力，将人民群众紧紧凝聚在党的周围，抓住机遇、应对挑战，回应现实问题，专心致志发展，真正承担起实现中华民族伟大复兴的历史使命。

二、以"有事好商量"的群众路线为基础，扩大党的号召力

号召力，是一种以魅力、信念来唤醒民众，让民众选择偏向于己的一种具有前瞻性、持续性的决策和决定的综合能力。一个政党在政治上的号召力，表现为在政治实践中，能否获得民众在行动上的支持和参与，这是民众对这个政党方针政策的回应，也是政党政治活动顺利展开的保证。执政党的号召力在多大程度上得以实现，直接取决于执政实践在多大程度上接近民众，因此，执政党要赢得民众的支持和信任，顺利履行国家和社会治理的职责，必须想方设法降低民众对政党执政行为不确定性风险的焦虑感，积极排除治理阻碍。

"有事好商量"的通俗表达，拉近了我们党与人民群众在空间上和心理上的距离，彰显了我们党与人民群众的血肉联系，使得人民群众在感情上更加愿意向倾听他们意见的中国共产党靠近，扩大了党对人民群众的号召力，使得中国共产党的主张得到传播，执政获得认可。与此同时，中国共产党在执政过程中始终注重深入人民群众，了解群众生活，关注广大人民群众的愿望和要求，帮助他们解决实际困难，站在他们的角度考虑问题、解决问题，也使得人民群众在心理上对我们党产生了亲切感和依赖感，在感情上产生了信任感和认同感，积极支持并参与党的事业，在他们心中树立了中国共产党的富于号召力的亲民形象。

密切联系群众，走群众路线是我们党的优良作风和政治优势。作为中国共产党的生命线和根本工作路线，群众路线是把党的意志和群众意愿更好地协调在一起的有效渠道，也是我们党亲民形象树立的重要依托。根植人民，服务人民，从"鱼儿离不开水"到"血肉相连"，在革命、建设和改革的各个时期，正是由于我们党将自身的根基力量定位在了人民身上，才拥有了极大的号召力，获得了人民的拥护和支

持，推进了党的工作和事业不断从胜利走向胜利。党的十八大以来，以习近平同志为核心的党中央，科学准确地研判当前的世情、国情、党情，在全党范围内加强了马克思主义群众观点和党的群众路线教育，强调继续保持党同人民群众的血肉联系，树立了我们党亲民的形象，扩大了党的号召力。

中国特色社会主义事业进入了正处于发展关键时期的新时代，面对新的矛盾转化和人民群众不同层面的诉求，创新党的执政理念和执政方式，充分听取人民群众的心声，拓展党密切联系群众的渠道，紧紧围绕他们最关注的问题扎实开展工作就显得尤为必要。尤其是要适应信息化社会新形势，清醒地认识网络时代的新特征和由此引发的党群关系的新变化，以人为本，树立长期执政的未来思维和全球视野，构建信息网络时代党的信息工作机制和网络互动平台，推进党执政现代化的进程，创新我们党与人民群众互动的思维方式，构建群众利益表达的维护机制，以安民、为民、利民的务实之举，关注民意，注重民生，真正贴近实际，扎实有效亲民，赢得广泛支持，切实发挥群众路线的积极作用，用亲民形象扩大我们党的号召力，以号召力引领新时代中国特色社会主义的新发展。

三、用"一件事情接着一件事情办，一年接着一年干"的精神，提升党的认同力

认同，是一个心理学名词，意指体认与模仿他人或团体的态度和行为。民众对政党的认识态度和参与行为，就是认同。满足民众的利益是实现认同的经济基础，一个政党想要建立起广泛的社会基础，从而获得民众对政党的支持认同并参与其中，只能是建立在对民众利益诉求的正确认识和充分满足的基础上，对其观念进行思想影响与行为动员。政党要获得执政地位，必须以满足民众的某些利益为核心，激起民众对政党的信心，进而获得民众的充分认同和支持，此外，政党获得认同的能力还取决于其在政治活动过程中的努力程度，作为政党亲民形象树立的重要维度，内心认同无疑为政党不断赢得民众的选择提供着重要支撑。

"政之所兴在顺民心，政之所废在逆民心。"党的十九大报告在对中国社会发展作出了准确判断以及全面部署的前提下，提出了在当前"两个一百年"历史交汇期和中国特色社会主义进入新时代的背景下，社会领域的主要问题在于加强和创新基层工作，切实有效地保障并改善民生，"一件事情接着一件事情办，一年接着一年干"这些通俗朴实的肺腑之言，彰显了中国共产党以人民为中心的精神理念，体现了中国共产党来自人民、关心人民利益、关怀人民情绪、关注人民困难、满足人民

根本需要的生命之本，树立了中国共产党显著区别于其他任何政党的亲民形象，真正获得了全国各族人民的认同。

中国共产党自成立起，就把全心全意为人民服务作为自己的最高准则。从革命战争年代到社会主义建设时期，再到改革开放以来，在不同的历史时期，中国共产党始终秉承着很多具有自身特点的民本思想和亲民做法。党的十八大以来，以习近平同志为核心的党中央坚持以人民为中心的发展思想，顺应人民群众对美好生活的向往，把增进人民福祉、促进人的全面发展作为一切工作的出发点和落脚点，从人民群众最关心、最直接、最现实的利益问题入手，在实践工作中推动社会建设和民生发展，树立我们党深入群众、联系群众、贴近群众、服务群众这一具有鲜明特色和富于认同力的亲民形象。

新时代要满足人民的新要求，如何有效地提升人民群众的获得感、幸福感与安全感，是中国共产党基本宗旨的体现和事业奋斗的目标。在全球化和信息化时代，要使发展改革的成果公平惠及全体人民，真正实现共同富裕，就必须坚持以人民为中心的发展思想，从小处着手，坚持保障和改善民生，创新社会治理，保护公民权利，维护社会公平，促进社会公共利益的实现。我们党必须继续发扬为人民服务的精神，重视与人民日常生活相关的各项具体事务，为"人民群众共享发展成果"的实现，建立健全长效机制，融合推进思路创新，完善设置制度政策，以人民群众对"三种感受"的需要的提升和满足，夯实人民群众对我们党的情感认同和内心接受，树立我们党亲民为民的执政形象。

四、在"人民群众反对什么、痛恨什么，我们就要坚决防范和纠正什么"的自觉中，提升党的公信力

公众信任的力量是为公信力。传播学领域中的"公信力"一词，指的是大众传媒获取公众信任的能力，政党公信力反映的则是政党在运行公共权力，实现国家和社会治理的过程中，民众对政党的信任关系与支持程度。中国共产党的公信力主要是指其在执政过程中自觉恪守党性，不忘初心、牢记使命，进而赢得人民群众政治信任的能力。近些年来，人民群众对一些地方政府的失信行为和贪腐案件的关注度越来越高，客观上说明了中国共产党执政公信力的建设已经成为一个迫在眉睫的现实性问题。正如列宁所指出的那样，无产阶级政党只有摸透群众的情绪，善于跟群众打成一片，才能把人民群众发动起来。

"人民群众反对什么、痛恨什么，我们就要坚决防范和纠正什么"，这一铿锵有

力的朴实话语，是一种亲民的风范，是一个标杆，也是一种昭示和导向。中国共产党在党的建设中始终注重提升党员干部克服和纠正官僚主义习气的自觉，时刻提醒党员干部作为人民公仆，与民同心，并在我们党探索和优化长期执政方式的过程中，倾听呼声，完善党内政治生活，加强同社会的沟通。

在中国共产党亲民形象的树立中提升党性自觉，对解决现阶段党的公信力建设中存在的一些突出问题具有重要价值。党的建设一直在路上，不同历史时期出现的一些党员干部的理想信念动摇、党员行为不符合党的性质和宗旨、党员先锋模范作用不明显等问题严重削弱了党的公信力，加之经济全球化和信息网络化的推波助澜，影响着党的执政地位的巩固和执政使命的实现。要系统地解决这些突出问题，必须进行多方面的长期努力，这就需要用党的亲民形象引导党员干部自觉践行党的宗旨，教育党员和各级党组织自觉维护党的形象，增强他们对消极腐败行为的鉴别力和免疫力。

新时代面临新情况，当前社会思潮繁杂，利益诉求日益多样化，一些非理性诉求在严重影响社会和谐稳定局面的同时，也导致了我们党在人民群众中的公信力出现了一些新情况和新问题。这就要求党员干部必须时刻坚守党的根本宗旨，切实维护好最广大人民的根本利益，真正做到"权为民所用、情为民所系、利为民所谋"，并清醒认识反腐败的紧迫性和必要性，监督教育，综合治理，健全完善"把权力关进制度的笼子里"这一治本之策，以反腐倡廉工作的成效，树立党的亲民形象，有效提升党的公信力。

综上，当政党与人民群众在理想目标和利益追求产生一致性的时候，其所产生的聚合力就成了党的凝聚力形成和发展的动力源泉。以党的十九大报告中的"大白话"为切入点进行分析，中国共产党树立的富于凝聚力、号召力、认同力和公信力的亲民形象，不仅能够增强人民群众对党的性质、宗旨和执政地位的认同，促进党与人民群众的价值追求达成一致，还可以巩固和扩大党执政的群众基础，在推进新时代党的建设的伟大工程中不断增加中国共产党的凝聚力。

浅析文化在国家凝聚力形成过程中的地位与作用

何新生

国家凝聚力是指一个国家中不同民族、不同政党及人民群众在理想、目标、利益等一致的基础上所产生的吸引力、聚合力。世界上无论何种制度的国家，都需要运用各种政治、经济、文化等手段，以满足人民群众物质和精神需求为动力，不断增强国家凝聚力。作为客观存在的文化，不仅对其的需要与满足是国家凝聚力形成的源泉与动力之一，而且文化本身也是国家凝聚力的重要构成要素和载体，并以其具有的引领、传承、传播等功能，在国家凝聚力的形成过程中起着重要作用。研究文化在国家凝聚力形成过程中的地位和作用，掌握文化对国家凝聚力的作用机理，有助于我们正确运用文化手段不断强化我国的国家凝聚力，为建设社会主义现代化强国打下坚实的基础。

一、从国家凝聚力形成的动因来看，人民群众的文化需要及需要的满足是国家凝聚力形成的源泉和动力之一

群体凝聚力学研究表明，个体需要及个体需要的满足是群体凝聚力形成的源泉和动力。马克思在论述人的需要的产生时指出："我们首先应当确定一切人类生存的第一个前提，也就是一切历史的第一个前提，这个前提是：人们为了创造历史，必须能够生活。但是为了生活，首先就需要吃喝住穿以及其他一些东西。因此第一个历史活动就是生产满足这些需要的资料，即生产物质生活本身。"人的需要是与人的存在并存的。但这并不能说明所有的客观存在的需要都是国家凝聚力的源泉。人们的需要是多种多样的，只有那些被全体人民群众共同需要的，能够被国家满足的主要需要才能成为国家凝聚力的源泉。国家通过各种社会实践活动满足人民群众的这些需要就形成了国家凝聚力的动力。

文化是建立在物质活动基础之上，伴随着人类社会发展而必然要出现的精神活动现象。在社会生活中，人们除了需要高水平的物质资料外，还存在着对社交、科学、知识、艺术、体育等方面的精神文化需要。美国心理学家马斯洛提出的人的五大需要中，至少有社交、尊重、自我实现三个方面可纳入精神文化需要的范畴。当前我国经济社会快速发展，人民群众的物质需要得到了较好的满足，当人民群众衣食住行等生存繁衍所必需的最基本需要被满足后，必然要产生对精神、文化、政治等方面的新的需要。而且随着物质满足的不断深入，文化精神需要越来越成为人民群众的主要需要。国际经验表明，人均收入达到3000～5000美元时，就到了物质消费与精神消费并重的时期。随着我国经济社会的快速发展，我国人民群众的文化需要呈现快速增长和向高层次、多样化转变的趋势。据湖南省委宣传部和省统计局联合调查表明，在电话随机调查"您今后的日常生活中，文化娱乐消费占日常开支的比重有什么变化"提问中，回答"会有大幅度增长"和"有所增长"的共占52.6%。可见，文化需要已成为广大人民群众的共同需要、主要需要，也是每个公民的迫切需求。

当然，与其他需要一样，人民群众对文化的需要也是从低到高、由少到多、日益增长的。任何一个国家要增强其凝聚力，必须不断满足人民群众的精神需要，并在满足原有需要的基础上不断满足新的需要，循环往复、螺旋上升，这也正是国家凝聚力的周期律产生的根本原因。党的十七届六中全会提出的推动文化大发展、大繁荣的重大举措，必将推动文化事业的快速发展和精神文化成果的极大丰富，以不断满足广大人民群众日益增长的、共同的、迫切的文化需要。

二、从文化与国家凝聚力的关系来看，文化既是国家凝聚力的载体，又是其重要构成要素之一

国家凝聚力是精神范畴的吸引力、聚合力，它是深入人们思想、观念、信仰、潜意识领域的无形作用力，不能直接为人所感知，只有通过语言、文字、绘画、知识、风俗、习惯等形式和途径，才能表现出来；只有在人民群众从事一定的社会活动，并且在个体之间进行语言及行为交流时，才能表现出来。同时，任何国家在发展的过程中，都要采取各种手段不断强化自身的凝聚力，其中最重要的就是运用各种文化形式、文化手段来宣传；运用各类约定俗成、道德标准来引导、规范。这说明文化不仅是国家凝聚力的精神载体，还是国家凝聚力的有形载体，更是国家凝聚力自我强化的行为载体。也就是说，国家凝聚力只有附着于文化这个载体上，才能

把精神要素变为有形的物质要素，才能被人民群众所感知，才能实现不断自我强化的目的。

文化是国家凝聚力的重要构成要素主要体现在以下三个方面：首先，文化认同是国家凝聚力形成的前提和基础。文化认同是指一个群体内成员对文化各要素认知的一致性。文化认同是民族认同的前提和基础已是学术界的共识。国家是由一个或多个民族构成的集合体，各个民族在共同的世界观、价值观、理想、信仰的整合下，会逐渐形成共同或大多数认同的政治理念，这一理念一旦形成，就产生了政治认同。在政治认同的前提下，全体国民才会有共同的目标、共同的需要和为满足需要而进行的共同的社会活动，从而产生国家凝聚力。由此可见，文化认同是国家凝聚力产生的前提和基础，可以说，没有文化认同就不会有民族认同，更不会产生政治认同、国家认同，也就不能产生国家凝聚力。其次，文化凝聚力是国家凝聚力的重要组成部分。一个国家的文化、政治制度、综合国力、军事实力、民族政策、外交政策、国际影响力都会形成对人民群众的吸引力和凝聚力。如经济快速发展，满足人民群众的物质需求会产生物质凝聚力；军事实力强大、广大人民群众安全的需要得到满足会产生安全凝聚力；正确的民族政策产生民族凝聚力等。文化凝聚力是一个国家或一个民族文化所具有的聚集、吸引、团结和组织全体成员的向心力，也是国家凝聚力的组成部分。文化凝聚力与其他构成要素一样，或多或少、或大或小地对国家凝聚力产生影响，所有这些凝聚力的矢量和就构成了国家凝聚力的主体。最后，文化兴衰左右着国家凝聚力的强弱。美国学者亨廷顿在《我们是谁：美国国家特性面临的挑战》中认为，美国应该发扬盎格鲁－新教的文化、传统和价值观，这是美国的根本"特性"，否则美国就有分化和衰落的危险。所有民族、国家都一样，文化都是维系民族、国家统一、稳定和发展的不可或缺的力量。一个国家或一个民族具有凝聚力，这个国家和民族不管现在的发展程度如何，未来的发展前景一定是美好的；反之，缺乏文化凝聚力的国家和民族一定会走下坡路。数千年的中外历史事实表明，凡是文化繁荣发展的阶段都是国家兴旺昌盛之时，也是国家凝聚力空前强大之时；反之，文化没落衰败，国家很难产生凝聚力，国家也就分崩离析了。

三、从文化特有的功能来看，文化对国家凝聚力的形成起着重要作用

胡锦涛同志在中国文联第八次全国代表大会、中国作协第七次全国代表大会讲话中深刻指出："人类社会每一次跃进，人类文明每一次升华，无不镌刻着文化进步的烙印。文化的力量，深深熔铸在民族的生命力、凝聚力、创造力之中。"这一论述

深刻揭示了文化的作用和力量。对国家凝聚力来说，也正是因为有了文化的引领、传承、传播功能，才使得国家凝聚力能够保持方向同一、持续稳定、并实现广泛传播。

（一）文化的引领功能决定了国家凝聚力方向的一致性

文化对国家凝聚力方向的引领作用体现在两个方面：一是在未形成全国国民的共同目标或旧的目标已经实现、新的目标尚未产生之时，通过文化可以使共同的目标形象化、具体化，吸引和引导人民群众把个体目标与共同目标结合起来，达到个体目标与群体目标的统一、需要与满足的统一。这种引导作用就像在处于自由活动状态的电子旁放一块磁铁，能把各个电子的作用力调整为同向；把杂乱无章、相互作用、相互抵消的作用力变成方向一致的矢量集合，产生磁力。二是当个体向心力产生偏差时，文化能起到统一、规范的作用。人自一出生起，就会不断受到他们所处的文化环境、文化规范、文化模式的影响。本尼迪克特在 1934 年出版的《文化模式》一书中指出："每一文化之内，总有一些特别的，没有为其他类型的社会分享的目的。在对这些目的的服从过程中，每一民族越来越深入地强化着他们的经验，并且与这些内驱力的紧迫性相适应，行为的异质项就会采取愈来愈一致的形式。"

（二）文化的传承性有利于提升国家凝聚力的稳定性

历史上很多文化能够历经数千年绵延不断、历久弥新，关键在于文化的强大传承性，一个国家、民族的现行文化来源于传统文化，是对传统文化的批判继承，传统文化的精髓是现行文化的重要组成部分。这种文化内涵、精髓的延续性决定了人民的思想观念、价值取向、道德规范、理想、信仰稳定性。只要以文化为代表的核心价值体系没有改变，核心价值观还被广大人民群众认同，国家的凝聚力就不会消失，而是处于稳定状态。中华民族文化传承数千年，中国传统文化中的"忠、孝、节、悌、礼、义、廉、耻"传承至今，已成为我们所提倡的社会主义核心价值体系的基础和重要内容，这些理念、精神、规范根植于人民群众的血脉，不会转瞬即逝，也不会轻易变动。

（三）文化的强大传播力能扩大国家凝聚力的影响范围

国家凝聚力不仅仅包括对本国国民的聚合力，也包含着对其他国家、民族、群体成员的影响力和吸引力。一个国家的政治制度、经济政策等很难被其他国家政权认可，但文化却能对侨民、侨胞以及外籍人士产生重要影响。一个国家的文化能够为不同文化和宗教背景的人们认同，将提高一个国家的国家形象，也必然会提升本国人民的民族自豪感和国家自豪感，提升他们对国家的认同度，从而激发更强的向心力。近年来，我国党和政府高度重视文化的传播作用，大力推行中华文化走向世界，孔子学院的建立、"海外中国年"等文化建设成果，使广大海外华人始终感受着国家和民族文化的眷顾，增强了他们的归属感和自豪感。

三

中国共产党的凝聚力研究

中国共产党凝聚力的历史积淀

李 赞

一、研究中国共产党凝聚力历史积淀的意义

习近平总书记对广大党员提出要"不忘初心、牢记使命"。中国共产党成立之初只有几十个党员带领中国人民取得新民主主义革命的胜利经过 100 多年的风雨历程，我国已经成为世界第二大经济体，中国共产党员突破九千万。中国共产党不断发展壮大的历史，也是党的凝聚力不断增强的过程。若无强大的党的凝聚力、吸引力、号召力，人民群众不会围绕在中国共产党周围。研究新中国成立前中国共产党凝聚力的发展轨迹与积淀就是回顾历史、不忘初心，就是不断总结增强党的凝聚力的思想与经验，发挥党的凝聚力在增强国家凝聚力中起的核心作用。

（一）党的凝聚力为新中国的建立与发展打下牢固的基础

中国共产党能够带领中国人民推倒"三座大山"的压迫建立新中国，一个关键原因是中国共产党全心全意为人民服务，以满足人民群众渴望结束战乱、过和平安宁生活的需求为己任，凝聚广大群众的力量，进而转化为强大的战斗力，在共产党的领导下，最终取得新民主主义革命的胜利，建立了伟大的中华人民共和国。没有共产党就没有新中国，新中国的成立离不开老一辈革命家呕心沥血、艰苦奋斗、抛头颅洒热血的革命精神，新中国的发展也离不开共产党实事求是、与时俱进的改革精神。党的凝聚力是中国共产党发展并壮大的基础，也是中国共产党保持和提高执政能力的关键。

（二）随着中华人民共和国的成立，党的凝聚力转化为国家凝聚力

在中华人民共和国成立之前，国家处于战乱时期，人民对建立稳定、统一的中

国充满渴望。但新中国成立以前的中国并不能履行维护国土主权、保护人民安全的国家职能，这个时期所呈现的爱国主义精神更多的是一种民族凝聚力，是对中国共产党的认同，期望中国共产党带领中国人民取得胜利而形成的凝聚力。中华人民共和国成立以前，历经大革命时期、土地革命时期、抗日战争时期、解放战争时期，中国共产党领导中国人民与封建主义、帝国主义开展了无数次斗争，换来了中华人民共和国的成立。正如邓小平所说："中国一向被称为一盘散沙，但是自从我们党成为执政党，成为全国团结的核心力量，四分五裂、各霸一方的局面就结束了。"党的凝聚力随着新中国的成立转化为中华人民共和国的国家凝聚力，继而取得了新中国成立后的一系列伟大成就。

二、中国共产党的凝聚力的发展轨迹

（一）中国共产党的成立与大革命时期：党的凝聚力的初建时期

同任何一个政党一样，1921年中国共产党的正式成立也标志着党的凝聚力的初步形成。中国共产党从五十几人的秘密小党起步，由于人数少，规模小，在中国政治舞台上只是一个很小的政党，但它拥有马克思主义这个最先进的思想武器，它提出的纲领和奋斗目标，代表着中国社会发展的正确方向，代表着中国无产阶级和其他广大劳动群众的根本利益。因此，从中国共产党诞生之时，就充满着勃勃生机和活力，具有凝聚人心的强大力量。但是，从共产党成立，到1927年大革命失败之前，共产党作为无产阶级的代表，没有掌握政权，只是领导工人开展运动，没有系统的指导思想，缺乏革命斗争的经验，不够关注农民状况和农民运动，在"二七"惨案后，其领导的工人运动暂时转入低潮。这一时期是党的幼年时期，是党的凝聚力的初建时期。虽然历经挫折，但中国共产党逐步发展壮大，同时也提出了许多关于党的建设的宝贵思想，这些都为党在初期凝聚广大群众力量起到了推动作用。

1. 物质凝聚力初建

中国共产党在领导革命的过程中逐渐形成了"中国革命实质上是农民革命"的重要认识，探索土地政策，改善群众生活条件，一是共产党员开始逐步认识到农民运动的重要性，为土地革命时期"农村包围城市"的路线打下了基础。二是进行了土地政策改革的探索。党领导农民开展的减租减息斗争扩展到湘、鄂、赣等广大地区；在此基础上，过渡到夺取土地的阶段。这为党在抗战时期制定减租减息政策提供了宝贵经验，也为制定新民主主义革命时期的土地政策打下了良好基础。

2. 文化凝聚力初建

中国共产党大力宣传马克思主义，中国共产党从成立到登上政治舞台做了大量的理论宣传工作。为提高党员素质，让马克思主义更加深入人心，中国共产党一方面开办学校，培养优秀的共产党人；另一方面加强宣传出版工作，创办了很有影响力的报刊。这些宣传工作，使中国共产党迅速建立起文化凝聚力。

3. 精神凝聚力初建

中国共产党逐步发展并壮大起来的过程中，形成了"红船精神"，把马克思主义确定为党的指导思想，确立了共产主义崇高理想。"精神＋思想＋目标信念"共同推动了共产党初期的精神凝聚力的建立。

4. 政治凝聚力初建

中国共产党作为一个新生的政党登上历史舞台，随着中国共产党领导的工人运动的蓬勃发展，中国共产党在人民群众中的政治认同度越来越高，党的政治凝聚力初步建立。1921年，中国共产党第一次全国代表大会宣告中国共产党正式成立，这标志着中国共产党作为政治凝聚力的核心的产生。1922年，党的二大第一次明确提出了反帝反封建的民主革命纲领，把无产阶级凝聚在中国共产党的身边。到1927年4月党的五大召开时，党员已经发展到近六万人。

（二）土地革命时期：党的凝聚力的曲折发展时期

从1927年大革命失败至1937年抗日战争全面爆发前，这一时期被称为"土地革命战争时期"。这一时期，是中国共产党领导中国人民深入开展土地革命，反对国民党恐怖统治的内战时期。在这一时期，国民党用法律、军事等一切手段残酷地镇压革命活动，消灭共产党和革命群众，党组织遭到破坏，党的活动被迫转入地下。全国的革命形势转入低潮，党的凝聚力在这一时期也经历了曲折的发展与调整。随着共产党人对形势的清晰判断，对政策的正确调整，党的凝聚力又逐步开始增强。

1. 物质凝聚力曲折发展

大革命失败后，中国共产党紧紧团结农民阶级，是中国革命得以坚持和发展的主要原因。根据地的经济得到了一定的恢复和发展，为土地革命的开展奠定了良好的群众基础和必要的物质条件，增强了党的物质凝聚力。

2. 文化凝聚力发展与增强

在极为艰苦的物质条件下，根据地军民在进行经济建设的同时，进行了文化教育建设，克服种种困难，取得了许多成绩。一是加强干部的教育培训。二是提高工农的文化水平。据统计，到1934年3月，中央根据地有列宁小学3199所，学生约

10 万人；补习学校 4562 个，学生约 8.8 万人；识字组 2.3 万多个，参加者仅在江西就有约 12 万人；俱乐部 1900 多个，固定会员就有 9.3 万多人。三是新闻出版事业逐步建立和发展了起来。至 1934 年 1 月，中央根据地共有报刊 34 种。

3. 政治凝聚力曲折发展

在这一时期，由于"左"倾主义错误，为党的发展带来了消极影响，弱化了党的政治凝聚力。但是，这一时期，党的发展也是有许多亮点的，首先是"三湾改编"、古田会议确定了党对军队的领导；其次是毛泽东同志关于农村包围城市、武装夺取政权思想的提出；再次，中华苏维埃共和国临时中央政府的成立；最后，遵义会议确立以毛泽东为代表的新的党中央的领导地位；等等。能够及时纠正错误，发展完善党的组织结构和力量，成为党的政治凝聚力发展的转折点。因此，在这一时期，政治凝聚力呈现出曲折上升的特点。

4. 精神凝聚力进一步增强

在土地革命时期，中国共产党形式的"井冈山精神"和长征精神，不断传承，构成了当代中国国家精神的重要组成部分。

（三）抗日战争时期：党的凝聚力的快速发展期

抗日战争时期，中国共产党积极动员全国各族人民全力抗日。中华各民族之间的凝聚力空前增强，并迅速转化为反抗日本侵略者的巨大战斗力，中国人民最终取得了抗战的伟大胜利。抗日战争的胜利是中华民族向复兴的伟大转折点，中国共产党作为抗日民族统一战线建立的发起者，抗日斗争的主要领导者与参与者，与广大人民群众建立了不可分割的血肉联系，逐渐成长为抗战中的中流砥柱，党的凝聚力在这一时期得到快速增长。

1. 物质凝聚力快速发展

一是大力发展农业。抗日战争时期，为了克服根据地财政经济困难，中国共产党采取了减租减息政策和鼓励农业生产的政策。二是发展私营工商业。抗日战争期间，中国共产党领导的各抗日根据地多处于穷乡僻壤、生产落后的地方。大力发展私营工商业一方面可以发展根据地的经济，保证和维护战争的需要，另一方面可吸引广大的私营工商业者，巩固和扩大抗日民族统一战线。

2. 精神凝聚力快速发展

抗日战争时期是国家精神凝聚力快速发展至稳定的时期。党的第七次全国代表大会确立了毛泽东思想为全党的指导思想，这一时期精神凝聚力的快速发展由以下几个方面推动。一是为国家和民族不惜牺牲的精神，在抗日战争中得到充分体现。

二是抗日战争时期形成的艰苦奋斗的"延安精神"是抗日战争时期中国共产党革命精神的具体体现，是全国人民坚定信念的强大精神动力。

3. 政治凝聚力快速发展

党的七大的召开，确定了毛泽东思想为党的指导思想，形成了以毛泽东为核心的中央领导集体，实现了全党在思想上、政治上、组织上的空前团结和统一，形成了强大的政治凝聚力。为中国共产党领导全国人民取得抗日战争的胜利和新民主主义革命的胜利，奠定了政治上、思想上、组织上的基础。

4. 文化凝聚力快速发展

文学作品具有感染人心的作用。中国共产党加强革命根据地的文化教育和报纸、的宣传，发展文学创作。调动起广大群众的抗日积极性。

（四）解放战争时期：党的凝聚力的成熟高涨期

从国共内战全面爆发到中华人民共和国成立，时隔仅三年零三个月。全国人民在中国共产党的领导下，革命热情高涨，最终取得了解放战争的胜利。

1. 物质凝聚力全面提升

争取最广大农民群众的支持，凝聚最广大农民群众的力量，是中国共产党改变解放初期敌我力量悬殊，赢得战争胜利的关键。在农业方面，各解放区通过兴修农田水利、组织变工互助等多种方式，恢复和发展农业生产，为解放军防御作战提供了物质基础。发展农业最关键的是解决土地难题，最重要的政策是土地改革政策。解放战争时期，随着人民战争的胜利发展，中国共产党在更广泛的地区范围内开展了更大规模的、更深入的土地改革。

2. 精神凝聚力全面提升

解放战争时期形成的"西柏坡精神"推进了精神凝聚力的全面提升。西柏坡是中国革命史上我党最后一个农村指挥所。较之井冈山时期和延安时期，西柏坡时期中国共产党的军事力量、经济力量及政治影响力均已发生重大变化。以毛泽东为代表的中国共产党人在西柏坡提出了"两个务必""两个敢于""两个善于"的重要论断，这些重要论断形成了"西柏坡精神"，其中"两个务必"成为"西柏坡精神"的核心。"西柏坡精神"和"井冈山精神"、长征精神、延安精神一样，是中国共产党精神凝聚力的集中体现。

3. 政治凝聚力全面提升

1948年以后，中共中央连续发出指示，要求在全党各级组织中建立请示报告制度。这一制度保证了党的路线、方针、政策的贯彻执行，强化了党的集中统一领导，为党夺取和掌握全国政权作了重要的政治、思想和组织准备。

4. 文化凝聚力全面提升

这一时期，强调传统文化的保护和继承，为中华人民共和国成立后国家文化凝聚力的强大奠定了载体；研究制定发展正规教育，发展社会教育、恢复和发展中小型教育和高等教育，实现文化教育的正规化和全民化，促进了解放区中学、小学、大学教育的发展，为我国学校教育的继续发展和改革奠定了基础。

5. 党的安全凝聚力的建设和新中国国家安全凝聚力的起步

一是我们党建立起了强大的人民军队，为我国国家安全凝聚力奠定了基础。二是抗日战争和解放战争胜利后，建立的新民主主义的国家极大地增强了中国人民的安全凝聚力。

三、结论

党的凝聚力的发展轨迹与中国共产党满足人民群众物质、精神、文化、政治、安全等方面需求的能力具有正相关性。党满足人民群众需求的能力越强，党的凝聚力也越强，党的凝聚力的发展并不是一成不变、一帆风顺的，必须时刻围绕"满足人民群众不断变化的需求"这一中心，想人民之所想、解人民之所急，才能保证党的凝聚力不断增强，保证党的凝聚力在新时代国家凝聚力建设中发挥中流砥柱的核心作用。

以加强党的凝聚力为重点，
增强当代中国国家政治凝聚力

刘玉成

政治凝聚力是国家凝聚力的重要组成部分，影响着国家凝聚力的强弱。中国共产党是建设中国特色社会主义事业的核心领导力量，也是当代中国政治凝聚力的核心凝聚力量，在国家政治凝聚力中居于核心的、统领的、决定性的地位。中国的问题关键在党，中国的政治凝聚力关键也在党。党的凝聚力强，国家的政治凝聚力就强；党的凝聚力弱，国家的政治凝聚力就弱。以加强党的凝聚力为重点增强当代中国国家政治凝聚力，是当代中国政治凝聚力研究的根本点，也是事关当代中国国家凝聚力的根本点。

一、当代中国政治凝聚力的概念和构成

（一）当代中国政治凝聚力的概念与特点

政治凝聚力是民众基于对国家政治认同而形成的强力深厚的动态聚合力。亚里士多德指出："一种政体如果要达到长治久安的目的，必须使全邦各部分的人们都能参加而且怀抱着让它存在和延续的意愿。"这种意愿就是政治凝聚力。一种政治制度能够得以延续发展，取决于人们对它的认可接受的程度，取决于在政治制度认同基础上形成的政治凝聚力。

当代中国政治凝聚力是在民众对当代中国政治发展道路、政治制度、政治理念和执政党等方面认同的基础上产生的动态聚合力，具有四个显著特点：

第一，中国特色社会主义的道路、理论和制度是当代中国政治凝聚力的重要基础。

这是当代中国政治凝聚力最基本的特征。当代中国的政治是中国特色社会主义的政治。政治道路是中国特色社会主义道路，这条道路是实现国家现代化和创造人民幸福生活必须要走的路；政治理论是中国特色社会主义理论体系，这个理论体系是立于时代前沿、与时俱进地实现民族复兴的正确理论；政治制度是中国特色社会主义政治制度，是具有中国特色、制度优势和自我完善能力的先进制度。一个国家的政治理念、政治体系与运行机制适合这个国家的发展和人民的需要，就会成为凝聚民众的重要推手和不竭动力，反之则会起着消解凝聚力以致使其涣散的作用。当代中国的政治凝聚力就是建立在适合国情的中国特色社会主义政治基础上的凝聚力，是中国特色社会主义的政治凝聚力。

第二，中国共产党在当代中国政治凝聚力中发挥着最突出的作用。

以中国共产党为核心的政治凝聚力，是当代中国政治凝聚力的显著特征。中国特色社会主义最重要的特征就是党的领导，当代中国特色社会主义政治最根本的认同就是对坚持党的领导这个政治原则的认同。中国共产党在当代中国的地位来源于中国革命、建设和改革的成功实践，来源于历史的选择和人民的支持。正是由于来源于实践、来源于人民，也才使得中国共产党成为当代中国政治凝聚力的核心力量。

第三，社会主义核心价值观是当代中国政治凝聚力的灵魂。

对一个民族、一个国家来说，最持久、最深层的力量是全社会共同认可的核心价值观。社会主义核心价值体系和核心价值观，具有鲜明的中国特色、民族特性、时代特征和社会主义特质，政治价值的确立与认同是政治凝聚力形成的重要因素。民众对国家政治的认同或忠诚往往体现在对国家政治的核心价值观的认同或忠诚。

第四，人民性、历史性与价值性的统一是当代中国政治凝聚力的本质特征。

凝聚力是有方向的。这个方向就是要代表人民的根本利益，符合历史发展规律，体现人类的崇高价值。只有这样，当代中国政治凝聚力才能够形成、确立，才能日益强大，才是积极的、进步的，才是有利于人民、有利于国家、民族和世界的。社会主义以及它的最终目标共产主义以人的自由全面发展为目的，党的根本宗旨是全心全意为人民服务，这是当代中国政治凝聚力的人民性。社会主义代表的是人类历史发展的必然规律，中国共产党带领中华民族积极顺应历史规律，坚定地站在历史一边，这是当代中国政治凝聚力的历史性。同时，作为当代中国政治凝聚力之魂的社会主义核心价值观反映了千百年来人类的崇高价值追求，代表着先进的价值取向，这是当代中国政治凝聚力的价值性。当代中国政治凝聚力就在这三者的统一中，开辟出人类政治凝聚力的新境界。

（二）当代中国政治凝聚力的基本构成

政治凝聚力基于政治认同。什么是政治认同？《中国大百科全书·政治学卷》中将政治认同定义为："人们在社会政治生活中产生一种感情和意识上的归属感。"当代中国的政治凝聚力正是基于对当代中国政治的认同。这种认同包括对政治制度、执政党、国家领导人、政治民主和政治环境的认同。这些认同同时构成了当代中国政治凝聚力的基本要素。

政治制度认同。一个政治体系要获得强大的政治凝聚力，首先要使社会成员对现存政治制度产生高度认同。民众只有形成了对政治制度的认同，才会表现出对政治制度的拥护、对主流意识形态的信仰与认可，才会产生对国家政治的使命感、义务感和责任感，才会形成政治凝聚力。对中国特色社会主义的制度认同，应该包括两个层面。广义的层面是对政治发展道路的认同，也就是选择什么道路、选择什么样的社会制度。狭义的层面是对具体的治理制度的认同，也就是对国家的治理体系的认同。在中国，只有社会主义才能救中国，才能发展中国是广义层面的制度认同；人们基于国家应对各种危机比如自然灾害、国际金融危机中发挥出的力挽狂澜的作用，并在纵向横向对比中感受到制度的优越性，形成了狭义层面上的制度认同。

执政党认同。对执政党的认同，就是对中国共产党的认同，这种认同也是当代中国政治凝聚力的重要因素。正是因为民众对党的认同，紧紧地团结在党的周围，拥护党的领导，服从党的指挥，积极投身于党领导的事业中去，才会形成强大的政治凝聚力，促进国家经济社会的迅速发展。而国家的繁荣富强，民众生活水平的提高，又促使民众进一步提高对党的认同，形成更加强大的政治凝聚力，形成一个良性循环。需要指出的是，由于中国政党制度的特殊性，如果中国的执政党认同出现问题，必将导致国家认同、政治制度认同的全面危机。因此，如何加强执政党自身的建设，避免因政党认同危机而带来的一系列危机，是当代中国政治凝聚力的一个重要问题。

国家领导人认同。民众对国家领导人的认同程度与政治凝聚力高度关联，在某种程度上，反映了一个国家的政治状况，反映了政府是否具有凝聚力。国家领导人的个人魅力的背后是国家政治制度、理念、精神的体现。从民众的角度，大家期待和信任领导人是因为对其传达出的政治理念及其执政能力深信不疑。就社会文化心理而言，由于政党权威、政治制度和执政党意识形态的合理性会被人格化，民众对执政党政治权威的认同，相当程度地混合着对领袖魅力的高度认可、认同。虽然现代政治中个人魅力的重要性已经不同于传统政治了，但一个具有独特魅力的领导人还是更受人们的喜爱。中国共产党几代领导人通过几十年革命、建设、改革的实践历程，展现出超凡的人格魅力，确立起自己的政治权威，赢得了民众的广泛认同，这是形成当代中国政治凝聚力的重要原因。

民主程度认同。民主的实现程度影响着政治凝聚力的强弱。民主是实现人民做国家的主人、由人民真正行使权力，使政府、政策、法律表达、维护人民利益的重要制度和形式。人民群众是决定国家前途命运的根本力量。真正的民主必然得到人民的认可、认同，在人民群众参与度不断提升的政治制度下，政治凝聚力才能日益强盛。这是民主与政治凝聚力的基本逻辑。当代中国政治制度的本质原则就是实行社会主义民主，实现人民当家作主，真正代表人民利益、反映人民意志。因此当代中国的民主政治建设要以保证人民当家作主为根本，循着更加注重健全民主制度、丰富民主的形式，从各层次各领域扩大人民有序参与政治的路径，充分发挥我国社会主义政治制度优越性。

法治保障认同。法治是一种社会共识，是一种政治凝聚力。法国社会学家迪尔凯姆曾提出法律是促进社会团结、社会整合的有效机制。没有法治或法治不健全，人民的正当权利就没有保障，人们就很难有牢固的政治认同。凝聚力中有安全凝聚力，法治是民众安全的基本保障，也是构成凝聚力的基本点之一。当代中国的法治的合法原则、民主原则、平等原则、统一原则，以及这些原则体现出的社会主义法制精神，是对人民生命财产及各种正当权利的保护和社会秩序的维护，必然会受到人民拥护。历史表明，什么时候法制健全，什么时候政治凝聚力就强；什么时候法治不彰，什么时候政治凝聚力就弱。经过多年的努力，我国已经形成了以宪法为核心的中国特色社会主义法律体系，国家和社会生活各方面总体上实现了有法可依，为增强政治凝聚力奠定了坚实的法治基础。问题的关键是真正落实依法治国的根本原则，依法对待公民的诉求，依法维护人民群众合法权益，"努力让人民群众在每一个司法案件中都感受到公平正义"，通过成千上万的案件的公正裁判，涓涓细流，汇成江海，汇聚政治凝聚力。

二、党的凝聚力在当代中国的凝聚力中的地位和作用

（一）党的凝聚力在国家政治凝聚力中居于核心地位

党的凝聚力在国家政治凝聚力中始终居于核心地位，这是由中国特色社会主义的本质特征决定的，是由党在国家政治生活中的地位和作用决定的。当代中国的政

治就是中国特色社会主义的政治，当代中国的政治凝聚力就是中国特色社会主义的政治凝聚力。中国特色社会主义最本质的特征是党的领导，党的领导是中国特色社会主义的内在规定，没有党的领导就没有中国特色社会主义。中国共产党作为执政党，既掌握着国家政权、负责组织政府、推荐任命干部，又负责制定重大方针政策，组织制定实施法律法规，是名副其实的当代中国政治生活的核心，具有举足轻重的地位。党的凝聚力强，一方面意味着党自身建设搞得好，意味着党的领导正确，领导力强大；另一方面党的凝聚力会辐射、影响、促进国家政治凝聚力，起到牵一发而动全身、纲举目张的作用。

当代中国的政治凝聚力强源于中国共产党的凝聚力强。比如，中华人民共和国一成立就拥有的强大的国家政治凝聚力，原因就在于中国共产党除了领导人民继续完成新民主革命的任务外，还广泛开展轰轰烈烈的社会主义革命和建设，建立卓有成效的各项新制度，促进了生产和社会各方面的跨越式进步。党和国家领导人以身作则，吃苦在先、享受在后，与群众同甘苦共命运，深得群众的拥护和爱戴，靠领袖的人格魅力增强了凝聚力。在中国共产党党员中还涌现了许多焦裕禄这样的优秀党员干部，深受干部群众的崇敬和爱戴。这都是党的凝聚力强的重要原因。历史的经验和教训启示我们，作为当代中国政治凝聚力核心的中国共产党，如果理论、路线、方针、政策正确，就能引领中国顺利发展、快速发展、繁荣进步；如果出现了大的偏差，中国的发展就会出现曲折、徘徊，人民对党也会出现认同上的危机。

我国是一个拥有14多亿人口的大国，一个坚强有力的领导核心是稳定社会、凝聚人心的保障。在当代中国的政治体系中，中国共产党就起到了这种定海神针的作用。中国共产党的宗旨是全心全意为人民服务，执政的目的是为人民谋福利，摆脱了以往一切政治力量追求自身特殊利益的局限，能够以唯物辩证的科学精神、无私无畏的博大胸怀领导和推动中国革命、建设、改革，不断坚持真理、修正错误。由此赢得了人民的认同，获得了人民最广泛的支持与拥护，能将全国人民团结在一起，形成政治凝聚力。历史和实践都证明，历史和人民选择中国共产党领导民族复兴的事业是正确的，必须长期坚持和巩固党的领导地位和执政地位，任何时候都不能动摇这个核心。

就当代中国政治来说，作为执政党的中国共产党的认同是整个政治体系认同的基点和支撑，没有对中国共产党的认同，也就没有对政府的认同，整个政治体系的认同就会受到严重挑战。执政党认同的流失将会导致整个政治体系认同的丧失，并最终造成政策执行的受阻，造成政府、政治制度以及国家共同体危机的连锁反应，从而导致政治不稳定。党的凝聚力对中国社会的发展稳定起着举足轻重的作用，一定要认真对待。

(二) 党的凝聚力在国家政治凝聚力中的四大作用

引领作用。毛泽东同志曾经说过："要有一种为大家共同信守的'主义'""主义譬如一面旗子，旗子立起了，大家才有所指望，才知所趋赴"。中国共产党作为领导核心，一个主要作用就是为中国的发展举旗定向，在人民面前竖起一面旗帜，起到引领带动的作用。这种引领的目标也称为政党愿景。愿景是一种来自追求更远大的目标，激发个人内心有意义的价值，是一种召唤及驱使人向前的使命。政党愿景作为统筹国家发展和人民需要的形而上的理念，是政党治党理政的重要活动。通过塑造和传播它的政治愿景，政党将它的政治理念、政治价值追求、政治战略以及不同阶段的政治目标及任务传递给民众，在民众接受并内化于心的动态过程中，达到利益整合、获得民众政治认同的目的。引领的过程就是凝聚的过程。政党愿景犹如夜空中高悬的皎皎明月，吸引万千星辉遵循轨迹运行汇聚在自身周围。比如党的十八大以后，习近平总书记提出的"中国梦"，就是在以鼓舞人心的政治愿景引领人民团结一心走向未来。

促进作用。党的凝聚力，能够增进国家和社会的各种凝聚力。由于中国共产党是国家和社会的领导核心，覆盖国家和社会的各个领域和层级，因此党的凝聚力虽然从属于政治凝聚力，但其作用绝不仅限于政治凝聚力，物质、精神、文化、安全凝聚力都离不开党的凝聚力这个核心力量。党的凝聚力强就会对各种凝聚力产生积极促进的正能量，减少各种离散的负面因素。就整个国家和社会来讲，中国共产党通过自己的政治主张、自己的各级组织和自己的党员既团结带领人民，又发挥模范先锋作用，朝着既定的目标前进，促进国家的经济发展、文明进步、社会和谐、人民安居乐业，国家物质、精神、文化、安全凝聚力也必然得到加强。

聚合作用。凝聚必然要有中心，没有这个中心，或这个中心的吸引力不够，就无法凝聚。党的凝聚力强就会成为凝聚各方的磁石，促使社会各种力量积极地向党靠拢，心往一处想、劲往一处使。反之，就会出现各自为政、各行其是、一盘散沙的局面。党的凝聚力的聚合作用包括党中央和党的各级组织对广大共产党员的吸引力、广大共产党员相互间的吸引力、党的各级基层组织及其党员对广大人民群众、社会组织和其他团体的吸引力。党是一个严密的体系，也是一个精细的结构，党的各级组织和每个党员发挥好各自的作用，就能使这个体系和结构发挥出组织全社会的作用，动员起全社会方方面面的各种力量，就能使整体大于各部分之和，这就是凝聚的力量。

支撑作用。作为执政党，中国共产党的政治认同是整个政治体系认同的基础和支撑，其存在状况及有效性是决定中国政治稳定的关键所在。离开了这个基石的支撑，其他各种凝聚力就难以形成并发挥作用，整个社会就会失去关键支柱而自我瓦解。中国正处于现代化的转型期，很多事例表明，转型期的社会矛盾往往增多，社会风险加大，甚至可能陷入长期的动乱和陷阱。执政党作为社会最重要的组织，如果自身凝聚力强大，就会起到社会主心骨的作用，就会支撑起整个社会的格局，有效地应对和解决各种矛盾困难，使整个国家和社会同心同德向前迈进。

三、当下加强党的凝聚力的几个着力点

党的十八大以来以习近平同志为核心的党中央铁腕正风肃纪反腐，党风有了很大改观，但远还没有取得决定性的胜利，党的作风建设和反腐败斗争依然任重道远。永葆党的凝聚力、不断增强党的凝聚力，就必须面对这些新特点、新挑战，坚持全面从严治党不放松，切实使党成为凝聚全社会全民族的核心力量。

当下加强党的凝聚力建设应当重点抓好以下几个着力点。

（一）坚定全党理想信念

"打铁还要自身硬"硬就硬在理想信念的坚定上。理想信念动摇是最危险的动摇，理想信念滑坡是最危险的滑坡。一个政党的衰落，往往从理想信念的丧失或缺失开始。苏联为什么会解体？苏联共产党为什么会垮台？理想信念动摇是一个重要原因。习近平总书记说："中国共产党之所以叫共产党，就是因为从成立之日起就把共产主义确立为远大理想。党之所以能够经受一次次挫折而又一次次奋起，归根到底是因为有远大理想和崇高追求。"革命理想高于天。党是否坚强有力，是否有强大的凝聚力，一要看全党在理想信念上是否坚定不移，二要看每一位党员在理想信念上是否坚定不移。理想信念是共产党人精神上的"钙"，每个党员都需要补好"钙"，做共产主义远大理想和中国特色社会主义共同理想的信仰者、实践者。要把理想信念教育作为思想建设的战略任务，认识到位、落实到位。理论上清醒，政治上才能坚定。坚定的理想信念建立在对马克思主义的深刻理解之上，建立在对历史规律的深刻把握之上，所以学好马克思主义基本理论，特别是要学好党的十八大以来党中央治国理政的新理念新思想新战略，不断提高马克思主义思想觉悟和理论水平，对坚定理想信念至关重要。

（二）实现并践行全心全意为人民服务的宗旨

民心是最大的政治。一个政党、一个政权，其前途和命运最终取决于人心向背。如果党脱离群众，就会失去人民拥护和支持，也就会失去凝聚力。要想赢得群众的支持，就必须坚持好立党为公、执政为民的方针，切实践行好全心全意为人民服务的宗旨。为人民服务不能只是一句口号，一定要落在具体的行动中、化在具体的政策上。行动上、政策上的为人民服务才是真正的为人民服务，才是全心全意的为人民服务，否则只能说是半心半意或虚情假意。立党为公、执政为民就要在思想上尊重群众，感情上贴近群众，工作上为了群众，努力实现好、维护好、发展好最广大人民的根本利益。要把人民拥护不拥护、赞成不赞成、高兴不高兴、答应不答应作为衡量一切工作得失的根本标准。把全心全意为人民服务体现在发展中就是要坚持发展以人民为中心的思想，做到发展为了人民、发展依靠人民、发展成果由人民共享，保证人民平等参与、平等发展的权利，使改革发展成果更多、更公平地惠及全体人民，使人民群众在共建共享发展中有更多获得感。

（三）要把优秀的愿意为党的事业奋斗终身的社会各种优秀人士吸收到党组织中

在延安的时候，毛泽东同志曾经向党内一位高级干部谈过什么是政治，他说所谓"政治"，就是把拥护我们的人搞得多多的，把反对我们的人搞得少少的。中国共产党既是无产阶级的先锋队，也是中华民族的先锋队，必然要包括无产阶级以外的承认党的纲领和章程、自觉为党的路线和纲领而奋斗、经过长期考验、符合党员条件的社会其他方面的优秀分子。这样做既有利于调动社会各方面人士的积极性和创造性，又有利于把他们紧紧地团结在党的周围，扩大党的社会基础，巩固党的执政地位。没有阶级基础，无以立党；没有社会基础，无法广泛凝聚力量。"功以才成、业由才广。"党和人民的事业要不断发展，就要把各方面人才更好地使用起来，聚天下英才而用之。以识才的慧眼、爱才的诚意、用才的胆识、容才的雅量、聚才的良方，广开进贤之路，把党内和党外、国内和国外等各方面优秀人才吸引过来、凝聚起来，共同为祖国的繁荣发展服务。

（四）发挥党组织和共产党员的领导核心作用与先锋模范作用

中国共产党是当代中国的领导核心，党的各级组织是发挥领导核心作用的中坚力量。党的各级组织都应当努力提高执政能力和水平，总揽全局、协调各方，调动各方面的积极性，增强全社会的创造活力，真正发挥好领导核心作用。党的领导主要是政治、思想和组织的领导。政治领导，就是确定政治目标、政治任务、政治方向，制定路线方针政策。思想领导，就是用党所确立的理论、路线、方针政策武装全党、教育人民，把党的主张变成全党全国人民的行动。组织领导，就是实施党管干部原则，抓好基层、打牢基础，让每个基层党组织都成为战斗堡垒。党员是党组织的细胞。党员充分发挥先锋模范作用，党的肌体才能健康，党的创造力、战斗力、领导力才能增强，才能体现出党的先进性、增强党的凝聚力。党员要牢固树立党员意识和执政为民的意识，树立共产党员的良好形象，在奉献中实现人生价值，用人格力量感染他人，用先进的事迹辐射社会。

（五）全面从严治党，永葆党的青春活力

全面从严治党是增强党的凝聚力的根本途径。习近平总书记说："全面从严治党，核心是加强党的领导，基础在全面，关键在严，要害在治。"从严治党离不开党的领导，目的也是更好地加强党的领导。必须要标本兼治、内外兼修，思想建党和组织建党紧密结合、同向同时发力，消除管党治党方面失之于宽、失之于松、失之于软的现象，严肃态度、严明法纪、严格要求、绝不手软，通过激浊扬清、刮骨疗毒、倡优汰劣，实现自我净化、自我完善、自我革新、自我提高。党要管党，首先要从党内政治生活管起；从严治党，首先要从党内政治生活严起。严肃党内政治生活是全面从严治党的基础。要严肃党的政治纪律和政治规矩，增强党内政治生活的政治性、时代性、原则性、战斗性，维护中央权威，同党中央保持一致，大力增进党的团结统一，全面净化党内政治生态。党要管党，首先是管好干部；从严治党，关键是从严治吏。从严就是要从严教育、从严管理、从严监督，选出信念坚定、为民服务、勤政务实、敢于担当、清正廉洁的好干部。作风建设是全面从严治党的切入口，作风建设永远在路上。消极腐败现象是党和国家向心力、凝聚力的大敌，必须坚持不懈打赢反腐败斗争的攻坚战、持久战。

（六）全面提升现代化条件下的治国理政能力

中国共产党已经从革命党转变为执政党，为人民执好政既要有心，还要有力，这个力就是治国理政的能力。党的十六届四中全会提出加强党的执政能力建设，党的十八届三中全会把完善和发展中国特色社会主义制度、推进国家治理体系和治理能力现代化作为全面深化改革的总目标，核心就是提高党治国理政的能力。提高执政能力就要提高科学执政、民主执政、依法执政的能力，注意用专业思维、专业素养、专业方法解决改革发展中的各种问题，成为推动发展的行家里手，以发展的成

绩满足民众的需求，塑造自身政治的认同。党只有不断适应国家现代化总进程，提高运用中国特色社会主义制度有效治理国家的能力，才能使党永远走在时代的最前沿，为改革开放和社会主义现代化建设提供坚强的政治保证，为当代中国的政治凝聚力提供根本保障。

四

国家凝聚力总体研究

当代中国国家凝聚力构成要素之关系辨析

甄翠敏

根据恩格斯关于社会发展合力的观点，推动社会发展的主要因素有物质因素和精神因素。具体而言，包括经济因素、政治因素和文化因素等，这些因素交互作用，形成推动社会发展的整体合力。国家凝聚力是构成国家社会职责的多种要素共同发挥正向作用的结果，因而，国家凝聚力必然是推动社会发展的总合力，这种合力外显为构成要素的整体性。

当代中国国家凝聚力所包含的五大要素体系，即国家物质凝聚力、国家精神凝聚力、国家政治凝聚力、国家文化凝聚力和国家安全凝聚力，这五种凝聚力中每一种都有其自身独特的构成内容，形成相对独立的凝聚力体系，并在不同领域发挥着各具特色的功能。但这五种构成要素之间又是相互作用、相互支撑、相互联结、相互制衡的。而国家凝聚力强大作用的发挥，终将有赖于实现五种力量均衡发展而形成的合力，这种合力能更好地推动国家经济社会全面、健康、持续发展，这也正是我们研究当代中国国家凝聚力，推动凝聚力建设的目标所在。

一、要素体系的相对独立性

当代中国国家凝聚力所包含的五大要素，各自包含着丰富的子要素，这些子要素之间相互联系相互支撑，形成相对独立的子系统。

构成当代中国国家物质凝聚力的要素包括国家财富、全民健康水平、国民社会保障程度、国民收入分配公平度和可持续发展能力五项要素指标，如图1所示。这五项指标又可细分为两大类，一类是测度国家物质财富积累程度的相关指标，如国家财富，国家财富的多少，它们决定了国民的富裕程度。近年来，我国成为世界第二大经济体，提升了世界话语权，也对人民形了成强大向心力。另一类是国民财富分配及使用情况的指标，如全民健康水平、国民社会保障程度、国民收入分配公平度和可持续发展能力。全民健康水平主要以国民人均寿命度量，健康长寿有基社会保障制度的安排和良好的物质保障，良好的物质保障有赖于国民收入总量的多少及分配公平，而国民财富的创造与积累又与国家教育投入和科技创新能力密切相关，从而形成"财富积累—分配公平"的双向互动的良性循环，良性循环的结果就是国泰民安、健康长寿，这样国家对人民的吸引力一定是强大的，这种强大的吸引力正是国家物质凝聚力的动力来源。

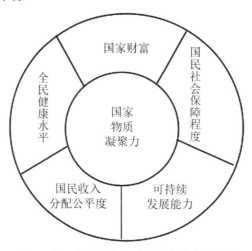

图1　当代中国国家物质凝聚力构成体系图

构成当代中国国家精神凝聚力的要素包括国家信仰、国家理想、国家精神、道德，如图2所示。俗话说：人以群分、物以类聚。共同的信仰、共同的理想、共同的精神、共同道德标准，都会成为号召人们凝聚在一起的动因或源泉。国家信仰以人民共同价值取向和行为道德标准为基础，是国家理想和国民共同奋斗目标形成的前提，如当代中国信仰的马克思主义唯物观，在共同信仰的指导下，人民形成了共产主义和社会主义的理想目标，并成为几代人为之奋斗的重要动力来源。国家精神是贯穿于国家成员之间的相互认同的巨大精神力量。当代中国人民为了自由民主，与压迫者、各种灾害进行了艰苦卓绝的斗争，在这个过程中不断凝练形成国民的爱国主义精神、艰苦奋斗精神、自力更生精神等，这都成了我们宝贵的精神财富，成了当代中国国家精神凝聚力的内在驱动力，引导着人民为国家经济社会建设而努力奋斗。

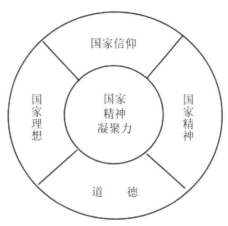

图2　当代中国国家精神凝聚力构成体系图

　　构成当代中国国家政治凝聚力的要素包括国家制度认同、国家领导人认同、民主与法治建设、反腐成效，如图3所示。国家制度认同，是公民对现有国家政治制度表现出的情感和意识上的归属感，是对政府执政能力的认可。国家领导人认同是公民从意识和情感上对国家领导人的赞许、认可及尊崇。这种认同与中国共产党执政能力密切相关，而执政能力又有赖于民主法治建设的合法性与广泛性，有赖于高效廉洁、拒绝贪污腐败的政府。所以，有了对国家制度和国家领导人的认同，公民才会自觉自愿地跟随与追随，国家才会产生强大吸引力，进而凝聚成强大的政治凝聚力。

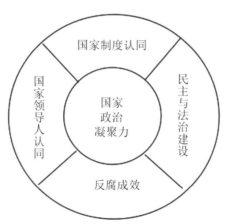

图3　当代中国国家政治凝聚力构成体系图

　　构成当代中国国家文化凝聚力的要素包括传统文化、时代文化、文化传播与文化载体，如图4所示。几千年的中国传统文化，几乎影响着整个人类的文明。我们独有的语言文字，扎根于每一个中华传人心中的儒、道、法、兵家等，都对我们的文化观念、文化传统打下了深深烙印。我们要不断继承和发扬传统文化精髓，紧紧抓住时代文化核心价值，加快传统与现代文化的有效融合，打造并借助各种传播媒体，真正发挥时代文化的统摄力、吸引力和感召力，借助文化凝聚力的提升，推进中华传统文化的新复兴。

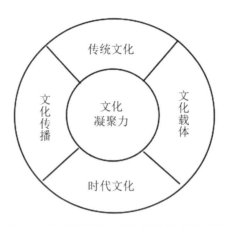

图4 当代中国国家文化凝聚力构成体系图

构成当代中国国家安全凝聚力的要素包括军事实力、国家战略能力、外交实力、反干涉力，如图5所示。国土安全是本国人民安居乐业的首要条件，国土安全包括领土领空领海的安全与完整。和平年代，国土安全的保障，有赖于正规化现代化信息化的军队和先进精良的武器装备，有赖于高瞻远瞩的国家军事战略能力，有赖于有效处理国际关系的高超的外交手段，只有这些条件具备，并共同作用形成强大的国家安全凝聚力，才能更好地形成威慑力、反干涉力，有效抵御外来侵略，保证国土安全的同时，让人民感觉到赖以生存和生活的环境是安全的，才能不断增强对人民的吸引力和人民对国家产生的向心力。

图5 当代中国国家安全凝聚力构成体系图

二、形成与功能相对独立

国家凝聚力的形成是一个复杂过程，是整个社会系统运行的结果。根据国家凝聚力形成源泉与动力理论，我们知道，国家凝聚力的源泉来自人民群众的多重需要，而对人民多重需要的满足则是国家凝聚力发展的动力。根据马斯洛需要层次理论，人们的需要总是在不断动态发展变化，当低级需要得到满足后，就会产生新的更高一级的需要。根据这两种理论，国家凝聚力的形成与发展从来都不缺少动力，因为相对于稀缺而有限的资源而言，人的需要是永无止境的。当然，我们还可以看到，不同的人会有不同的需要，即便是同一个人在不同时期的需要也不尽相同，这就是需要表现出来的典型的多元化特征。这种需要的多元化特征，决定了国家在满足人们的需要时，不可能只依靠某种单一手段或者方式，而必须采取多样化手段与方式来满足人民多样化需要，这进一步决定了国家凝聚力建设势必是一个具有内在强化的多元循环累积过程，这也就是国家凝聚力构成上所表述的包括物质凝聚力、精神凝聚力、政治凝聚力、文化凝聚力、安全凝聚力的多元构成属性。由于每一种需要有着自身的特点，满足方法和手段各有千秋，因此，五种凝聚力在形成过程中也是各有侧重，呈现出相对独立性的特征。

物质凝聚力是为了满足人民的物质需要而形成的。依据郝茨伯格的双因素激励理论，物质需要属于保健因素，也是人们衣、食、住、行的基本保障因素。自新中国成立以来，党和政府就为国家财富积累、富国强民目标的实现作了大量工作，从解放初期的"一五"规划、土地改革政策、工农业发展政策，到改革开放的经济工作重心的确立，再到十八大新党章确立经济社会发展目标：巩固和发展已经初步达到的小康水平，到建党一百周年时，建成惠及十几亿人口的更高水平的小康社会，人均国内生产总值达到中等发达国家水平，基本实现现代化。这一系列的经济建设目标和政策，从根本上反映了全体中国人民的心声和愿望，是当代中国国家物质凝聚力建设不竭的源泉和动力。

精神凝聚力是为了满足人民的精神需要而形成的。依据郝茨伯格的双因素激励理论，精神需要属于激励因素。人类之所以区别于其他种类生物，最大的不同之一就是人类有自己的信仰、理想、责任和道德等精神追求。从封建社会到新民主主义时期的资本主义思想萌芽，再到当代社会主义制度确立，先辈的信仰也经历了"学习—探索—创新"的过程，历经几代人的艰苦磨砺最终形成了马克思主义与毛泽东思想为指导的中国特色社会主义理论体系，并成为当代中国人的理论信仰，它指导我们取得了举世公认的巨大成就。随着中国特色社会主义的不断发展，我们的制度必然越来越成熟，我们的民众必然越来越充满着道路自信、制度自信。正是在这样的信仰探索中，形成了我们的政治信仰、理想目标、道德责任，这些共同的信仰、目标责任和道德准则，把我们紧紧团结在一起，成为当代中国人民精神需要满足的重要内容，对人民形成吸引力、感召力、向心力，不断形成并强化了当代中国国家精神凝聚力。

政治凝聚力是为了满足人民的政治诉求与需要而形成的。国家政治的核心是国家政权，国家政权的核心是执政党，而执政党对民众的感召力，与高效、廉洁、全心全意为人民服务的政府密切相关。在当代中国，中国共产党是执政党，是全中国人民的领导核心。在中国共产党的领导下，我们坚持中国特色社会主义道路不动摇，建立起了人民代表大会制度，形成了以中国共产党领导的各民主党派共同参与的政治协商制度，民众及各党派人士参与国家政治的热情更加高涨。尤其是新中国成立以来，形成了毛泽东思想、邓小平理论，到江泽民"三个代表"重要思想、科学发展观，再到习近平新时代中国特色社会主义思想，结合了中国不同时期的发展实践，不仅为新中国不同时期的发展明确了方向，还使民众团结一心，探索开创具有中国特色的社会主义道路，更好地促进中华民族的伟大复兴。特别是党的十八大以来，以习近平同志为核心的领导集体，大刀阔斧，不断加大反腐力度，"老虎""苍蝇"一起打，坚决肃清党员干部队伍中的蛀虫和腐败分子，反腐成效显著。这些举措适应时代要求，切合民众意愿，让广大人民群众看到了希望，不仅增强了民众反对腐败的信心和决心，更重要的是提升了中国共产党领导的政府在民众心目中的威望，形成了对民众极强的吸引力和感召力，国家政治凝聚力作用得以巩固并强化。

国家文化凝聚力是为了满足人民的文化生活需要而形成的。当代中国文化的渊源是中国几千年流传下来的传统文化。中华传统文化博大精深，是在满足民众文化需要过程中，经过历史的沉淀凝练而成的思想精髓。传统文化流传至今，与当代文化相融合，结合时代精神，赋予其崭新的含义，更好地满足了当代人们物质文化新需要。如儒家文化思想精髓："为政以德，为生务知，亲亲相爱，人人笃学，修齐治平，天下为公"，很好地阐释了为政、为生、修齐治平的深刻道理。在反映中国人口第二次大迁徙的电视剧作品《走西口》中，对儒家文化的"仁、义、礼、智、信"赋予了新的内涵。如田家祖训："大忠大爱是为仁，大孝大勇是为义，修齐治平是为礼，大恩大恕是为智，公平合理是为信。"当时的革命者笃信："世界大同为仁，祖国山河为义，家国天下为礼，刚柔相济为智，一诺千金为信。"在经营领域如百年老字号的同仁堂的企业文化："同修仁德，济世养生。"由此可见，在"齐家—治国—平天下"的每一个环节每一个领域，都继承了中华传统文化的精髓，是中华传统文化精髓在当代实践中的成功运用。当然，在经济全球化的今天，一味迷信传统文化或者极端崇洋媚外的行径都是不可取的，这样的文化也不可能满足当代人民对文化的真正需要，我们应该加强中西文化交流、融合发展，在继承的基础上不断创新文化，这样才能形成具有中国特色的文化体系，形成强大的当代中国国家文化凝聚力。

文化在满足广大人民群众的需求过程中，要依托多样化的传播载体，如语言文字、优秀的文学艺术作品、影视剧等。丰富多样的优秀文化，不仅能带给我们视听享受，更能陶冶我们的情操，修正我们的道德标准，甚或直接影响着一代人的价值观念。以动漫影视作品为例，其观看主体以幼儿及青少年为主，虽然也有针对成年人的相关作品，但因为大部分成年人已经形成正确的是非观念，对影视作品中的文化观念可以形成正确的鉴别能力；而青少年及儿童，人生价值观正在培养及形成过程中，他们用自己独有的视角来看待和接触这个世界，进一步学习并模仿，这直接影响着他们对未来工作态度与生活方式的不同选择。因此，在文化输入尤其是针对青少年的相关文化作品，更要严格把关，以降低甚或杜绝不良作品对青少年的负面影响。另外，文化还可以产业化，如美国动漫兴起于 20 世纪初的经济大萧条，经过百年发展已经实现产业化，不只可以售卖动漫播映权，更重要的是以动漫卡通形象为雏形，衍生出一系列新产品，形成产业链，真正实现了产业化，进而成为国家财富积累的重要途径及手段，这也是我们发展中国家在崛起过程中应加以重视的。

国家安全凝聚力是为了满足人民的安全需要而形成的。没有完整的国土、没有独立的政权，人民的安全需要是难以满足的。毛泽东同志在总结大革命失败的经验教训的基础上，针对陈独秀等的右倾倾向，明确指出党中央当时所犯错误之一就是没有认识军队的重要性，由此提出"枪杆子里面出政权"这一著名论断，给中国革命指明了正确方向。英勇的人民解放军，以革命的武装反对反革命的武装，最终夺取全国政权。从建国初期抗美援朝的"步枪、土炮"，到 20 世纪 70 年代对越自卫反击战的海陆空队伍，再到今天现代化、正规化、信息化的人民解放军队伍，他们或以"英勇战斗、不怕牺牲"的革命精神，或以正规化、现代化的崭新形象，向世界人民展示了中国的大国风范和实力。尤其是 2015 年 9 月 3 日"纪念中国人民抗日战争暨世界反法西斯战争胜利 70 周年"的大阅兵，更加彰显了我国坚定不移走和平发展道路，坚定不移维护世界和平，捍卫国家主权、安全和发展利益的坚定立场，展示了我军贯彻强军目标、推进现代化建设的新成就和威武之师、文明之师的良好形象，动员和激励了全党全军全国各族人民，更加奋发有为地为实现中华民族伟大复兴而努力奋斗。这种感召力，也正是当代中国安全凝聚力形成所需要的不竭动力。另外，2010 年以来，中国周边"偶发"事件不断，看似简单的冲突，背后隐藏的或许是某些世界霸权主义国家的野心。2015 年 3 月 28 日，国家发展改革委、外交部、商务部联合发布了《推动共建丝绸之路经济带和 21 世纪海上丝绸之路的愿景与行动》，即"一带一路"倡议，这既是加强区域合作、加大多边贸易的平台，也是对美国东移战略的一次背向对冲，巧妙化解周边危机与压力，这也正体现出我们大国的治国智慧。

三、作用方向的一致性

国家凝聚力是由物质、精神、政治、文化、安全五种要素融合而成，各要素相互支撑，互为补充，共同推动国家凝聚力的整体发展。如强大的物质凝聚力为人们文化生活需要和强大国防力量提供物质基础，同时国民财富增加，人民安居乐业，进一步增强了民众对政府的信任，因此，物质凝聚力是文化凝聚力、安全凝聚力、精神凝聚力、政治凝聚力的基础保障。同样，以高度的政治自信和美好的理想奋斗目标形成的政治凝聚力和精神凝聚力，强大军事实力、国际威慑力形成的安全凝聚力，文化传播、文化产业化形成的文化凝聚力，与国家物质凝聚力相结合，共同作用于国家这个主体，构建起强大的国家凝聚力。

从当代中国国家凝聚力周期演进轨迹及阶段性构成模型，可以看出，五大构成要素在不同发展阶段所发挥的作用不尽相同，但国家整体凝聚力强大作用的发挥依然有赖于各种要素之间的均衡发展。

在形成期，经历战争的洗礼，经济百废待兴，物资极度匮乏，人们的衣食住行难以为继，尽管物质需求是强大的，但当时国家满足人们物质需要的能力还相对较弱，此时，物质凝聚力对广大民众的吸引力并不明显。但也正是较弱的满足能力，激发了国家加大经济建设的决心，成为后续强大物质凝聚力建设的内在驱动力。当人们为解决温饱问题而苦恼时，对文化方面的需求也相对较少，此阶段文化凝聚力建设的潜力还没有被激发出来。与此形成鲜明对比，中国共产党领导的革命武装力量，成功推翻封建主义、帝国主义压迫，取得了民主政权独立，建立了人民当家作主的社会主义国家。长期在"三座大山"压迫下的劳苦大众，真正成为国家、成为自己的主人，精神上的解放远比受压迫下的吃饱穿暖更让人受用。人民精神饱满、情绪高涨、干劲冲天，精神凝聚力在推进社会主义建设中发挥着重要作用，并成为推动社会主义国家建设的主导力量。

在曲折发展阶段，社会主义改造基本完成，文化生活逐渐丰富，物质上的需求增加，但由于冒进思想影响，国家财富积累总量还不能完全满足六亿人口的全部物质需要，在这一时期，精神凝聚力依然起着主导作用。我们在自力更生革命精神鼓舞下，克服各种困难，捍卫了国家安全，政权更加稳固。

在失衡阶段，文化、政治、精神依然占据历史革命的大舞台，表现出很强的影响力，但令人遗憾的是，这些要素由于违背了广大人民的真正需求，其作用方向与国家发展目标方向相反，导致国家凝聚力整体弱化。到了改革开放阶段，提出了"解放思想、实事求是"，在探索建设有中国特色社会主义道路进程中，开启全方位推进全要素发展模式。

在调整阶段，进一步加大经济体制改革，推进社会主义民主政治体制改革，军事上采取精兵简政方针，并积极推进睦邻友好和平外交政策，巧妙化解国际反动势力和西方自由化思潮的侵蚀，逐步强大的国家物质、政治、安全凝聚力，极大带动了文化和精神凝聚力的建设。

在全面发展阶段，经济逐步崛起，并成为世界第二大经济体，国富民强，人民安居乐业，同时，积极推进党风廉政建设，对党内外贪腐形成极大威慑力，反腐成效显著。人民对国家捍卫领土安全的能力与信心大大增强，与此同时，国家教育改革、文化的新复兴紧锣密鼓地进行，多元化多样化思想与信仰并存，使当代中国国家凝聚力进入一个全新发展阶段。

通过上述分析，在国家凝聚力形成发展的各个阶段，有的要素凝聚力较弱，虽然会在一定程度上影响到其他方面要素功能的发挥，但并没有导致整个国家凝聚力的整体弱化，这不仅表明国家凝聚力五大要素之间的相互联系、相互支撑的关联性，同时也体现了五大要素之间的优劣互补、协调发展的互补性以及你中有我、我中有你的包容性。

现如今，随着国家全面发展战略目标确立，国家凝聚力五大要素发展呈现出明显的均衡态势，要素之间构建了相互带动、相互促进的良性互动关系。而这种关系所依附的载体，便是现阶段我国国家战略，如创新驱动发展战略、"一带一路"倡议、"四个全面"战略布局等。创新驱动发展，包含科技创新、政府体制机制创新，其中科技创新的结果又会带动文化创新、国防科技创新、产业创新等，所以创新驱动发展的真正落地实施，会推动国家凝聚力全要素的创新，这将极大推动当代中国国家凝聚力的整体发展。同样地，全面建成小康社会、全面深化改革、全面依法治国、全面从严治党的"四个全面"战略布局的提出，更完整地展现出新一届中央领导集体治国理政总体框架，使当前和今后一个时期，党和国家各项工作关键环节、重点领域、主攻方向更加清晰，内在逻辑更加严密，这对推动改革开放和社会主义现代化建设迈上新台阶提供了强力保障。"四个全面"的战略内涵，包含了当代中国国家凝聚力的各个要素，不仅验证了国家凝聚力要素构成体系的科学性和完整性，同时表明国家发展需要全要素共同发挥作用，也预示着国家凝聚力全要素构成的整体性和不可分割性。

另外，在梳理各要素构成体系过程中发现，有些要素是很难明确界定其所归属的子系统的，如互联网安全问题，从字面上看是安全凝聚力的构成要素，但互联网金融的风险与安全问题，从内容属性上又应该划归为物质凝聚力体系，同样的问题也出现在文化安全、经济安全、政治安全等领域。从这个角度而言，国家凝聚力要素之间具有不可拆分性，这种不可拆分性也可理解为其整体性的表现形式。

四、时序演进的交叠性

中华人民共和国成立以来，政府出台了一系列国家大政方针政策，它们是政府与市场博弈的结果，同时也涉及国家凝聚力构成要素的方方面面，很大程度上推动了国家凝聚力整体建设进程。回顾国家经济社会发展历程，计划经济体制与市场经济体制之间的矛盾和冲突是很多问题的根源，建设强大的国家凝聚力有利于化解矛盾和冲突，有利于推动国家健康可持续发展。因此，国家凝聚力建设、国家健康发展、政府与市场关系处理三者之间，形成了或直接或间接的相互作用。因此，国家凝聚力建设演进的整体性特征，可以依托国家发展进程中对政府与市场关系的处理，得到有效阐释。

政府和市场的关系是发展现代市场经济绕不开的世界性难题，也是当前我国深化以社会主义市场经济为目标的改革必须要进一步处理好的核心问题。从西方理论与实践来看，不管是从早期"看不见的手"的市场隐喻与"守夜人"的政府定位，还是到以政府干预为导向的凯恩斯主义，其共同点均是基于理论自身的逻辑性和自洽性，将政府或市场视为判断题，非此即彼、老死不相往来的矛盾体，导致实践中的诸多困境。纵观中华人民共和国以来我们对政府与市场关系的认识和实践，实际上也经历了类似的曲折而复杂的过程。

第一阶段，过渡时期（1949—1952 年）：政府与市场并存。政府与市场基本处于一种良性替代的关系。政府一方面为经济发展提供了稳定的环境，规避了市场的失灵；另一方面，政府又为市场保留了自身发展的适当范围，不过度挤占市场发挥作用的空间，从而实现了新中国之初经济较为良性的发展。

第二阶段，调整期（1953—1978 年）：计划体制下政府对市场的侵蚀。从 1953 年社会主义改造开始，政府逐渐排挤市场、代替市场，政治成为中国主导经济政策的绝对因素，市场作用几乎"消亡"。具体分成两个阶段：一是从 1953 年到 1956 年，从限制市场到消灭市场。经过社会主义改造，形成了工农业生产的计划体系。经济生产完全遵循自上而下的计划指令，市场被取代，非公有制的积极作用消失。二是从 1956 年到 1978 年，全能政府体制形成。

第三阶段，探索期（1979—1992 年）：计划为主市场为辅。党的十一届三中全会开启了中国改革开放的进程，其中经济体制改革便是对政府与市场作用的调整。邓小平同志指出："社会主义也可以搞市场经济。"陈云同志指出："社会主义时期必须有计划经济和市场经济，前者是主要的与基本的，后者是从属的次要的。"1982 年，社会主义公有制基础上有计划商品经济被写入宪法。但受到前 30 年计划经济影响，这一时期本质上仍是在计划经济框架下有限地引入市场经济并渐次扩大其调节作用。

第四阶段，新时期（1992 年至今）：市场与政府良性互动。政府积极培育市场、调控市场，用政治力量规避市场缺陷，政府与市场实现双轨运行，推动经济发展。对二者关系转变节点进行梳理，一是 1992 年党的十四大提出："要把建立社会主义市场经济体制作为经济体制改革的目标"，其目的是要发挥市场机制应有作用；二是 1997 年党的十五大提出："坚持和完善社会主义公有制为主体、多种所有制经济共同发展"，它作为基本经济制度，强调了非公有制经济成分的市场主体作用，为发展市场、完善市场有着极为重要的促进作用；三是党的十六大提出："要发挥市场机制在配置资源方面的基础性作用"；四是党的十八届三中全会提出："使市场在资源配置中起决定性作用和更好地发挥政府作用"，这既是对我国过去几十年改革建设经验的高度概括，也为今后进一步处理好政府与市场的关系确定了方向。

我们强调市场在资源配置中起决定性作用，本质上是强调尊重价值规律在市场经济中的作用，强调尊重市场机制在资源配置中的作用，从而建立起适合我国经济社会发展的政府与市场各自发挥作用的边界，即二者良性替代的最佳平衡点。当然找对边界（平衡点）是不容易的，因为它会随着经济情况的波动而变化，因此，我们只能不断探索，摸着石头过河，不能盲从，不能迷信所谓模式。实际上，并不存在着所谓的固定经济发展模式，也不应有特定经济发展的完成式。从这个意义而言，中国社会主义市场经济体系的建设与完善，任重而道远。

五、结束语

国家凝聚力也是中国经济社会发展实践的成果之一，当代中国国家凝聚力的五大构成要素也是伴随着政府与市场关系的调整而不断动态演进的。我们所构建与倡导的"五力制衡模型",究竟是五个要素各占五分之一的均衡关系,还是某一个要素占比多一些或者少一些,才能更好发挥国家凝聚力整体合力作用,这需要结合中国经济社会政治的发展实践,在充分尊重市场基础上作出有效的平衡和选择,从这个角度而言,当代中国国家凝聚力的建设及作用的充分发挥,亦是任重而道远。

当代中国国家凝聚力结构模型及启示

甄翠敏

全面建设国家凝聚力，不断增强当代中国的国家凝聚力，是实现中华民族伟大复兴的中国梦的重要保证。纵观中华人民共和国成立以来的发展轨迹，国家凝聚力呈现波动上升的演进趋势。历史和现实都证明，国家凝聚力是凝聚民族和全体国民智慧和力量，推动国家可持续发展的强大生产力。它可以使弱国、穷国变成强国、富国，也可以让落败的国家实现复兴和崛起。科学研究当代中国国家凝聚力，努力探索其演进规律，构建国家凝聚力结构模型，对清楚认识国家凝聚力，进而发挥国家凝聚力的作用，通过国家凝聚力的建设，对加强全国人民的国家意识、国家责任，增强政治认同、制度认同、道路认同和文化认同，为全面建设小康社会、实现中华民族的伟大复兴，凝聚全社会的智慧和力量发挥重要作用。

一、国家凝聚力一般理论模型

国家凝聚力是指一个国家不同民族、政党以及民众在理想、目标、利益共同的基础上，国家满足其物质、精神、政治、文化、安全等需要，而产生的内向聚合力和外向吸引力。根据国家凝聚力的概念，国家凝聚力由物质、精神、政治、文化和安全五大要素构成。物质凝聚力是国家凝聚力形成的基础，精神凝聚力是国家凝聚力的指向标，政治凝聚力是国家凝聚力建设的核心，文化凝聚力是国家凝聚力的助推器，安全凝聚力是国家凝聚力的保障。五大凝聚力之间既互相联系，又互相区别；既相互独立，又缺一不可。它们形成了一个紧密的复杂系统，如图1所示。

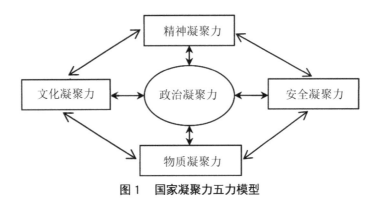

图 1　国家凝聚力五力模型

物质凝聚力是国家凝聚力建设的基础。国家物质凝聚力是在满足人民群众物质需求基础上，所表现出来的国家对国民的吸引聚合力。物质财富的生产是人类社会赖以生存和发展的基础，和谐社会必然是物质财富相对宽裕的社会。人类社会发展的历史表明，物质财富匮乏所造成的贫困，是造成社会发展不和谐的根本原因；同样，物质极度缺乏的国家，是很难形成强大的国家凝聚力的。

精神凝聚力是国家凝聚力建设的指向标。国家精神凝聚力是国家在满足人民群众精神需求基础上，促使其成员产生的对国家的向心力和聚合力。人们的行动是受他们的思想支配的，而思想又是理想、信仰、价值观等共同凝练构成的精神产物，有什么样的思想指导，就会导致什么样的外在行为。也就是说，不同的精神境界，不同的价值观念，导致不同的行为，决定着国家群体的凝聚与离散。

政治凝聚力是国家凝聚力建设的内核。国家政治凝聚力是国家满足国民政治诉求而产生的对国家政权的吸引力和向心力。国家的核心是政权，政权的行为是政治，由政治要素聚合而形成的政治凝聚力是国家凝聚力建设的核心内容。

文化凝聚力是国家凝聚力建设的助推器。国家文化凝聚力是在国家文化认同的基础上，国家主流文化对国民形成的吸引力和感召力。由文化要素构成的文化凝聚力，不同于物质凝聚力对国家凝聚力的基础作用，也不同于精神凝聚力对国家凝聚力的指示作用，更有别于政治凝聚力对国家凝聚力的内核作用。文化凝聚力作为一种软实力，是以国民对国家主流文化的认同为基础和前提，以语言、文字为载体，以教育普及为手段，形成特定的社会文化环境，进而对生活于其中的人们产生同化作用，并对他们的价值观、审美观、是非观、善恶观产生影响，使人们在认识问题、分析问题、处理问题中，保持大致相同的基本点，以此助推国家五大凝聚力的全面建设。

安全凝聚力是国家凝聚力建设的保障。国家安全凝聚力是国家满足人民和平安全需求的基础上，对人民产生的吸引力和向心力。每个人都有希望国家和平安全的需求，满足人们的和平安全需求，又以国家的领土完整、强大的军事实力和外交实力等要素共同构成的国家安全凝聚力为前提。一个可以任人宰割的国家，一个领土不完整的国家，一个缺少自主支配权的国家，一个连人民最起码的人身安全需求都无法满足的国家，是不可能形成强大的国家凝聚力的。

二、当代中国国家凝聚力结构演进模型构建

当代中国国家凝聚力的结构模型，首先遵循一般理论模型的构成规律。这一理论模型中，五种要素均衡发展，共同支撑起当代中国国家凝聚力促进国家发展的目标，这也正是我们研究凝聚力所期望的目标所在。但是，我们必须要认识到，由于中国国家凝聚力的形成及发展有着自身的历史渊源和特点，所以，当代中国国家凝聚力的构成有着自身独特之处。梳理新中国成立以来的演进轨迹，可以看出，由物质凝聚力、精神凝聚力、政治凝聚力、文化凝聚力、安全凝聚力构成的当代中国国家凝聚力，在其形成和发展中发挥着重要作用，在不同阶段演进中，又分别扮演着不同的角色，发挥着不同的功能。

（一）形成期（1949—1956 年）

1949 年 10 月，中国共产党领导人民推翻了资本主义、封建主义的长期压迫，成立了人民当家作主的新中国。这一时期，在党的领导下，全民齐心协力，奋发图强，重点从稳固政权、全面恢复国民经济建设、弘扬社会主义理想、保卫领土安全、提升全民文化素质等方面着手展开各项工作，以政治凝聚力、安全凝聚力、精神凝聚力为主体，物质凝聚力和文化凝聚力为两翼的国家凝聚力架构初步形成，如图 2所示。

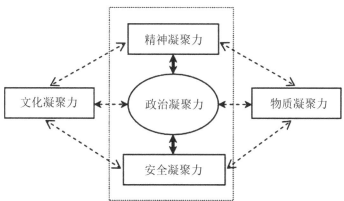

图 2　当代中国国家凝聚力形成期结构模型

国家的独立首先是政治上的独立，合法的政府，是一国政治生活中的一个重要角色。中华人民共和国成立初期，经过战争的洗礼，各行各业百废待兴，稳固的政治凝聚力对国家凝聚力作用的发挥起着至关重要的作用。党中央结合人民当家作主的意愿要求，建立了人民代表大会制度，制定了中华人民共和国的第一部宪法，民主程度大幅提高，法制建设初见成效，以毛泽东同志为核心的党的第一代中央领导集体得到全民拥戴，社会主义国家制度得到民众的普遍接受和认同，当代中国国家政治凝聚力初步形成。

国家独立的第二个标志就是领土独立，领土独立有赖于强大的国家安全凝聚力。为保证领土安全，有效抵抗美帝国主义的侵略以及国内反革命分子的破坏，党和国家政权通过科学的战略决策，充分调动广大军民力量，先后取得解放战争、和平解放西藏、抗美援朝战争的全面胜利，在这样的磨炼中，逐步打造出更加正规化、现代化的战斗力更强的人民解放军队伍。同时，积极加强和其他国家的交流，并开创性地提出独立自主的和平外交政策，在世界的影响力逐步提高。

中华人民共和国成立初期，精神凝聚力在中国国家凝聚力形成过程中发挥着重要作用。首先社会主义和共产主义理想成为人民努力的奋斗目标，毛泽东思想成为中国人民共同的信仰，在艰苦卓绝的战争中磨炼出来的爱国主义精神和艰苦奋斗精神，都成为这个时期精神凝聚力形成的重要源泉。

相比较而言，此阶段的物质凝聚力和文化凝聚力影响相对较弱，但也在悄然萌发。虽然我国的工作重心还没有完全集中到经济建设上来，但富国强民的愿望却不曾停止。"一五"规划的制定、土地改革的推行、工农业生产的恢复和发展、医疗保障制度的建立，都极大地加速了国家物质凝聚力的形成。为适应人民变化的新需求，大力推进文化教育事业，改革陈旧的教育制度、开展大规模的扫盲活动，随着民众文化水平的不断提高，民众创作的热情逐步高涨，涌现出了一大批优秀文化作品，为国家文化凝聚力的形成增砖添瓦。

（二）曲折发展期（1957—1965 年）

曲折发展期是我国生产资料所有制社会主义改造基本完成、进入全面建设的社会主义时期。在这一阶段，党和国家的工作重心逐步由政治安全向经济建设上转变。虽然确立了经济发展目标，制定了经济政策，但由于思想上的盲目，导致物质凝聚力并没有呈现出强劲发展态势。在这一时期，当代中国国家凝聚力的结构构成中，起主导作用的依然是国家精神凝聚力、国家安全凝聚力和国家政治凝聚力。但与形成期中国家凝聚力的构成的具体内容相比却有了极大的丰富和完善。当代中国国家凝聚力曲折发展期结构模型如图 3 所示。

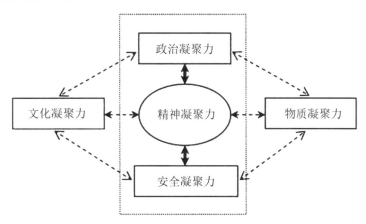

图 3   当代中国国家凝聚力曲折发展期结构模型

国家精神凝聚力得到大幅度提升。共产主义的理想和建设社会主义的目标进一步得到广大人民的认同和积极响应，他们纷纷投身到共产主义建设的队伍中。体现马克思主义理论与中国实践相结合的毛泽东思想进一步丰富和完善，并成为这一阶段路线、方针、政策制定的主要理论依据。革命战争时期流传下来的团结同心、不怕困难的革命精神，"工业学大庆、农业学大寨"的自力更生、艰苦奋斗的创业精神，"两弹一星"的不断挑战自我的创新精神，"全心全意为人民服务"的雷锋精神，都成为构筑这一阶段中国国家凝聚力的国家精神和道德规范。

经过形成期的发展，国家政权逐步稳固，在这一阶段，国家政治凝聚力有了新的内容。首先通过加强党的自身建设，包括整风运动、全党学习毛主席著作以及人民公仆焦裕禄先进事迹的推广，进一步加强了人民对国家发展道路的认同，提高了党的执政能力。在内部关系处理上，国家积极进行政治关系调整，制订了一系列民族宗教政策，同时加强国家民主与法制建设，这些都在一定程度上促进了国家政治凝聚力的发展。

全面推进社会主义国家建设时期，国家安全面临着错综复杂的境况，加上客观环境形成的自然灾害，使我们的国家安全处于前所未有的困难格局中。为了克服重重困难，党中央在"自力更生、奋发图强"精神指导下，通过加强军队思想政治建设和正规化建设、自主研制原子弹和导弹，不断提升军事实力和反干涉力，增强了人民对国家安全防控能力的信心。同时，进一步贯彻执行独立自主的和平外交政策，逐步建立起与世界良好的外交关系，增强了外交实力。所以，这一时期特殊的安全格局反而促使国家安全凝聚力得到了长足的发展。

曲折发展期中的曲折更多地指向了物质凝聚力的发展进程。在国家理想和国家目标的指导下，国家制订了"赶英超美"奋斗目标，但由于急进思想的影响，出现了工业和农业发展中的"大跃进"，由于这一行径严重违背了经济发展的运作规律，不仅没有促进国民经济的发展，反而在一定程度上出现了"倒退"，在当代中国国家物质凝聚力的演进中出现了弱化态势。与此同时，受到民众高涨的国家精神凝聚力影响，国家文化凝聚力也表现出良好的发展态势，一大批优秀文艺作品出版、各级各类文化馆、文艺工作队全面开花，各类教育政策、制度、规章和管理办法制定出台，极大推动了教育事业发展，以报纸、广播为媒介的各级各类传播载体得到较快发展，不仅促进了国家文化凝聚力的发展，还进一步加速了国家精神在经济、政治等领域传播，这又进一步促进了国家物质和精神凝聚力的发展。

（三）失衡发展期（1966—1976 年）

当代国家凝聚力在经历了形成与曲折发展阶段，克服重重阻力，进入了一个快速发展阶段，但是，由于此时进入处于史无前例的"文革"时期，此阶段的国家文化凝聚力和国家政治凝聚力不但没有如预期进入一个良性发展轨道，反而出现了严重失衡状态。这里的失衡，主要是与预期目标相比较而言的。这一时期，相较于被弱化的文化凝聚力和政治凝聚力，精神凝聚力、物质凝聚力和安全凝聚力，却在失衡环境中形成稳中向好的发展态势，成为此阶段影响国家凝聚力结构中的主导力量。当代中国国家凝聚力失衡阶段结构模型如图 4 所示。

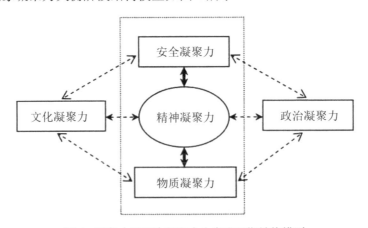

图 4　当代中国国家凝聚力失衡发展期结构模型

"文化大革命"发端于文化，所以这一时期的分析从国家文化凝聚力开始。在此阶段，以"破四旧"为名对传统文化进行全面否定，文化艺术创作处于全盘停滞的状态，教育工作被迫中断，甚至主要的报纸、广播等主流文化载体也被政治化，当代人的思潮失去文化根基，主流文化受到错误舆论导向，专业人才与知识出现割裂断层，国家文化凝聚力呈现出被弱化甚至退化的趋势。

受"文革"的影响和冲击，国家政权同时遭到严重破坏，国家政治凝聚力也出现了弱化态势。在当时混沌的精神世界里，所幸还能看到一些正能量，即国防科技领域"两弹一星"的开创精神、唐山大地震中的不屈不挠的抗震精神，都对当时的国家精神凝聚力给予了一定程度的补救。

除了我们所感受到的一部分精神凝聚力的正向作用外，该时期稳中向好的国家物质凝聚力和逐步发展的安全凝聚力，也为此阶段呈现弱化趋势的国家凝聚力，起到了强化与制衡作用，使整体的国家凝聚力作用得以发挥，不断促进国家发展。"三五""四五"目标的顺利完成，国防科技事业的突破性进展，是国家物质凝聚力增长的支撑，同时是国家精神凝聚力的一剂"强心剂"，同时，人造卫星等国防科技的巨大成就，也是热爱祖国、爱社会主义精神驱使的结果。在失衡阶段，国家安全被极大重视，国家安全凝聚力不断增强，国防工业体系不断完善，军队建设在海陆空全方位发展，中美、中日、中欧多国外交取得突破性进展。随着中华人民共和国在联合国合法席位的恢复，也标志着中国在世界范围的影响力不断加强。

（四）调整发展期（1977—1992 年）

国家凝聚力的调整发展期，是对"文革"导致国家凝聚力失衡及弱化的纠正及调整，也是进行全面拨乱反正、推进国家凝聚力全面发展的新时期。这一时期，通过经济体制改革、加大对外开放力度，极大调动了人们的生产积极性，使我国经济实现了较快增长，人均 GDP 从 1978 年的 379 元增长到 1991 年的 1879 元，国家物质凝聚力不断增强，并成为现阶段国家凝聚力结构构成的核心力量。在以邓小平同志为核心的党的第二代中央领导集体和以江泽民同志为核心的第三代中央领导集体的带领下，国家政治凝聚力和国家安全凝聚力逐步巩固和强化，构成了国家凝聚力结构中的主导力量。经历"文革"后的教育重建、中华传统文化的新复兴，是渐进而艰巨的任务，加之资产阶级自由化思潮泛滥，对年轻一代的价值观和信仰造成冲击，使得此阶段国家精神凝聚力和文化凝聚力相对弱化。当代中国国家凝聚力调整发展阶段结构模型如图 5 所示。

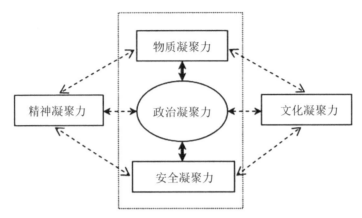

图5 当代中国国家凝聚力调整发展期结构模型

　　之所以说此阶段以物质凝聚力为核心，首先表现在党和政府确立了以经济建设为中心的工作任务，并进行了大量的实践活动。以家庭联产承包责任制为中心的农村经济体制改革，使农业增产、农民增收，极大调动了农民的生产积极性，广大农民的温饱问题基本得以解决。同时，以企业股份制改革为标志的城市经济体制改革全面推进，城镇居民收入大幅提升，消费能力增强，极大地满足了人民日益增长的物质生活需求，国家物质凝聚力得以巩固和提升。

　　国际社会反社会主义敌对势力抬头，西方自由化思潮高涨，面对如此严峻的国际政治环境，以邓小平同志为核心的党的第二代中央领导集体和以江泽民同志为核心的第三代中央领导集体，果断决策，通过社会主义民主政治体系改革，大力发展社会主义民主政治，完善党和国家领导体制，积极发挥党领导下的多党合作和政治协商制度的作用，加强民族区域自治制度建设，全面推进社会主义法制建设，这一系列创新性举措，增强了民众对国家政治的信任，极大推动了各族人民积极投身到中国特色社会主义建设中来，国家对民众的政治凝聚力得以不断提升。

　　面对东欧剧变和西方自由化思潮的侵蚀，国家安全成为此阶段不容忽视的重要问题。精兵简政的裁军政策，为建设一支精练高效的现代化军事队伍提供有力的组织保障。同时，国家大力开展全方位外交战略，推行睦邻友好外交政策，巧妙处理并化解与西方国家之间的冲突，不断稳固同周边国家的睦邻友好关系，恢复并加强同西方国家外交关系，使举国上下安全感逐步提升，国家安全对人民的号召力和吸引力大幅提升。

　　在精神凝聚力和文化凝聚力建设方面，党和国家做了大量工作，坚定捍卫中国特色社会主义的国家信仰，逐步恢复、完善教育体系，大力推动中华传统文化的新复兴，但由于"文革"时期对文化的颠覆性破坏，加之西方资本主义自由化思潮影响，使得调整期对精神文化的调整呈现出一定的迟滞现象，导致国家凝神凝聚力和文化凝聚力发展缓慢。

（五）全面发展期（1993年至今）

国家凝聚力的全面发展期，是国家政治经济社会进入全面快速发展的时期，是当代中国国家凝聚力演进历程中发展最好的时期。首先是国家物质凝聚力发展强劲。世界第二大经济体的地位极大地促进了国民收入的增加，在更大程度上满足了人民日益增长的物质文化生活需要。政治方面的民主法治建设，极大地满足了民众的政治需要，尤其是几代领导人连续推进的党风廉政建设，让普通民众看到了反腐的决心，增强了信心。人民军队现代化建设步伐加快，外交能力大大提升，国家捍卫领土安全的能力提高，民众对国家安全信心大大提升，国家安全凝聚力也表现出强劲发展势头。中国特色社会主义理论体系逐步丰富和完善，并成为我们共同的国家信仰。国家教育改革、文化事业大发展，使文化凝聚力不断加强。但由于社会主义初级阶段的现实影响，国家凝聚力各方面还需要不断地丰富和完善，尤其是精神凝聚力和文化凝聚力的软实力建设，更需要做好长期建设的准备，因此，此阶段国家凝聚力结构模型中，把发展潜力巨大的精神凝聚力和文化凝聚力放在了模型的两翼。当代中国国家凝聚力全面发展阶段结构模型如图6所示。

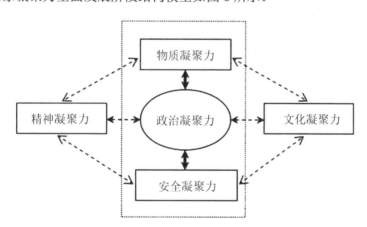

图6 当代中国国家凝聚力全面发展期结构模型

此阶段，在构建中国特色社会主义政治制度基础上，党和国家不断深化经济政治体制改革，既强调市场在资源配置中的决定性作用，又注重加强政府的调控力度。同时加大民主政治建设改革，加强党风建设，尤其是以习近平同志为核心的第四代中央领导集体，大力推进以反腐为抓手的党风廉政建设，并取得显著成效。这不仅对贪腐分子形成了极大的威慑力，也在更大程度上满足了民众的政治诉求，是民心所向，因此，政治凝聚力得到了极大的发展与强化，成为该阶段国家凝聚力发挥作用的核心力量。

国家物质凝聚力得到强化。首先表现在经济总量上，我国 GDP 总量在 2010 年跃居世界第二位，成为仅次于美国的世界第二大经济体，经济总量的加强，进一步提升了人民的收入水平和社会保障。但经济发展也带来了生态环境问题，国家及时调整政策，加大力度改善民生问题，通过医疗卫生、教育事业改革，人民的物质生活得到了极大满足，人民的生活水平和幸福指数不断提升，国家对人民的感召力和吸引力进一步加强，国家物质凝聚力在当代中国历史上呈现出前所未有的强盛。

在国家安全凝聚力建设中，党和国家进一步构建了睦邻友好和平相处的外交体系。一个热爱和平、不惧外强的大国逐步建立起来，这也极大地促进了国家安全凝聚力的建设，使民众更增加了对国家安全的自信。但在经济快速发展的同时，生态安全也敲响了警钟，这也恰恰是波及每一个民众、需要紧迫解决的问题；同时，随着互联网的普及，网民用户激增，网络安全也受到民众关注，这些都是国家安全凝聚力建设中面临的新任务和新挑战。

与逐渐增强的国家政治凝聚力、国家物质凝聚力和国家安全凝聚力相比，此阶段国家精神凝聚力和文化凝聚力建设还有很大的提升空间。社会主义初级阶段的时代发展特点，国内外文化多元化融合发展的文化大环境，在一定程度上影响着国家精神和国家文化凝聚力的快速发展。由此可见，当代中国国家精神和文化凝聚力的建设，依然是任重而道远！

三、启示

研究国家物质、精神、政治、文化、安全凝聚力，不能认为国家凝聚力的结构是松散的，实际上，它们是一个联系非常紧密的整体，这种国家凝聚力的结构整体表明了构成要素之间的不可分割性。同时，国家凝聚力的要素构成，在功能上又是相互独立的，各要素之间又具有不可替代性。因此，国家凝聚力内部各要素之间构成了一个整体性、独立性相互融合的复杂系统。认识国家凝聚力结构的整体性和功能的独立性的价值意义，就在于在加强国家凝聚力建设的过程中，必须平衡发展，不能只强调某种功能而忽视其他功能。国家凝聚力所包含的五个方面的凝聚力，是相互联系、不可分割的一个整体，它们按着各自独特的功能发挥作用并形成合力，相互支撑、相互补充。

如果任何一个要素尽失，就会造成整个国家凝聚力失去平衡。从世界范围看，有些国家常有某一方面凝聚力下降，却并没有导致整个国家凝聚力下降的现象，这是因为国家凝聚力的其他方面起到了补充作用，有时这种补充作用甚至是非常强大的。比如一些经济上发展缓慢的国家，却因某种精神崇拜而形成精神上的高度统一，他（们）仍然能形成强大的国家凝聚力。但我们必须清醒地认识到，失去平衡的国家凝聚力是不可能保持长久的，因为同精神的凝聚力最终只能用精神的手段解决一样，物质凝聚力也只能通过物质的手段来增强。因此，加强当代中国国家凝聚力建设，必须坚持各要素的全面建设。

中日甲午战争以来国家凝聚力研究

李力，潘洪钢

中国的国家凝聚力在不同的时期有着不同的表现形式。中日甲午战争后，中国经历了晚清、中华民国和新中国成立三个历史时期；经过了旧民主主义革命，新民主主义革命，社会主义革命和建设时期，改革开放和社会主义现代化建设新时期四个重大的历史阶段。在这些交错重叠的历史时期和历史阶段中，中国的国家凝聚力分别以民族凝聚力、阶级凝聚力、经济凝聚力、文化凝聚力、国际地位凝聚力这五种方式发挥着其独特的凝聚功能。这五种凝聚力都有其不同的侧重点，它们分别形成了相对独立的理论体系，但又相互支撑、相互影响，在甲午战争以后120余年间的中华民族发展史的过程中不断调试且动态演进，凸显了国家凝聚力的阶段性特征。

一、自甲午战争至抗日战争结束，国家凝聚力集中体现为民族凝聚力

国家凝聚力与民族凝聚力有着密切的联系。在现代单一民族组成的国家中，两者的概念相同；在现代多民族组成的国家中，两者的内涵又有所区别。就中国而言，尽管它是一个多民族的集合体，但在大统一的历史主流下，尤其是在近代中国，民族凝聚力基本上与国家凝聚力相互交融，不可分割。

习近平总书记在2012年参观"复兴之路"展览时曾发表了《实现中华民族伟大复兴是中华民族近代以来最伟大的梦想》的重要讲话，在这次讲话中，他多次提到了"中华民族"这个词。作为中华民族的一员，我们都盼望中华民族实现伟大复兴，但中华民族的概念究竟是何时形成，以及是如何形成的等问题却不为世人所了解。实际上，"中华民族"并不是与生俱来的，它是在近代中国尤其是清王朝濒临崩溃之际才出现的新名词和新概念。

作为一个历史范畴，中华民族是在长期的大一统国家的历史脉络下，在长期共

同语言、共同地域、共同文化和共同经济生活的前提下，并在共同危机的作用下形成的拥有共同意识的稳定的民族共同体。近代中国民族主义的出现和在不断地抗争和探索中逐渐走向觉醒，并在抗日战争时期达到顶峰。中日甲午战争的失败，对鸦片战争以来力图以"中体西用"方式救国的知识分子来说，意味着构成其知识根基的儒学世界观以及传统华夷秩序的世界观的彻底坍塌。而随之而来的西方列强趁机掀起了瓜分中国的狂潮，亡国灭种的危急形势迫使一些有先进思想的中国人开始寻找新的救国救民道路，于是便产生了以康梁为首的维新变法运动。

梁启超是晚清以来首倡"民族主义"和"中华民族"的第一人。戊戌变法失败后，1899年，梁启超在《东籍月旦》一文中首次使用了现代意义上的"民族"一词。他在评价当时有影响的世界史著作时称这些论著"盖于民族之变迁，社会之情状，政治之异同得失，必如是乃能言之详尽焉"。他还在此文中使用了"东方民族""泰西民族"和"民族竞争"等新名词。随后，在1901年发表的《国家思想变迁异同论》一文中，他又引入了"民族主义"的概念。1902年，梁启超在《论中国学术思想变迁之大势》一文中，正式提出和使用了"中华民族"这一词汇，开启了"中华民族"这一核心意识的先导。

应运而生的民族主义，成为中国近现代史上最重要的主导力量，成为危机之下整合社会力量、奋起救亡的精神武器，成为近代中国国家凝聚力的重要象征。1911年辛亥革命胜利后，清帝宣布退位，成立中华民国。"中华民国"国号的确立，是中华民族发展史上最具重大意义的历史事件之一，它标志着在政治层面上中华民族作为"国族"得以确认，表明了中华民族与中华民族国家在政治意义上的统一。"中华民国"国号的确立，进一步增强了国人对于"中华"一词及其历史内涵的认同，中华民族的整体性与统一性内涵逐渐成为社会各界的共识。从此以后，诸多以"中华"命名的机构和组织便如雨后春笋般地涌现出来。

日本发动侵华战争以后，中华民族作为一个命运共同体，其血脉联系再次被迅速强化。1935年，中国共产党发表了著名的"八一宣言"，发出了"为民族生存而战"，"大中华民族抗日救国大团结万岁"的强烈呼声。全面抗战爆发后，蒋介石也发表了著名的"庐山讲话"，指出"再没有妥协的机会，如果放弃尺寸土地与主权，便是中华民族的千古罪人"，"如果战端一开，那就是地无分南北，人无分老幼，无论何人，皆有守土抗战之责，皆抱定牺牲一切之决心。我们只有牺牲到底，抗战到底，唯有牺牲的决心，才能博得最后的胜利"。更为重要的是，在这个时期，少数民族对中华民族的自我认同进一步深化，真正成为中华民族不可割裂的一分子。这是中华民族发展史上的重要的里程碑。1938年4月，蒙古族代表巴文峻、藏族代表贡党仲尼、罗桑坚赞以及格桑泽仁，维吾尔族代表尧乐博士等人组成"蒙藏回族联合慰劳抗战将士代表团"，到抗日前线慰劳抗战将士，并发表了慷慨激昂的《敬告全国抗战将士书》。还有内蒙古土默特左旗的乌兰夫，他在中国共产党早期时就加入了党组织，在抗日战争时期建立和发展了蒙古族抗日武装力量，为民族团结和祖国统一作出贡献。

正是在民族主义的旗帜下，中国的凝聚力达到了前所未有的高度，中华民族实现了自鸦片战争以来第一次彻底的反抗外来侵略的胜利。

二、自中国共产党成立以来，以工农联盟为基础的阶级凝聚力在凝聚和团结民众力量、夺取中国革命胜利上发挥了重要作用

近代以来，阶级问题深嵌于半殖民地半封建社会的中国社会中。农民阶级和地主阶级，以及随着西方列强入侵而产生的工人阶级与资产阶级（买办资产阶级、小资产阶级、民族资产阶级、官僚资产阶级），这两对阶级矛盾体在内部相互斗争，在外部又产生了不同程度的合作，它们相互交错，共同构成了近代中国阶级发展史的基本框架。

从鸦片战争开始至中国共产党成立前夕，占据统治地位的地主阶级和发展壮大中的资产阶级均以不同的方式试图挽救民族危亡，但都以失败告终。直至中国共产党成立后，中国共产党将马克思主义运用到中国的革命实践中来。占据中国绝大多数人口的农民阶级与近代中国新的生产力的代表者工人阶级率先结成了长期的稳固的合作联盟，无论是在大革命时期、土地革命时期、抗日战争时期还是解放战争时期，农民阶级与工人阶级的关系都牢不可破。

工农联盟的形成为中国革命和建设奠定了阶级基础，在建立发展统一战线和增强中华民族的凝聚力上发挥了不可磨灭的重要贡献。历史和现实证明，以工农联盟为基础的中国共产党能够最大限度地团结全国各族人民，调动和凝聚社会各界力量，充分发挥各界人士的优势，把中国革命和建设的伟大事业推向前进。

毛泽东在1919年7月21日至8月4日短短的15天内连续发表三篇文章，呼吁进行"民众的大联合"。可以说，"民众的大联合"就是国家和民族凝聚力的外在表现形式。在抗日战争爆发后，中国共产党倡导建立了抗日民族统一战线，包括了工人阶级、农民阶级、小资产阶级和民族资产阶级，以及除汉奸、大地主、大资产阶级投降派以外的一切政治力量，开启了抗日救亡运动的高潮。在新中国成立前夕，中国共产党邀请各民主党派、各民族以及国外华侨等各方面的代表，召开了中国人民政治协

商会议第一届全体会议，会议通过的《中国人民政治协商会议共同纲领》指出："中国人民民主专政是中国工人阶级、农民阶级、小资产阶级、民族资产阶级及其他爱国民主分子的人民民主统一战线的政权。"

在社会主义改造完成后，剥削阶级已经不复存在。此时，阶级凝聚力逐渐转化为包含所有爱国民众的凝聚力，也就是全体爱国民众的团结与联合。时至今日，这种全体爱国民众的团结与联合仍然在社会主义现代化建设过程中发挥着重要的作用。习近平总书记指出，"人心向背、力量对比是决定党和人民事业成败的关键，是最大的政治。统战工作的本质要求是大团结大联合，解决的就是人心和力量问题"。

三、从中华人民共和国成立至今，国家凝聚力的不断增强与国家经济实力的提升息息相关

国家作为稳定的居民共同体，其组成要素中最为重要的就是共同的经济生活。国家经济实力是国家凝聚力产生和发展的物质条件。人类发展的历史证明，强大的经济实力对于提升国家凝聚力具有不可替代的重要作用。经济实力强大，则国家凝聚力强；经济发展水平低，则国家凝聚力弱。中国历史上的"文景之治""贞观之治""永宣之治"以及"康乾盛世"等都是经济繁荣发展的时期，也是国家凝聚力空前强大的时期。反之，如东汉末年和明朝末年，经济的崩溃导致人民生活难以为继，并由此催生了大规模的农民起义，国家的凝聚力下降到了历史的低值。

近代以来的中国，一直处于被侵略与反抗侵略的历史旋涡之中，国民经济遭到严重破坏，人民生活困苦不堪。在新中国成立前夕召开的七届二中全会上，毛泽东同志提出，"我们不但善于破坏一个旧世界，我们还将善于建设一个新世界"。这其中蕴含的经济凝聚力理念就是，解放和发展社会生产力，促进经济又好又快发展，切实保障和维护广大人民群众的物质生活生产是共产党人的历史责任。

中华人民共和国成立后，为了恢复和发展经济，在城市，中国共产党人平抑物价、统一财经，消除了在旧中国肆虐多年的通货膨胀；在农村，从 1950 年秋收开始，中国共产党领导的土地改革运动在新解放区陆续展开，至 1953 年春，有 3 亿多人口的广大新解放区除新疆、西藏等少数民族地区以及台湾地区外，如期完成了土地制度的改革。因战乱而荒芜的大片土地重新得到开垦，农村中到处呈现出一派兴旺的气象。1956 年，党的八大报告指出，我国国内的主要矛盾，已经是人民对于建立先进的工业国的要求同落后的农业国的现实之间的矛盾，已经是人民对于经济文化迅速发展的需要同当前经济文化不能满足人民需要的状况之间的矛盾。我们可以看出，

国内主要矛盾的提出，鲜明地反映出共产党人已经深刻认识到国家凝聚力与经济发展的重要关系，凸显了经济发展对于提高国家凝聚力的重要作用。

在十一届三中全会上，党中央作出了把全党工作着重点和全国人民的注意力转移到社会主义现代化建设上来的战略决策。在 1987 年召开的党的十三大上，全党确立了社会主义初级阶段的基本路线，"领导和团结全国各族人民，以经济建设为中心，坚持四项基本原则，坚持改革开放，自力更生，艰苦创业，为把我国建设成为富强、民主、文明、和谐美丽的社会主义现代化强国而奋斗"。在"一个中心、两个基本点"路线指引下，中国走出了一条具有中国特色的社会主义建设道路。而几乎在历史的同期，东欧发生剧变，苏联在一夜之间分崩离析，这正是国家经济实力长期下滑导致国家凝聚力不断减弱的结果。

国家凝聚力不仅与经济总量有关，更与经济的均衡发展有着密切的联系。为了推动民族和边疆地区的经济发展，促进各地区经济协调发展，最终实现共同富裕，中央政府于 2000 年全面启动了西部大开发战略。2000 年到 2008 年，西部地区生产总值从 16655 亿元增加到 58257 亿元，年均增长 11.7%。西部地区的五个民族自治区的各项主要经济指标均不同程度地高于西部的平均水平。西部大开发战略的实施，促进了各民族的团结奋斗与共同繁荣发展，进一步增强了国家凝聚力。

21 世纪以来，我国国民经济持续快速健康发展，现代化建设事业稳步推进，国家凝聚力得到进一步提升。2010 年，中国 GDP 超越日本，成为仅次于美国的世界第二大经济体，而且与第一大经济体美国的差距正日益缩小。2013 年，中国首次超过美国成为全球第一货物贸易大国。2017 年，全国居民恩格尔系数为 29.3%，进入了联合国划分的 20% ～ 30% 的富足区间。时至今日，经济建设仍是党和国家的重点工作所在，习近平总书记在党的十八届二中全会第一次全体会议上指出，"以经济建设为中心是兴国之要，发展仍是解决我国所有问题的关键。只有推动经济持续健康发展，才能筑牢国家繁荣富强、人民幸福安康、社会和谐稳定的物质基础"。

四、21 世纪以来，文化自信进一步增强了国家凝聚力与向心力，"中国梦"成为新时代整合中华民族凝聚力的伟大力量

文化是一个国家发展的思想脉络，文化自信是一个民族前进的精神力量。一个国家、一个民族的凝聚力的强盛，总是以文化自信为支撑的。没有文化的深度认同，没有文化的高度自信，国家的力量就难以凝聚，民族的精神也难以凝合。

文化自信的实质是一种自我认同。美国当代政治学家亨廷顿在《我们是谁：美

国国家特性面临的挑战》一书指出，"盎格鲁－新教文化对于美国人的身份／特性来说，三个世纪以来一直居于中心地位。正是它使得美国人有了共同之处，……正是它使得美国人区别于别国人民。……我认为原因就在于一代又一代的美国人致力于发扬盎格鲁－新教文化以及我们的前辈所树立的'美国信念'。只要保持这一努力，那么，即便是创建美国的那些白人盎格鲁－撒克逊新教徒的后裔在美国人口中只占很小的、无足轻重的少数，美国仍会长久地保持其为美国。"由此可见，盎格鲁－新教文化正是美国国家凝聚力的精要所在。

历史和现实昭示，核心价值观的缺失和文化的不自信将会给国家和民族的凝聚力带来不利的影响。改革开放以来，中华民族的民族凝聚力与国家凝聚力随着经济的发展与硬实力增强而得到巨大提升，但同时也面临着新的挑战。此时，西方文化搭载着商业的舰船来到中国。在商品、技术、贸易的包装下，个人主义、自由主义、虚无主义、享乐主义汹涌而来，传统的价值观与西方的价值观被挤压在同一个平台上，模糊了中外文化的深层次差异。而随着西方文化的渗透，传统的民族文化被稀释，面临着断裂和被解构的巨大危机。

文化的凝聚力功能不可忽视。为了强调文化凝聚力的重要性，海外华人学者提出了"文化中国"的概念，其中以美国哈佛大学教授杜维明的观点较为突出。他指出，"文化中国"是相对于"政治中国""经济中国"的独立概念，它是一个"既渗透政治和经济之中，又凌驾政治经济之上"的历史文化概念。换言之，"文化中国"虽然与"政治中国"和"经济中国"有着密切的关联，但却可以独立于"政治中国"和"经济中国"而存在，并且在三者之中占据更为重要的地位。

构建社会主义核心价值观是文化自信的先导。2006年党的十六届六中全会第一次明确提出了"建设社会主义核心价值体系"的重大命题和战略任务。2011年党的十七届六中全会强调，社会主义核心价值体系是"兴国之魂"，建设社会主义核心价值体系是推动文化大发展大繁荣的根本任务。2012年中共十八大报告明确提出"三个倡导"，即"倡导富强、民主、文明、和谐，倡导自由、平等、公正、法治，倡导爱国、敬业、诚信、友善，积极培育社会主义核心价值观"，这是对社会主义核心价值观的最新概括。党的十八大以来，习近平总书记在多个场合提到了文化自信，传递出他强烈的中华民族文化理念，他指出，"文化自信，是更基础、更广泛、更深厚的自信"，"坚持不忘初心、继续前进，就要坚持中国特色社会主义道路自信、理论自信、制度自信、文化自信"。实际上，中华民族的文化自信，就是中国传统文化的自我肯定、自我认同、自我激励与自我凝聚，中华民族的文化自信彰显了强烈的中国风格、中国气派、中国精神和中国凝聚力。

更值得注意的是，2012 年 11 月 29 日，在国家博物馆参观《复兴之路》展览过程中，习近平总书记提出了"中国梦"的伟大构想，而且满怀信心地表示这个梦想"一定能实现"。从党的十八大到十九大的五年中，整个中国的面貌发生了巨大变化。"中国梦"几乎承载了中华民族千百年来的所有希望与期待，是新时代整合中华民族凝聚力的伟大力量与中华民族伟大复兴的不竭动力。

五、党的十八大以来，国际地位的空前提高将国家凝聚力推向新的高潮

国际地位作为一个国家极其重要的无形资产，是国家凝聚力的重要象征。从某种程度而言，国际地位拥有强烈的正向聚合效应，它将某些外部变量逐渐内生化，通过外在的国民荣誉感的感召，激励着国民和政府为国家的发展而不懈努力。

历史上的"中国"，最初之义为"中央之城"，即周天子所居之王畿，与"四方"对应。后来还有"中原""中州""中土""中夏"等称谓，其义为"中原王朝"，与"四夷"对应。显而易见的是，"中国"自诞生之日起，它的凝聚力与向心力就是与其他边缘族群相对应的。

近代以来，中国饱受列强的凌辱。在 1840 年后的一百余年中，中国国际地位一落千丈，国家凝聚力降到了历史的低值。直至新中国成立后，中国共产党人为提高中国的国际地位付出了不懈的努力。1971 年中国恢复了联合国的合法席位，1997 年香港回归祖国的怀抱，1999 年澳门回归，2001 年中国正式加入世界贸易组织，2008 年奥运圣火在北京点燃，中国国际地位的不断提高持续增强着国民的信心与国家的凝聚力。

2013 年，习近平总书记先后提出共同建设"丝绸之路经济带"和"海上丝绸之路"（简称"一带一路"）。五年来，"一带一路"倡议获得了世界各地人民的广泛认可，中国的国家凝聚力空前提高。2015 年 2 月，法国前总理德维尔潘在法国《回声报》以《押宝新丝路》为题发表文章，文章称："中国国家主席习近平提出并作为中国经济和外交优先战略的"新丝绸之路"倡议。这一能让人们联想到大唐盛景的倡议也为中国解决自身一系列重大挑战提供了一个灵活的框架：推动中国经济的国际化、提升人民币在全球贸易中的国际性作用。……不仅欧盟和成员国应为此而行动起来，而且欧洲地方政府、商会、企业、大学和智库也应参与其中。"在 2015 年 6 月美国有线电视新闻网（CNN）一档题为"中英关系将走向何方"的节目中，主持人提到，"作为一个外向投资国和智力伙伴，中国对英国来说地位越来越重要"。2015 年，在博鳌亚洲论坛主旨演讲中，习近平总书记以"亚洲新未来：迈向命运共同体"为

主题，阐述了"命运共同体"的基本思想。2017 年，习近平在联合国日内瓦总部出席"共商共筑人类命运共同体"高级别会议时发表了题为《共同构建人类命运共同体》的主旨演讲，给当前疲弱的世界经济、跨区域的文化冲突等描绘了光明的前景与道路。英国剑桥大学政治与国际关系学院资深研究员马丁·雅克指出，"中国提供了一种'新的可能'。这就是摒弃丛林法则、不搞强权独霸、超越零和博弈，开辟一条合作共赢、共建共享的文明发展新道路。这是前无古人的伟大创举，也是改变世界的伟大创造"。

当前，中国前所未有地走近世界舞台中心，中国人也前所未有地以大国国民形象感知整个世界。自党的十九大开幕以来，参与采访的境外记者人数达到了 1818 人，达到了党的十六大境外记者人数的 2 倍多。境外媒体与记者的聚焦，凸显了中国和中华民族日渐强大的世界影响力、积极的开放姿态与大国的气度。党的十九大开幕以来，有 165 个国家 452 个主要政党发来 855 份贺电贺信。这展现出中国共产党人把中国人民的幸福与世界人民的幸福紧紧连接在一起的国际主义精神的强大魅力，凸显了中国共产党和中国对外交往的重要成就，也为当代中国国家凝聚力的空前提高作出了鲜明的注脚。

六、结语

国家凝聚力是历史与现实的产物，中国的国家凝聚力是经济、政治、社会、文化发展实践的重要成果。中日甲午战争 120 年以来，在民族凝聚力、阶级凝聚力、经济凝聚力、文化凝聚力与国际地位凝聚力的相互作用与相互影响下，我国国家的凝聚力空前提高，比历史上任何时期都更接近中华民族伟大复兴的目标。在新一轮改革实践中，我们要坚持习近平新时代中国特色社会主义思想，通过国家凝聚力不断集合力量和化解矛盾，中华民族复兴的伟大事业必将焕发出更加灿烂夺目的光芒。

五

国家凝聚力研究笔记

国家凝聚力研究概述

——国家凝聚力研究笔记之一

刘学谦

一、国家凝聚力学属于什么学科

国家凝聚力学中既包含社会学、政治学、心理学，也包含经济学和哲学等，属于社会科学中的交叉科学。因为它的研究范围和方法已经超出了单一学科的范围和方法。

国家社科规划办把《当代中国凝聚力研究》项目放在了马列·社科栏目因为当代中国就是指 1949 年 10 月 1 日成立以来的社会主义中国。研究当代中国国家凝聚力，就是研究社会主义中国的凝聚力。她的凝聚力是在马克思列宁主义、毛泽东思想和中国特色社会主义理论的指导下形成的。当代中国的国家凝聚力，在一定意义上就是中国特色社会主义的凝聚力，研究当代中国的凝聚力就是研究中国特色社会主义凝聚力形成、发展变化的规律，这可以看作是科学社会主义的一个新的视角。所以，把当代中国国家凝聚力研究放在社科栏目中是正确的。

国家凝聚力学说，即研究国家凝聚力形成发展的普遍规律，也研究不同形态国家凝聚力形成发展的特殊规律。比如，我们在研究国家凝聚力的形成发展变化规律的基础上，形成了国家凝聚力的基本原理，这个原理反映的是所有形态的国家凝聚力形成过程中都存在的普遍规律。但是，在运用这个普遍规律的认识，去研究具体的每一个形态的国家凝聚力时，还必须努力形成特殊规律的认识。研究的实践表明，无论是奴隶社会国家的凝聚力、封建社会国家凝聚力，还是资本主义社会国家的凝聚力、社会主义社会国家的凝聚力，其形成发展变化的规律，都有自己的特点。因此我们在研究不同形态的国家凝聚力时，必须在掌握普遍规律认识的基础上，努力找出其特殊规律。只有找出特殊规律，对指导实践才更有意义。

二、研究国家凝聚力为什么从研究人的需要开始

马克思研究资本主义必然灭亡社会主义必然胜利的规律，并没有简单研究资本主义社会的各种丑恶现象，而是从研究资本主义社会的生产和再生产开始，揭示资本主义社会一边是财富的积累，另一边是贫困的积累，矛盾不可调和，最终社会主义战胜资本主义。而人的需要，正是社会生产和再生产的起点。同样，我们研究一个国家的凝聚力现象，同样不能就现象研究现象，一个国家吸引人民形成的热爱国家的现象，背后起决定作用的是国家对人民需要的满足。一个不能满足人民任何需要的国家，是不可能对人民产生凝聚力的国家。如果国家对人民的物质、精神、政治、文化、安全需要的满足长期不平衡、不充分，也会弱化甚至丧失凝聚力。

纵观历史，任何一个新国家的诞生，都是为满足人们新的需要建立的。但是满足哪些人的需要，满足多大范围的人的需要，以及满足人的多大范围的需要，能否可持续满足人们的需要，这是从凝聚力角度认识国家生命力的重要视角。

国家凝聚力学说研究人们的需要，也与国家生产部门研究国民的需要不同。国家生产部门研究人们的需要，是为了通过生产和再生产，实现供需平衡，提高经济增长的数量和质量，提高国家满足人民不断增长的多方面需要的能力。国家凝聚力学说研究人们的需要，主要是掌握需要的满足与否对国家凝聚力产生影响。两者之间虽然研究目的不同，但却有着密切的联系。后者以前者为基础，没有前者，后者也不存在；后者的研究也为前者更加科学地组织满足人们需要的社会生产提供动力和方向。

三、国家凝聚力与国家能力

国家能力的大小、强弱，直接关系国家凝聚力的大小、强弱。提高国家能力，在一定意义上，就是增强国家凝聚力。国家能力是一个内涵丰富的概念。有人认为，国家能力就是国家治理能力，国家治理能力的现代化也就是国家能力的现代化。笔者认为，这两者之间有联系，但并不是同一个概念。从内容上看，国家能力要比国家治理能力宽泛得多，国家能力至少应包括国家治理能力在内的五个方面的内容：第一是国家发展能力；第二是国家治理能力；第三是国家安全能力；第四是国家平衡能力；第五是国家凝聚能力。

国家发展能力，是国家能力中的首要能力。国家不断发展才能强大，人民才能富强，社会才能进步。发展能力绝不仅仅指经济发展的能力，还包括政治、文化、教育、科技等全面可持续发展的能力。

国家治理能力，反映的是政府管理国家的水平。国家治理能力不仅包括社会治理能力，还包括国家机器平稳运行的能力、处理效率与公平的能力、协调不同群体不同民族之间如何和谐相处共生共荣的能力等等。国家治理能力的现代化，特别是运用"互联网＋"等信息化手段提升国家治理能力，将实现国家治理能力从传统到现代的跨越式发展。

国家安全能力，是定国安邦的能力，是国家长治久安的重要保障能力。包括外交能力、国防建设能力、军事战斗能力、国家安全战略能力、人民生活安全和社会稳定保障能力等。

国家平衡能力，国家发展总是处在由不平衡到平衡，然后出现新的不平衡到新的平衡的过程。因此，国家的平衡能力就特别重要。国家平衡能力至少应包括经济发展与环境保护的平衡能力、区域发展差距平衡能力、国内多元化利益平衡能力、国际环境中的国家关系平衡能力等。

国家凝聚能力，不完全等同于国家凝聚力。前者是指国家具备凝聚人民的条件，后者是指已经实现的凝聚人民的结果。国家凝聚能力，包括国家物质凝聚能力、国家精神凝聚能力、国家政治凝聚能力、国家文化凝聚能力、国家安全凝聚能力。

国家能力对一个国家的生存、发展、崛起有重大意义。

四、现阶段社会主要矛盾与国家凝聚力源泉

国家凝聚力的源泉是人民群众的需要。这里所说的需要，不是单一的、静止的、片面的需要，而是随着社会的发展进步和生产力水平的提高，不断由低到高，由少到多，由量到质，从物质到精神、政治、文化、安全等全面的、发展的、可持续的需要。这些国家不同时期、不同阶段、不同层次的人民需要，构成一个国家在这个时期、这个阶段凝聚人民的源泉。人民在国家发展的不同时期、不同阶段，需要什么，不需要什么，都具有社会发展的必然性和规律性。新中国成立以来，除了"文革"时期，我国社会主要矛盾出现错误研判外，其他时期党中央提出的我国社会的主要矛盾，都是围绕着人民的需要变化确定的。1956年，党的八大提出，我们国家的主要矛盾，是人民对于建立先进的工业国的要求同落后的农业国的现实之间的矛盾，是人民对经济文化迅速发展的需要同当前经济文化不能满足人民需要的状况之

间的矛盾。1981 年党的十一届六中全会指出，在现阶段，我国社会的主要矛盾是人民日益增长的物质文化需要同落后的社会生产之间的矛盾。改革开放以来，我们国家为满足人民日益增长的物质文化需要，坚持发展是硬道理，大力发展社会生产力，使人民的生活水平有了很大提高。在新的历史时期，人民的需要又有了新的发展。从基本小康的脱贫致富需要，发展到全面小康的美好生活需要。需要的内容越来越丰富，层次越来越高。因此，党的十九大报告提出，我国社会主要矛盾已经转化为人民日益增长的美好生活需要和不平衡不充分的发展之间的矛盾。根据人民群众需要的变化，在当下，我国凝聚力的源泉必然是人民对美好生活的需要。这个需要包含了人民对美好生活需要的方方面面，只有不断满足人民对美好生活的需要，我们国家才会有更加强大的凝聚力。

五、国家凝聚力和民族凝聚力的研究如何区分

国家凝聚力主要是从国家的政治、经济、精神、文化和安全的角度，研究国家凝聚力。民族凝聚力一般是从历史关系、血缘关系、地缘关系、文化关系、信仰关系的角度研究民族凝聚力。国家凝聚力和民族凝聚力在研究对象上有交叉，在研究内容上相似，但两者研究的区别也很明显。如国家凝聚力研究文化，是研究国家文化，政治性、时代性很强；民族凝聚力研究文化，是研究民族文化，传承性、历史性很强。再如，国家凝聚力研究国家精神，是以国家信仰为主导，从国家理论、国家理想、国家道德的角度分析凝聚现象；民族凝聚力研究民族精神，是以民族信仰为主导，从民族理想、民族英雄崇拜、民族行为道德的角度分析凝聚现象。而对血缘、地缘、风俗、生活习惯的研究，则是民族凝聚力研究的领域，国家凝聚力研究一般不涉及。

但是应该说明的是，当国家为了实现宏伟的奋斗目标，需要凝聚全民族的力量时，就会以民族的名义出现，这时的民族目标，也是国家的目标。这个目标，也就成为国家凝聚力和民族凝聚力共同作用的方向。党中央提出的实现中华民族伟大复兴的中国梦，就是当代中国国家凝聚力和中华民族凝聚力共同推进实现的奋斗目标。

六、需要的比较和需要的置换对国家凝聚力的意义和价值

人民的需要和需要的满足是国家凝聚力的源泉和动力。一个国家的发展历史，在一定意义上也是满足人民需要的历史。一个不能满足人民需要的政府，一定是人

民不需要的政府；一个不能满足人民需要的政府，一定是一个没有凝聚力的政府。

（一）需要的简单与复杂

一些人认为，需要作为一门学科的基础要素，太简单和直白，缺乏理性和复合的内涵。其实通过认识和了解需要，不仅能够帮助我们穿越历史，沟通古今，还能够帮助我们认识现代不同社会制度的合理性。当一些历史的谜团和现实的困惑难以求解时，利用需要这个人类共性的特征，去研究，去分析，往往能够找到新的路径。当个体购买自己需要的东西时，需要是简单的，它可能就是指一个或几个东西。但是当我们从历史、社会和时代的角度看需要时，需要就不那么简单了，如历史需要、社会需要和时代需要等，每一类需要，都可以用庞大来形容。

（二）需要的比较与比较的需要

需要的比较是拿自己的需要同过去、同别人去比较；比较的需要是还没有形成需要，或没有形成此类需要，通过比较来确定自己的需要。就人的需要产生的顺序来说，总是先有后者，再有前者。如果把个人需要的形成过程放置在全体人民的需要中去研究和分析，对国家凝聚力产生的影响是不同的。人民群众没有某种需要，或没有条件产生这种需要，但是通过比较产生了这种需要，而国家又有条件满足这种需要时，这样的需要则更能加强国家凝聚力。

国家凝聚力的构成要素

——国家凝聚力研究笔记之二

刘学谦

一、满足人民需要是研究当代中国国家凝聚力的主线

国家能够满足人民需要才会产生凝聚力，国家能够可持续满足人民需要才能保持凝聚力，国家能够满足人民群众在不同的历史时期和发展阶段不断增长和变化的全面需要，国家才能增强凝聚力。我们抓住满足人民需要这条主线研究国家凝聚力，就能找到当代中国国家凝聚力发展变化的历史轨迹。

"满足人民需要"这条研究当代中国国家凝聚力的主线的确立，至少应从四个方面考虑。

第一，我们是社会主义国家，人民是国家的主人。中国共产党作为执政党，全心全意为人民服务是中国共产党的根本宗旨。但是，中国共产党为人民服务什么呢，服务人民群众的需要。我们的各级干部无论职位高低，都是人民的公仆，是人民的勤务员，是为人民服务的，是服务人民的需要的。我们的各级人民政府也是为人民办事的服务机构，服务人民的各种需要，人民满意不满意，高兴不高兴是评价政府工作好与坏的标准。我们的国家制度，决定了国家的凝聚力同服务人民需要的因果关系。只有把服务人民群众需要的工作做好了，人民才会拥护中国共产党和中央人民政府，才会产生凝聚力、向心力。因此，研究新中国成立以来党和国家凝聚力的发展变化，找到不同历史时期服务人民群众，满足人民需要的史实，也就能发现国家凝聚力发展变化的历史轨迹。

第二，经过长期的研究，我们逐步揭示了国家凝聚力的源泉和动力，这就是人民的需要是国家凝聚力形成的源泉，满足人民的需要是国家凝聚力发展的动力。无

论什么制度的国家，要形成国家凝聚力，必须把统治者的意志转化成民众的需要，然后满足民众的需要，国家才会产生凝聚力。当然，在人民群众不是国家主人的社会制度条件下，统治者的意志和人民的需要具有相悖性，要把统治者的意志转化为民众的需要，其过程往往具有很大的欺骗性和伪装性。这一点我们翻开历史，看看帝国主义国家如何在自己的国家煽动民众支持侵略战争，就十分清楚了。但是，在人民群众是国家主人的社会制度下，党和国家领导人的意志和人民的需要具有一致性，要把党和国家领导人的意志转化为人民的需要，并不需要欺骗和伪装，只是需要人民的认知、认同和认可。正是由于性质的不同，决定着国家满足人民需要后形成国家凝聚力的长期性、稳定性不同，以及国家凝聚力发展变化的周期性不同。从国家凝聚力形成和发展变化的源泉和动力角度考虑，把满足人民需要作为研究当代中国国家凝聚力的一条主线，显然有利于正确认识和把握当代中国国家凝聚力发展和变化的规律。

第三，学习马克思关于人的需要的理论，可以更加科学地理解把满足人民需要作为研究当代中国国家凝聚力的一条主线。马克思关于人的需要的一个重要观点是，人的需要不仅是人的本性，而且是作为人的"内心的意向"构成人们活动的原动力和原目的。"在现实生活中，人有各种需要"，"任何人如果不同时为自己的某种需要和为这种需要的器官做事，他就什么也不能做"。如果说欲望是人们"一定的，自己真正体验到了的需要"，动机是正在向活动转化的需要，那么目的则是已经成为活动内在要素的、与客观手段相统一的需要。人的具体需要决定了人的各种具体活动和日常行为的具体目的，人生的根本需要则决定了人生的根本目的。既然人的需要构成人们活动的原动力和原目的，那么人类的一切活动都必然是围绕人的需要展开的。国家对对待人民需要的态度和行为，也必然决定人民对待国家的态度和行为。国家只有不断满足人民的需要，人民才有发展建设国家的强大动力。我们国家的强大，在一定意义上也是国家满足人民需要，充分调动起全国人民积极性和创造性的结果。所以，研究当代中国国家凝聚力，抓住满足人民需要这条主线，就是抓住了国家凝聚力产生、发展、变化的根本。

第四，从当代中国国家凝聚力发展变化的轨迹看，中华人民共和国成立70多年来，虽然遇到了诸多困难和挑战，都没有挡住共和国前进的脚步，我们取得了举世公认的发展成就。这一切都与国家满足人民需要，人民拥护党和政府，形成强大国家凝聚力有关。在当代中国国家凝聚力的发展历史过程中，至少有三个时期，国家满足人民需要的变化，引起了国家凝聚力的变化。首先是新中国的成立，推翻了压在中国人民头上的"三座大山"，人民变成了国家的主人，特别是亿万农民拥有了祖祖辈辈都渴望的土地，中国人民的凝聚力达到了空前的高度。其次是改革开放后的一段时期。这一时期社会上出现了"端起碗吃肉，放下筷子骂娘"现象。人民群众的生活水平提高了，为什么还不满意呢？实际上是人民的物质需要满足了，人民正确的精神需要却被忽视了，出现的最大问题就是教育。这一时期国家凝聚力出现了减弱现象。这表明虽然满足了人民的物质需要，但没有满足人民的精神需要，也会导致国家凝聚力的不稳定。最后是提出小康目标到建设全面小康时期。这一时期，党和政府坚持物质文明和精神文明两手抓、两手硬，开始重视满足人民的全面发展、全面需要的问题。特别是党的十八大以后，党中央提出"五位一体"总体布局，全面推进经济建设、政治建设、文化建设、社会建设、生态文明建设，国家实现了满足人民群众日益增长的物质文化生活需要到满足人民群众美好生活全面需要的重大历史性转变。随着满足人民需要的转变，当代中国国家凝聚力进入了全面稳定上升的新时期。历史事实如此，如果我们不以满足人民需要为研究当代中国国家凝聚力的主线，就不可能认识和把握当代中国国家凝聚力形成、变化的根本规律。

二、关于国家凝聚力合力和分力及相互关系

国家凝聚力是否存在合力与分力的关系，这是我思考了很长时间才确定下来的一个研究结果。首先是国家凝聚力是否存在合力与分力的关系问题。在我最初的研究中并没有合力与分力的认识，只是把国家凝聚力看成一种社会心理现象。但是随着对这一社会心理现象形成的原因进行分析，就感到同是凝聚力，但是形成的原因是不同的，而不同原因形成的国家凝聚力，有自己独立的作用方向和价值取向。如人民生活水平的提高产生的凝聚力，往往是作用在物质生产，激发人民发展经济，提高社会生产力上。我们国家悠久的历史文化产生的凝聚力，往往是促进人民传承历史文化，发扬历史文化，认同历史文化，在同外来文化的博弈中，保持中华文化的繁荣与强大。这表明，国家凝聚力的凝聚对象是相同的，但是不同原因形成的凝聚力使凝聚对象产生的心理价值取向是不同的，作用方向也是不同的。这就促使我有了根据凝聚力产生的不同原因，提出相对独立的几种凝聚力的思考。其次是学习马克思和恩格斯的相关论述，坚定了划分国家凝聚力合力与分力的信心。马克思关于人的需要的理论，表明人有多种需要，既有物质的，也有精神的，还有社会交往的，等等。恩格斯关于社会发展合力的观点认为，社会发展有无数个力构成发展的总合力。一个国家发展的快慢，主要有物质因素和精神因素，当然也包括经济因素、政治因素、文化因素等，这些因素交互作用，形成推动社会发展的整体合力。国家

凝聚力是构成国家能力的多种要素共同发挥正向作用的结果，也必然是推动社会发展的总合力，而这个总合力也必然是由多个要素形成的凝聚力量所构成的。最后是国家凝聚力由五大要素凝聚力构成，这经历了一个认识过程。我在 2004 年 3 月 29 日人民日报理论版发表的一篇文章中，首次提出了提高人民群众的物质生活水平，增强国家的物质凝聚力；发展先进文化，增强当代中国的精神凝聚力；发展人民民主，深入开展反腐败斗争，增强当代中国的政治凝聚力。2012 年 10 月 9 日，我在接受中新社记者采访时提出，国家凝聚力主要由精神、物质、政治、文化、安全等五大要素构成。按照不同的要素，构成了国家物质凝聚力、国家精神凝聚力、国家政治凝聚力、国家文化凝聚力、国家安全凝聚力。后来在完成国家社科基金重点项目"当代中国国家凝聚力研究"的过程中，我先后在《光明日报》、《中国社会科学报》和学术刊物上发表了多篇文章，详细阐释了五个方面凝聚力的内涵和构成。随后，国内专家学者也开始在相关学术文章中使用物质凝聚力、精神凝聚力、文化凝聚力、政治凝聚力、安全凝聚力的概念。

国家凝聚力所包含的五个要素的凝聚力是相互联系、不可分割的一个整体。它们按着各自独特的功能发挥作用形成合力，同时它们之间又具有相互支撑、相互补充，而又不能相互代替的关系。如果任何一个方面凝聚力丧失，就会造成整个国家凝聚力失去平衡，有些国家常出现某一方面的凝聚力下降，却并没有导致整个国家凝聚力下降的现象。这是因为其他凝聚力发挥了补充和支撑作用，有时这种补充和支撑作用是非常强大的。比如，一些经济上发展缓慢的国家，却因精神上的高度统一，仍然保持着强大的国家凝聚力，实际是精神凝聚力发挥了重要的支撑作用。但是，失去平衡的国家凝聚力是不可能保持长久的，因为就像精神凝聚力最终只能用精神的手段增强一样，物质凝聚力也只能通过物质的手段来增强。其他的凝聚力也是如此。因此，加强国家凝聚力建设，必须坚持全面发展。

在这里，应该特别强调的是，国家物质凝聚力和安全凝聚力具有非常重要的基础作用。当一个国家经济实力不断增强，人民生活水平不断提高，具有强大物质凝聚力和建设强大国防形成的国家安全凝聚力时，比较容易形成强大的政治凝聚力、精神凝聚力和文化凝聚力；相反，则容易出现弱化。特别是国家凝聚力所表现的国际影响力，表现得更为明显。美国哈佛大学教授塞缪尔·亨廷顿在他的《文明的冲突》一书中，就有这样的论述，他引用约瑟夫·奈的论证，如果一个国家的文化和意识形态具有吸引力，其他国家会更愿追随其领导。他进一步论证说："共产主义意识形态在 20 世纪 50 年代吸引了世界各国的人民，当时它是与苏联的经济成功和军事实力联系在一起的。当苏联发生经济萧条且不能维持其军事力量时，这种吸引力也就随之消失了。西方的价值观和体制已吸引了其他文化的人民，因为它们被看作是西方实力和财富的源泉。这个进程已持续了几个世纪。""随着西方实力的削弱，西方向其他文明强加其人权、自由正义和民主等概念的能力降低了，那些价值对其他文明的吸引力也随之减小。"

国家凝聚力的传承性

——国家凝聚力研究笔记之三

刘学谦

一、国家凝聚力不是无条件的越强越好

我们平时常说增强国家凝聚力，一般认为是没有条件的。但是，当我们分析人类历史上发生的战争时，毫无疑问地能得出结论：国家凝聚力并不是无条件的越强越好。二战时期的德国，国家凝聚力达到了巅峰，希特勒利用德国的强大国家凝聚力，发动了第二次世界大战；日本统治者同样也是利用明治维新后日本形成的强大国家凝聚力，发动了对亚洲各国的侵略战争。由此可以看出，国家凝聚力强大的好坏，是有条件的。这个条件，就是国家凝聚力的作用方向。如果把国家凝聚力引导到错误的方向，可能凝聚力越强，对国家、对人民，甚至对人类造成灾难就越大。只有国家凝聚力的作用方向同人类的和平进步目标相同时，国家凝聚力越强大，才会产生有益国家、有益人民的发展正能量。

当代中国正在以习近平同志为核心的党中央领导下，为实现中华民族伟大复兴的中国梦而奋斗，当代中国国家凝聚力的作用方向同这一目标具有高度的一致性，因此当代中国的国家凝聚力越强，越有利于中国的和平崛起，越有利于人类的和平与进步，越有利于中国人民彻底消除贫困，使全体人民都过上幸福美好的生活。

二、对国家凝聚力定义中"内向聚合力和外向吸引力"的分析

国家凝聚力是指一个国家不同民族、政党以及民众在共同的理想、目标、利益基础上，国家满足其物质、精神、政治文化、安全等需要，而产生的内向聚合力和

外向吸引力。这里所说的"内向聚合力和外向吸引力",出现在国家凝聚力的定义中,主要是基于以下考虑:一个国家的凝聚力首先是对这个国家的人民产生凝聚力量,同时,一个国家的凝聚力也会对其他国家的人民产生凝聚力量。这样一来,一个国家的凝聚力就有对内对外两种凝聚力量。这显然是两种性质和对象都不相同的凝聚力量。

用"内向聚合力"来表示国家凝聚力对本国人民的凝聚力量是比较合适的。首先,"内向聚合力"清楚地表达了内外有别的界限概念,既有中国人常说的"团结"之意,又有一个国家的人民因爱国而形成的向心力之意。其次,"内向聚合力"的大小,能清楚地表达国家凝聚力凝聚人民的程度。最后,"内向聚合力"能准确表示国家凝聚力凝聚人民的作用方向。

用"外向吸引力"来表示一个国家的凝聚力对其他国家人民产生的凝聚力量也是比较合适的。首先,"外向吸引力"的"外向"清楚地表明了是对自身以外对象的凝聚力量。其次,"外向吸引力"产生的凝聚力量,是对自身以外对象的吸引,而不是向心力,具体而言,就是一个国家的人民对凝聚力强大国家的认知、羡慕、向往。最后,"外向吸引力"通过定义前面的内容,表明了吸引与被吸引的因果关系。

三、国家凝聚力具有传承性

从国家的发展历史看,尽管不同历史时期的国家政权具有不同的性质,但在增强国家凝聚力的措施上是有相通性的。关于国家凝聚力系统的、理论性的学术研究时间并不长,但增强国家凝聚力的实践伴随着国家的产生就开始了。每个国家的形成与发展都离不开国家凝聚力的推动。历代王朝的更替也都是凝聚力变化的结果。没有凝聚力,不能把人民群众凝聚在一起,就不能形成一个新的国家;国家建立后,如果不能满足人民物质、精神、政治、文化、安全方面的需求,不能形成国家凝聚力,国家就不能长久发展。历史上公认的盛世有汉朝的"文景之治"、唐朝的"贞观之治"、清朝的"康乾盛世"。这些盛世经济发达、政治昌明、文化进步、国家统一、社会安定,是国家凝聚力空前强大的时期。这些盛世的治国理念有些是相通的,例如,都重视农业的发展,满足人民的物质需求;都重视人才,任人唯贤,从严整顿吏治,打击腐败;都重视教育,修书修典,推动文化传承;等等。我国历史上出现的盛世,也可以看作是增强国家凝聚力的实践。

四、秦始皇国家凝聚力思想点滴

秦始皇统一六国后建立了中国历史上第一个中央集权的大一统王朝——秦朝。虽然秦朝不是盛世，历史上对秦始皇的评价也褒贬不一，但不可否认的是秦始皇嬴政建立了第一个统一的、多民族的、中央集权的封建国家，并推行了许多消除分裂因素的措施，为中国长期的统一奠定了基础。秦朝的建立对中国封建社会政治制度具有开创性的、划时代的意义。正所谓"汉承秦制""自秦以来，其制未变""百代都行秦政法"，这个帝国所实施的一系列制度为中国现在的版图奠定了基础。

首先，秦始皇在统一六国后，针对当时社会上"车途异轨，律令异法，衣冠异制，言语异声，文字异形"的情况，采取了许多统一措施。一是书同文。在秦统一之前，文字异形为政令的推行和文化的交流造成了严重障碍。秦统一后，几经整理，把隶书作为日用文字在全国范围推广，使其成为一个民族的基础，并沿用至今。这对推行法令、传播文化具有重要的促进作用。二是统一货币。战国时期各国自铸货币，价值不等，换算困难。秦灭六国后统一货币度量，改变了过去货币不统一的混乱状态，加强了各地商品交换和经济交流。三是统一度量。统一之前，各诸侯国的度量衡制度混乱。秦统一后，把商鞅制定的度量衡制度推行到全国，实行度量衡定期检定制度，以保证计量器具的准确和统一。统一度量消除了各地割据势力的影响，促进了经济发展、文化交流。四是车同轨。车同轨既有利于军事也有利于民间运输，非常有战略意义。秦始皇统一中国后，这些文字、货币、度量、车轨、的统一，为国家凝聚力的增强打下了坚实基础。

其次，秦始皇认为"天下共苦，战斗不休，以有侯王"。秦始皇首创的皇帝制度、三公九卿为代表的中央官制以及郡县制，彻底打破了自西周以来的世卿世禄制和分封制度。这一制度强化了中央对地方的控制，维护了国家的统一，奠定了中国大一统封建王朝的统治基础，基本上也被后来的封建统治者继承下来。

五、唐太宗李世民国家凝聚力思想点滴

唐太宗李世民即位后，因为目睹了隋朝的兴亡，所以他常用隋炀帝作为反面教材，来警诫自己及下属。唐太宗广开言路，虚心纳谏，任人廉能，知人善用，重用魏征等诤臣，增强了君臣的凝聚力和民众的向心力；并采取了一些以农为本，厉行节约，休养生息，复兴文教，完善科举制度等政策，尊重边族风俗，稳固边疆，使得全国上下的凝聚力达到一个新的高度，社会出现了安定和谐的局面。

首先，大力发展农业，满足人民基本物质需求。增强国家物质凝聚力是国家发展初始阶段国家凝聚力的基础。唐太宗即位之初，经济凋敝，民户凋残。唐太宗即位后实行偃武修文，静民务农、恢复与发展经济。唐太宗发展农业，满足人民基本物质需求的措施主要有：一是劝课农桑，不违农时。为劝课农桑，唐太宗恢复了古代的"藉田"之礼；唐太宗还经常派使臣到各地巡行视察，劝课农桑，向使臣讲述劝农的意义；为落实劝课农桑，唐太宗强调"不违农时"，并制定了《唐律疏议·擅兴律》，以法律的手段来保证不违农时原则的落实。对在农忙季节擅自征发徭役、强夺民时的官员依法论处，这在中国封建时代是前所未见的事，它体现了唐太宗对劝课农桑与不违农时的重视。二是均田垦荒。唐太宗为了鼓励流亡农民返归故里，政府把掌握的无主荒地按均田制的规定办法分配给农民耕种。为了解决"狭乡"授田亩数不足的问题，唐太宗鼓励农民向地多人少的"宽乡"迁徙，还通过制定法律法规来落实均田垦荒法令。三是大力发展人口。唐太宗从安民、重农的思想出发，积极采取各种措施鼓励人口增殖。例如积极赎取人口、释放宫女、改变法定婚龄。通过这些措施，唐初农业劳动力缺乏的状况基本得到解决，为农业经济的恢复与发展提供了有利条件。

其次，任人唯贤，从严整顿吏治，减轻刑律，实行德政，形成了政通人和的盛世局面。主要措施有：一是用人唯贤，不问出身，不计恩怨，严格掌握用人的标准，坚决反对以人际关系和血缘亲情为标尺来选拔人才。包括健全科举取士制，从各地考生中选拔人才；召集臣下来议政、议经、议文，发现他们的才干，掂量他们的品德，量才录用；经常不断地要求大臣向他推荐人才，以便多方考察，随时选用。二是改革吏治，制定官吏的迁调制度。选取京官中有能之士，将其升调京外为官，锻炼其才智。同时，选取京外有识之士入京做官，训练其才能。内外互调，增进了中央与地方的沟通，培养了大批精干官吏。三是提倡廉洁。唐玄宗规定三品以下大臣，以及内宫妃子以下者，不得佩戴金玉制作的饰物，并且遣散宫女，以节省开支。四是实行德政。"遂以宽仁治天下，而于刑法尤慎"。唐律立法的基本原则包括："礼法合一""法令不可数变""用法务在宽简"等，并强调"法者，非朕一人之法，乃天下之法"，赋予了法律尊严，承认司法部门的权威性。正如张晋藩先生所说："贞观之治的历史，雄辩地说明了盛世与法治的关系。作为封建法治的主要表征，是法律对权力特别是对皇权的某种约束，它的出现既有复杂的社会政治原因，也与皇帝个人的品格不无关系。"

最后，重视文化教育的发展，修书修典推动文化的传承。一是在中央设立统管学校的国子监，在地方则设立府、州、县三种学校。学校教育以经学为中心，贞观九年（635 年）颁布颜师古等编写的《五经正义》等书籍，作为学校的统一教材。同时发展了隋朝的科举制度，扩大进士科，推动了唐前中期科举制的兴盛，选拔了大量优秀人才。二是进行史馆的创新。唐太宗将历史上一直隶属于秘书省的修史机构，移至宫禁之中，以便对修史工作进行控制和领导。又将自北魏以来由大臣监修史书制度改由宰相监修，并赋予监修宰相诸多权力。这一举措标志着国家对修史工作的高度重视，促进了修史制度的日臻完善，在我国史学史上具有划时代的意义，并对后世的史学发展起到了不可估量的推动作用。三是修史数量多。贞观年间由国家主持修撰的著作就有《梁书》《北齐书》《陈书》《隋书》《周书》《晋书》6 部，占了中国封建社会 2000 多年所修二十四史的 1/4。此外，其他类型的史书文献，还有数十部。

六、清圣祖康熙、清高宗乾隆国家凝聚力思想点滴

"康乾盛世"起于康熙二十年（1681 年）平三藩之乱，止于嘉庆元年（1796 年）川楚陕白莲教起义爆发，历康熙、雍正、乾隆三朝，持续时间长达 115 年。在此期间，清王朝经济快速发展，人口增长迅速，社会稳定和谐，奠定了今天中国的版图，巩固了统一的多民族国家，使得国家的凝聚力又一次增强，一个泱泱大国屹立在世界的东方。

首先是采取"重农抑商"政策，恢复农业生产。清初大乱之后，招徕流亡或散失的农民归农，开垦土地，是恢复经济的首要任务。康熙认为"家给人足，而后世济"，采取了一系列措施发展农业经济。一是废止"圈田令"，即废止贵族圈近京州县田地的特权，将土地让与百姓耕种。康熙在诏书上说："自后圈占民间房地，永行停止，其今年所已圈者，悉令给还民间。"二是延长垦荒的免税时间。清初规定垦荒三年内免税，以后改为六年内免税。康熙十二年改为新垦荒田十年内免税。免税政策激发了农民垦荒的积极性与主动性，全国耕地面积迅速增加。三是轻徭薄赋、与民生息。到康熙晚期，随着综合国力的进一步增强，1712 年发布了著名的"滋生人丁，永不加赋"的圣旨，这对无地的农民是很有利的。到雍正、乾隆时期，在全国范围内实行"摊丁入亩"，按地亩多少征收赋税，使地丁合一，取消了我国古代实行了两千多年的人头税。这是中国古代赋税制度的一大变革，赋税按照地亩征收，有利于无地和少地的农民，使农民对国家的依附关系进一步削弱。有学者评价："清王朝'中央政府的财政制度是相当程度地浮在表面上的'。"清王朝是中国历史上少有的实行"轻徭薄赋"的朝代，它在长时间里实行低税率政策。

其次是实行崇儒重道的文化教育政策，即崇孔尊朱，提倡理学，以儒家思想作为全社会的指导思想。崇儒重道首先表现为崇孔尊朱。清代帝王对朱熹的礼尊达到了前所未有的高度，他不但把朱熹从祀孔庙的地位升格，由先贤之列变为十哲之次；还在科举考试中，把朱熹对四书五经的注释作为标准。崇儒重道其次表现为提倡理学。清代帝王提倡理学，重用理学名臣。康熙帝重用魏裔介、熊赐履、李光地等深通理学的大臣，并委以重用，死后还入祀贤良祠。同时，清代帝王还提倡考据学，这也是清朝崇儒重道文化教育政策的表现之一。崇儒重道还表现为重视、招揽大量儒学人才。康熙十七年（1678 年）正月创设"博学鸿儒科"。广大士子积极踊跃参加科举考试，隐逸民间或山林之间的名儒则纷纷应征博学鸿儒。开博学鸿儒科，极尽笼络、推崇隐居而有大影响的名儒之意，连顾炎武、黄宗羲等曾激烈反清的抗节名士也放弃了对清朝的敌视与反抗。一时之间，天下人才荟萃。正如乾隆时进士阮奎生盛赞"康熙己未，鸿博之征，一时人才搜罗殆尽。盖国家定鼎数十年，德意培养，文教昌明，如宝山初开，琳琅尽献，猗欤盛矣"。在全方位的推动下，儒家思想得到了全面的普及，这是增强国家凝聚力的思想基础。

国家凝聚力功能分析

——国家凝聚力研究笔记之四

刘学谦

一、国家凝聚力在人类社会发展中的巨大作用

历史和现实都证明，国家凝聚力是凝聚民族和全体国民智慧和力量，推动国家可持续发展的强大生产力。它可以使弱国、穷国变成强国、富国，也可以让落败的国家实现复兴和崛起。

国家凝聚力是动员民众形成合力战胜困难和敌人的强大战斗力。有了它就可以战胜任何敢于来犯的敌人，保卫国家领土、主权完整和人民的利益不受侵犯。

国家凝聚力是消除国内矛盾，促进人民、民族、阶层团结统一的和谐之力。它通过人民对国家的理想、信仰认同、政治认同、文化认同，形成国家意识和国家责任，在国家利益高于一切的境界中，实现人与人、民族与民族、阶层与阶层之间的协调一致、和睦共荣。

国家凝聚力是实现国家梦想和个人梦想的永不衰竭的强大动力。国家有强大的凝聚力，个人才会有美好的前程和发展；没有国家凝聚力的国家难以屹立于世界民族之林，只有拥有强大国家凝聚力的国家，才能在世界的历史舞台上有为有位，才能得到世界的认可和尊重。

二、国家凝聚力在国家理想目标统一下的力量聚合功能

国家理想和目标是国家凝聚力的力量集合点。国家是多种利益群体的聚合体，一方面这些群体是推动国家发展的基本力量，另一方面这些群体之间的利益冲突又

构成了影响国家发展稳定的基本矛盾。国家利用国家凝聚力化解矛盾，统一目标，集合力量，达到推动国家发展的目的。国家通过满足社会成员的理想、欲望等多种需求，把对不同群体的吸引力渗透到每个个体，使个体产生一种对国家的向心力。不同的群体力量是分散的，但在国家理想目标统一、人民认同的条件下，经过国家凝聚力的集聚、转化与整合，国家力量就不再是分散的，而是统一的整体力量。这种统一的整体力量共同作用在国家目标的支点上，形成推进国家发展的巨大动力。一些发展中国家随着经济社会的发展，社会矛盾、民族矛盾突出，不同社会力量之间相互角逐，国家强了，人民富了，国家凝聚力反而弱了。对于这种现象，许多经济学家工业化发展阶段的规律角度解释，是由于人均经济收入达到一定水平后的矛盾凸显；从凝聚力学的角度解释，是由于人以往的需要得到满足，而新的需要开始时所出现的利益目标多样化和满足人民新的需要滞后造成的国家凝聚力的周期性起伏变化。这个时期国家政权如果处理不好新的利益矛盾，就会造成国家凝聚力的弱化，所以这个时期也是国家政权的执政能力和执政水平的检验期与考验期。我国在改革开放以后，人民生活水平普遍有了提高，人民有了更高更多美好生活的需要，我们党和政府及时提出了建设小康社会的奋斗目标，由于这个目标整合了中国广大人民群众新的利益诉求，因此实现这个目标在很长时间内成为国家凝聚力的源泉和动力。依托国家凝聚力的力量集合功能，使得人民的力量能够摆脱错误思潮的干扰，合力推进中国特色社会主义事业的发展。这也给我们许多思考，一个国家的人民出现了离心力，从凝聚力的角度来说，一定是他们的需要目标没有得到满足，如果这个需要的目标代表着大多数人民的诉求，国家就应该及时调整目标。如果这个目标是一个超出了国家能力的目标，国家就应该发挥其他方面凝聚力的目标平衡作用，通过降低人们的目标期望值，使国家保持实现发展目标的合力。

三、国家凝聚力对国家存在多元文化的主导与融合功能

现代国家无论大小和强弱，客观上都存在着多元文化。多元文化的存在一方面体现着社会的发展与繁荣，另一方面如果多元文化出现了泛化和冲突，就会造成人们思维的混乱和社会的无序。因此现代国家无论社会性质如何，都必然存在代表国家意志的主流文化，并通过主流文化来影响和主导其他非主流文化。主流文化对非主流文化的主导程度与影响力，除了取决于自身内容的合理性和科学性外，主要还与国家凝聚力条件下公众的认可度有关。国家凝聚力越强，公众对主流文化的认可度越高，主流文化对非主流文化的主导性越强，影响力越大。一个国家的主流文化不仅可以主导和

影响本国的非主流文化，而且随着国家凝聚力在世界范围内的扩大，它还会渗透和影响其他被凝聚国家的主流文化，渗透与影响的程度一般来说和被凝聚的程度成正比。由此应想到，我国抵抗西方价值观主流文化的渗透，单纯靠堵是不行的，最根本的还是强大我们的国家凝聚力，并在此基础上形成被公众所认可的、能够主导和影响非主流文化以及抵御西方文化渗透的主流文化。当我国的凝聚力能够强大到凝聚世界时，我们国家的主流文化也必然走向世界，由被渗透发展到逆渗透。

客观存在的多元文化之间有着相互融合的关系，而融合过程同样存在着主导与被主导的关系。这种文化融合过程中的主导地位是由国家凝聚力的强弱所决定的。在国家凝聚力十分强大的时期，社会不同群体自觉接受主流文化的融合，这是在国家高凝聚力的影响下，不同群体在国家统一意志目标认可基础上所产生的服从效应。当国家缺乏凝聚力时社会不同群体文化之间的冲突也会增加，文化融合出现困难。在国际上也是如此。当前国际上东西文化的矛盾与冲突，最根本的是不同国际主流文化所体现的价值观念的冲突。在这场文化冲突中，哪一个国家的主流文化能够赢得这场文化博弈的主导权，在世界文化的大融合中能保留较多的本国文化元素，与其国家凝聚力的强弱有着直接的因果关系。

四、国家凝聚力在国家面临内外压力时的定向转化功能

任何国家在生存与发展的过程中都会遇到各种压力，这些压力无外乎两大部分，一部分是来自国内的压力，另一部分是来自国外的压力。压力有些是正面的，也有些是反面的，但对于一个国家来说，无论压力是正面的还是反面的，对一个国家的影响并不完全由压力本身的性质决定。因为强大的国家凝聚力，对国内外压力的作用方向有着定向转化功能。至于向好的方面转化还是向坏的方面转化，国家凝聚力则发挥着至关重要的作用。这种作用的原理，就是在国家高凝聚力条件下人民群众所具有的实现理想目标的高度自觉意识，能够在国家统一的意志条件下使压力影响的性质向有利于自己的方向转化。新中国刚刚成立之时，以美国为首的西方国家对新中国实行全面封锁，目的就是想压垮刚刚诞生的红色政权。但他们没有想到的是中国共产党领导全中国人民推翻了压在头上的"三座大山"，形成了前所未有的强大国家凝聚力，人民群众建设富强民主新中国的高度自觉意识和发自内心的热情使全面封锁的压力变成了自力更生、发愤图强的巨大动力。同样地，20世纪80年代在东欧剧变的冲突中我们党和国家走上了改革发展的道路，人民群众迸发的希望和热情，使国家凝聚力在遭受"文革"的冲击和破坏后，重新获得了新生和发展。面对

东欧剧变的压力，我们国家不仅没有被压垮，反而在党的领导下，走上了一条具有中国特色的社会主义道路，这条道路让中国人民享受了富裕、和谐、幸福的新生活，国家强大凝聚力转变内外压力成为发展复兴动力的例子在世界其他国家也广泛存在。一个国家的发展和复兴需要具备多种条件，但在国与国之间充满激烈竞争（恶意的或非恶意的）的压力条件下，要把恶性竞争及恶意压制等负面压力转化成振兴发展的动力，建设强大的国家凝聚力是其重要的基础和条件。实践证明，强大的国家凝聚力不仅可以更好地利用有利的环境和形势，使自己的国家加快发展，也可以把不利的形势及内外压力转化为发展的动力。而如果一个国家缺乏凝聚力，不仅受制于内外压力不能自拔，而且面对好的环境与形势也会因国家缺乏统一的意志和力量而丧失发展和振兴的机遇。

五、国家凝聚力在国家实现稳定和谐发展过程中的促进功能

世界历史表明，没有哪一个国家是在动乱和一盘散沙中实现发展与崛起的。这说明建立和保持稳定与和谐的社会对任何国家的发展与崛起都至关重要。但是我们要建立和保持稳定与和谐的社会是离不开国家凝聚力发挥其促进功能的。国家凝聚力作为国家目标意志统一条件下的吸引聚合力量，绝不是一种简单被动的物理力量，而是作用在不同群体时都能够发挥聚合作用的力量。当它作用在国家成员时能够激发为国争光的积极性和创造性；当它作用在国内人民内部矛盾的各方时能够在意志和目标共鸣中使矛盾得到化解。国家凝聚力之所以会有如此作用，从根本上说是因为国家凝聚力所内含的国家意识与国家责任贯穿于每个社会成员的思想与行为中，使不同群体在处理社会思想与行为的冲突矛盾时服从大局，形成共识。

当然这种国家意识和国家责任是在国家凝聚力形成的过程中逐步形成的，是国家成员在国家满足了其物质、精神、政治和文化等诸多需求，产生了对国家的向心力后才具有的。一个不为人民谋福祉，对人民不负责任的国家和政权是很难使人民形成国家意识和国家责任的。一些国家动乱不断、政局不稳都可以从国家凝聚力的弱化中找到原因。发挥国家凝聚力对国家实现稳定与和谐发展的促进功能，离不开经济发展惠及民生的主题，必须让发展的成果惠及每一个公民，并且一定是看得到、摸得着的实惠，在这样的基础上再进行教育引导，人民群众才会产生国家意识和国家责任，才会形成以爱国主义为核心的发展动力以及国家凝聚力和向心力。那些企图越过满足人民需求和利益这个基础，通过单纯的说教就可以让人民产生国家凝聚力和向心力的想法是非常不现实的。但是国家意识和国家责任也不是单靠解决需求

和利益问题就能自然产生的。在改革开放初期，之所以会出现"端起碗来吃肉，放下筷子骂娘"的现象，就是教育引导不到位造成的，这说明引导教育同样重要。因此加强人民群众国家意识和国家责任的培养，也一定要全面增强国家物质、精神、政治、文化、安全凝聚力，这样才能形成强大稳定的国家凝聚力，才能保证国家的长治久安。

六、当代中国凝聚力作用方向同实现中华民族伟大复兴具有高度一致性

根据国家凝聚力的基本原理，一个国家的凝聚力只有全面作用在国家的奋斗目标上，才能形成推动社会发展的巨大力量。但是，一个国家的凝聚力如何才能全面作用在国家的奋斗目标上呢？我认为至少要满足四个条件：一是国家目标要充分反映人民群众时代的美好生活需要。这里强调时代的美好需要，有特殊的意义。美好生活需要既有过去时，也有现在时，还有将来时。过去的目标满足了人民美好生活的需要，不等于今天的目标也能满足人民美好生活的需要，更不等于未来的目标也能满足人民美好生活的需要。所以国家的奋斗目标要根据社会的发展和进步，按照人民需求的变化，不断地完善和充实奋斗目标，才能保持发展目标的可持续凝聚力。二是国家的奋斗目标一定要得到人民的认同、认可。这里强调的人民的认同、认可非常重要。有时奋斗目标从制定者的愿望来看是好的，奋斗目标的内容也是好的，但是却没有得到人民的认同和认可，同样不能把人民的力量凝聚到发展目标上来。三是奋斗目标的实践过程所形成的结果一定能让人民群众看得到、摸得到、享受得到。这里所说的享受一定是普惠性的，不能只是少数人的，更不能是少数人剥夺多数人的。只有普惠到全体人民的目标，才能凝聚起最广泛的人民力量。四是国家奋斗目标一定是蕴含全面发展的目标。人民的美好生活需要是多样化的，既有物质的、精神的，也有政治的、文化的、安全的。国家目标也必须反映人民多样化的需要，这样国家奋斗目标才有全面的凝聚力量。

当下，我们国家的奋斗目标，从基本小康到全面小康，到"两个一百年"，再到实现中华民族伟大复兴，都充分反映了国家奋斗目标凝聚人民力量的四点要求，国家凝聚力形成了推进实现中华民族伟大复兴的强大合力。这种国家凝聚力作用方向同实现国家奋斗目标的高度一致性的重大意义至少有两个方面：一方面是集中力量实现国家的奋斗目标；另一方面是减少内耗，确保社会和谐稳定地实现国家的奋斗目标。

我国进入国家凝聚力全面增强新时期的依据

——国家凝聚力研究笔记之五

刘学谦

一、我国进入国家凝聚力全面增强新时期的理论根据

"当代中国国家凝聚力研究"课题组，经过对我国国家凝聚力发展变化的历史轨迹进行分析之后认为，我国国家凝聚力从党的十八大以前的全面发展时期，已经进入党的十八大以后的全面增强时期。其理论根据主要来自三个方面。

一是根据国家凝聚力形成发展变化的原理。一个国家的凝聚力强弱变化，只是同人民的需要和国家满足人民需要的能力相联系。这种联系具有同步、同向的正相关性。人民需要增加，国家满足能力增加，国家凝聚力发展；人民需要全面增加，国家满足能力全面增加，国家凝聚力全面发展；人民需要全面增强，国家满足能力全面增强，国家凝聚力全面增强。党的十八大前后国家凝聚力的变化就是人民需要和国家满足能力之间的正相关变化。

二是根据我国社会主要矛盾的变化。我国社会的主要矛盾已经从人民日益增长的物质文化需要同落后的社会生产之间的矛盾，转化为人民日益增长的美好生活需要和不平衡不充分的发展之间的矛盾。从人民需要的角度看，物质文化需要到美好生活需要，表现了需要多样化、全面化、既有量又有质的巨大变化；从国家满足人民需要的能力看，落后的社会生产到发展的不平衡不充分，表现了国家满足人民需要能力增强基础上的高质量发展新要求。我国社会主要矛盾的变化，必然直接引起国家凝聚力源泉和动力的变化，促进国家凝聚力的进一步增强和提升。

三是根据国家凝聚力评价体系严格测算。通过对世界 45 个样本国家的测算，2017 年中国国家凝聚力综合得分排名从 2012 年的第 17 位，上升到 2017 年的第 8 位。

中国国家凝聚力排名超过美国、英国、德国、法国等西方主要发达国家。

二、国家物质凝聚力进入全面增强新时期的主要依据

国家物质凝聚力是国家满足人民物质生活的需要所产生的凝聚力。国家凝聚力原理表明，国家财富、经济实力、人均收入、健康水平、可持续发展能力等是重要的物质凝聚力构成要素。首先，从国家财富和经济实力的角度看，我国经济保持了中高速增长，在人均财富增长的同时，经济总量稳居世界第二位。特别是随着国家创新驱动发展战略的大力实施，创新型国家建设取得了一系列重大科技成果，国家财富的增长，经济实力的增强，人民有了自豪感、成就感。其次，从人居环境和健康水平看，人民群众共同感受到的蓝天白云的好天气多了，居住的环境美了，通过实施健康中国战略，普及健康生活、优化健康服务、完善健康保障、建设健康环境、发展健康产业，促进了人民健康事业的全面发展。代表人民总体健康水平的人均预期寿命，根据世界银行和我国卫健委发布的数据从 2011 年的 73.5 岁上升到 2017 年的 76.7 岁。再次，从人民生活水平和社会保障看。随着一大批惠民措施的实施，改革发展的成果更多更公平惠及全体人民。实现了 6000 多万贫困人口的稳定脱贫，贫困发生率从 10.2%，下降到 4% 以下。在经济下行压力下各项民生指标逆势上扬，城乡居民收入增速超过经济增速，覆盖城乡居民的社会保障体系基本建立，增强了人民的获得感、公平感。最后，从国家发展的可持续性看，国家发展绿色经济、循环经济、生态经济、节约经济等的重视程度空前，一方面提升了国家可持续发展的水平和能力，另一方面是使人民对国家的未来充满信心。

三、国家精神凝聚力进入全面增强新时期的主要依据

国家精神凝聚力是国家满足人民精神生活的需要产生的凝聚力。增强国家精神凝聚力，关键是实现国家信仰、理想、精神、道德的人民认同与践行。首先是国家信仰的人民认同。当代中国国家信仰是马列主义毛泽东思想和中国特色社会主义。党的十八大以来形成的习近平新时代中国特色社会主义思想，指导我国人民取得了一系列重大成就，是马克思主义中国化的最新成果，得到了人民的高度认可。国家信仰和人民信仰的高度一致性，使我们国家的发展有了强大的信仰力量。其次是实现"两个一百年"奋斗目标，实现中华民族伟大复兴的中国梦，已经成为中华民族的共同理想。国家理想的人民认同度，在这一时期得到了普遍性和广泛性的提升。

再次是国家精神得到了丰富和发展。党的十八大以来，习近平总书记提倡坚持和弘扬井冈山精神、长征精神、古田会议精神和"两路"精神、"垦荒"精神、塞罕坝精神、航天精神、大庆精神、焦裕禄精神、陈嘉庚精神等多种民族和时代精神，同时，诞生在中国的"上海精神""丝路精神""金砖精神"开始得到世界人民的认同。最后是思想道德建设为实现中国梦提供强大的精神力量。党的十八大以来，面对道德建设的复杂性和新问题，为使社会主义核心价值观内化为人们的精神追求，外化为人们的自觉行动，全党上下通过教育引导、舆论宣传、文化熏陶、典型引导、实践养成、制定保障等方式，推动了社会主义核心价值观在道德领域的落实，增强了核心价值观的大众凝聚力。全国范围涌现了一大批各行各业道德榜样和道德模范，道德力量已经成为强大的精神凝聚力量。

四、国家政治凝聚力进入全面增强新时期的主要依据

国家政治凝聚力是国家满足人民政治生活需要产生的凝聚力。国家政治凝聚力由以下几个要素构成。首先是党的凝聚力不断加强。党的十八大以来，我们党提出了一系列新理念新思想新战略，出台了一系列重大方针政策，推出了一系列重大举措，推进了一系列重大工作，解决了许多长期想解决而没有解决的难题，办成了许多过去想办而没有办成的大事，推动党和国家事业发生了历史性变革。同时，全党坚持从严治党，严肃党内政治生活、加强党的作风建设，反腐败取得重大成果，确保党始终同人民同呼吸、共命运、心连心，增强了人民对党的高度信任感、认同感。其次是国家领导人的领导能力、科学决策水平和人格魅力，直接影响着国家的凝聚力。以习近平同志为核心的党中央是凝聚人民、团结人民的坚强领导核心。有了这个核心，我国人民就有了战胜各种困难和挑战的主心骨，就有了国家凝聚力量的向心点。再次是人民当家作主的制度体系逐步健全，依法治国迈出重大步伐。人民当家作主的制度体系，是人民当家作主的制度保障，它促进新中国成立以来人民群众主人翁意识的传承和强化，形成国家利益高于一切的大众化的责任担当精神和爱国强国的群体心理。通过科学立法、民主立法、依法立法和严格执法、公正司法、全民守法，建设法治国家，使人民的根本利益得到保护，公正公平正义成为社会裁判生活的准则。最后是通过统筹推进各类结构改革，深化简政放权，优化地方各级权力配置等，使国家治理的组织架构进一步完善，政府职能进一步转变，初步形成了更贴近基层服务群众的优势，提高了人民对政府的满意度。

五、国家文化凝聚力进入全面增强新时期的主要依据

国家文化凝聚力是国家满足人民的文化需求产生的凝聚力。国家有强大的文化凝聚力，才有在多元文化中保持文化自信的定力。党的十八大以来，我国进入了中国现代文化和优秀传统文化全面发展和复兴的新时期。首先教育事业取得了显著成绩。五年来，我国各学段入学率均超过了中高收入国家平均水平，教育发展水平进入世界中上行列。与此同时，我国的高等教育也在"发展具有中国特色、世界水平的现代教育作出贡献"。根据英国 QS 全球教育集团发布的第十四届 QS 世界大学排名，中国 12 所高校进入全球百强，成为拥有世界百强大学最多的亚洲国家。中国人在享受更好的教育的同时也彰显了中国文化可以影响世界的实力。其次是我国已经成为文化产品的大国。一批文化精品力作引起强烈反响，国家倡导的价值取向得到人民认同。文化传播、文化交流、文化贸易多头并举，中国品牌、中国声音、中国形象得到越来越多国家的认可。中国文化正在成为世界文化中必不可少的元素。最后是普惠性的现代公共文化服务体系建设，保证满足大多数人民的文化需求。目前全国县级文化馆、博物馆、纪念馆已成为重要的文化阵地，覆盖城乡的国家、省、市、县、乡、村（社区）六级公共文化服务网络已经基本建成。我国公共文化的普惠性，使人民在享受中国文化的同时，提升了整个民族的文化素质。这表明，当下中国文化的繁荣已经成为中华民族伟大复兴的前奏曲。

六、国家安全凝聚力进入全面增强新时期的主要依据

国家安全凝聚力是指国家满足人民安全需要形成的凝聚力。国家安全凝聚力使人民对国家产生热爱感、安全感、依赖感和向心力。特别是人民富裕起来之后，人民的安全需要正在成为第一需要。有安全，才能国泰民安；安全的国家，对人民才有凝聚力。党的十八大以来，国家在习近平总书记总体国家安全观的指导下，全面加强国家安全建设，取得了重大成就。无论是政治安全、国土安全、军事安全，还是经济安全、文化安全、社会安全都得到了全面提升。另外，科技安全、信息安全、生态安全、资源安全、核安全都得到了加强。实践证明，国家安全正在成为衡量各国国家能力的重要标准。我国国家安全凝聚力的增强，最根本的原因是我国国家安全能力的增强。

七、我国国家凝聚力的可持续发展问题

我国的国家凝聚力能够实现可持续发展吗？我的回答是肯定的。国家的凝聚力可持续发展的能力和国家凝聚力的持续增强并不是同一个概念。国家凝聚力的可持续发展，有不断增强的时期，也有平稳发展的时期。这个过程充分体现了马克思哲学中辩证唯物主义的质量互变规律。量变达到一定的程度，就会发生质变，两者之间有一个度，达到这个度时并不是质变的结束，而是质变的开始。在国家的人民需要发生质的变化，国家满足人民需要的能力也发生同步变化时，国家凝聚力的发展也进入强化的新时期。同样，进入强化的新时期，并不是强化的结束，而是强化的开始。强化过程结束，然后进入新的量变积累时期，这时，国家凝聚力也进入平稳发展的时期。这也标志国家凝聚力开始进入了一个新的发展周期。一个关键的问题是，我国能否使满足人民需要增长的能力和人民需要增长变化的周期相平衡。只有需要和周期达到了平衡，国家凝聚力才能实现发展的可持续。

党的十九大报告提出了人民日益增长美好生活需要同不平衡不充分的发展之间矛盾是我国社会主要矛盾的论断。从国家凝聚力的发展过程看，也是推进国家凝聚力从发展、全面发展到全面增强的可持续发展过程。因为这个过程就是国家提升发展水平、提高发展能力，同人民美好生活需要，由不平衡达到平衡，不充分达到充分的过程。在实现平衡和充分的过程中，人民美好生活的需要得到基本满足、满足、全面满足。与此同时，国家凝聚力也会出现从发展、全面发展到全面增强的过程。然后，双方都进入稳定的平衡发展时期。这个时期，也就是中华民族实现伟大复兴的时期。需要指出的是，国家凝聚力的平衡稳定发展时期，不是国家凝聚力不强大了，而是国家凝聚力达到很高的强度之后，出现的一种均衡、稳定的运动。我们的国家凝聚力只有到了这个时期，才可以说实现了可持续发展，并最终实现国家凝聚力可持续发展的目标。

国家精神凝聚力与国家文化凝聚力的辩证关系及国家凝聚力进入全面增强新时期的再认识

——国家凝聚力研究笔记之六

刘学谦

在国家凝聚力的研究过程中，一些同志提出，国家精神凝聚力和国家文化凝聚力不容易区分。这个问题我们在设立国家凝聚力的要素结构时，就作了一些理论上的探讨，现把当时的研究笔记进行了整理，并结合新的研究成果进行了补充。

一、国家精神凝聚力和国家文化凝聚力的区别和联系

首先，国家精神凝聚力和国家文化凝聚力中所内含的国家精神与国家文化和一般意义上的精神与文化有着重要区别。从学术和理论的角度，一些学者认为两者存在的界限不是很明显，甚至认为就是一个概念的两种表达方式。经过研究和讨论，我们认为，两者的区分是明显的，各自构成独立的要素体系。一些学者之所以认为这两者是一个概念的两种表达方式，是把一般意义上的精神与文化和国家精神与国家文化的特定含义混淆了。在人类历史的发展过程中，产生的一切文明成果，不论是物质的还是精神的，都可以叫文化。如远古时期的半坡文化、河姆渡文化、仰韶文化等等。在古代文化中，图腾是占有重要位置的，是典型的精神信仰，但其在表达上并没有和文化区分。如果仅从上述史实和一般意义上分析，精神和文化确有相通性。但是随着人们实践活动的深入，人类文明多元化和复杂化以后，精神和文化开始逐步有了各自细分的领域，有些精神和文化的成果，显然不能再混淆使用了。比如，习近平总书记指出，实现中国梦必须弘扬中国精神，

这就是以爱国主义为核心的民族精神，以改革创新为核心的时代精神。在这里，如果把精神两字换成文化，显然就不合适了。反过来，若把中国的语言文字、文化教育等说成是中国精神，显然也不合适。一是国家精神与国家文化的内涵不同。国家精神是适应人民精神生活需要，以国家理想、信仰和核心价值观为主要内容的意识形态的总和。国家文化是适应人民文化生活需要，以国家支持和倡导的以传播和弘扬主流文化为内容的各种文化载体、文化形态的总和。二是国家精神和国家文化的构成要素不同。国家精神主要由国家理想、信仰、国家精神和道德等构成。国家文化主要由文化载体、文化教育、文化传播和文化产业等构成。

在这里需要指出的是，国家精神凝聚力中所包含的精神，在内容上与上述所说的国家精神也有所不同。从逻辑上说是种和属的关系。国家精神凝聚力所说的精神是指，人民群众中的群体或个体在社会主义事业的伟大实践中，克服困难，取得成功或在服务人民群众过程中业绩突出而产生的和国家倡导的核心价值观相一致的，并得到党和国家、人民高度认可的思想境界。思想境界是什么，是指人在生活和事业的各个领域表现出来的看法和见解。人们在实践中形成的思想境界有高低之分，因而那些高尚的、和国家倡导的价值取向相一致、并得到国家和人民认可的思想境界，就会成为凝聚人民的精神力量。如我们国家倡导的"两弹一星精神""抗震精神""抗洪精神""大庆精神""雷锋精神"和"焦裕禄精神"。

其次，国家精神凝聚力和国家文化凝聚力在源泉和动力上存在区别。一是国家精神凝聚力的源泉是人民群众的精神生活需要。国家精神凝聚力的动力是人民群众的精神生活需要得到满足。在这里，国家精神凝聚力构成的国家精神，同人民群众精神生活的精神需要应具有高度的一致性。这种一致性具有刚性的条件约束性。国家精神必须成为人民群众的精神生活主导，国家对人民才有精神凝聚力；在人民群众的精神生活中，只有国家精神有了主导地位，人民对国家才有向心力。二是国家文化凝聚力的源泉是人民群众文化生活的需要。国家文化凝聚力的动力是人民群众文化生活的需要通过发展国家文化得到满足。在这里，国家文化凝聚力构成的国家文化同人民群众文化生活需要的文化具有高度的一致性。同样，这种一致性也具有刚性的条件约束性。国家文化必须成为人民群众文化生活的主导，国家对人民才有文化凝聚力；在人民群众文化生活中，只有有了国家文化的主导地位，人民对国家才有深深的文化认同感，才能在多元文化的冲击中，保持文化自信。

最后，国家精神凝聚力和国家文化凝聚力之间存在依存与支撑。国家精神凝聚力和国家文化凝聚力虽然在要素构成上不同，在功能上不能相互代替，但是在凝聚力的增强和功能的发挥上，却有很强的依存性和相互支撑作用。一是在现代社会条件下，国家精神凝聚力和国家文化凝聚力具有共生共存的依存关系。一方面国家精神凝聚力，往往需要国家文化凝聚力来表现和传播。国家文化发展不充分，没有在社会文化生活中占主导地位，国家精神就难以在人民群众中入耳、入脑、大众化。不仅如此，国家文化凝聚力还直接表现为人民对国家文化的认可度，国家文化凝聚力的强大又必然促进人民群众对国家精神认可度的提升。另一方面，国家精神凝聚力和国家文化凝聚力也存在相互依存的关系。从实践中看，如果国家精神凝聚力增强，国家文化凝聚力往往也会增强；反之，国家文化凝聚力削弱了，国家精神凝聚力也会削弱。这种现象在国家受到国外精神和文化冲击较大，而国内精神和文化又缺乏时代化的创新发展时，最容易发生。二是在现代社会条件下，国家精神凝聚力和国家文化凝聚力要发挥凝聚人民的作用时，必须通过相互支撑才能实现。一方面国家精神凝聚力要通过国家文化凝聚力才能发挥凝聚人民的作用。人民有信仰，国家有力量。但国家信仰靠什么才能成为人民的信仰，要靠共产党人的身体力行表率，更要靠文化教育的传播。培养人民的信仰，要从儿童的是非观教育抓起，有正确的是非观，才会逐步形成正确的价值观、世界观，才会选择正确的合国家信仰。语言文字也是国家文化的重要组成部分，如普通话和简体中文的推广，本身就有国家倡导的中华民族一家亲的价值蕴含，同时也有利于全国人民共同理想、共同信仰、共同价值观念的认同。这种认同就充分显示了国家文化凝聚力对精神凝聚力的支撑作用。另一方面，国家文化凝聚力也要通过国家精神凝聚力才能更好地发挥凝聚人民的作用。国家精神和国家文化在价值取向上具有高度一致性，人民对国家精神的高度认同，必然促进人民对国家文化的高度认同。一个国家精神凝聚力强大的群体，往往是弘扬优秀传统文化，创新时代文化，唱响国家主旋律文化的主体力量。现实中某种看似随意的文化现象，往往蕴含着很突出的价值取向。相同价值取向的人群，必然选择蕴含相同价值取向的文化。这也同样表明，国家精神成为群体精神力量的群体，必然是弘扬国家文化主旋律的群体。

二、对我国国家凝聚力进入全面增强新时期的再认识

我们提出国家凝聚力进入全面增强新时期，在上一篇《国家凝聚力研究笔记》中，已有论证。在这里，我们提出再认识，主要是从凝聚力的周期和凝聚力的源泉动力来认识。

一是国家凝聚力进入全面增强新时期是国家凝聚力发展进入一个新的过程和新周期的开始。党中央提出社会主要矛盾的转变，体现了党中央对共产党执政规律、

社会主义建设规律、人类社会发展规律的把握和遵循。党中央按三大规律办事，既是本职要求，也是能力体现。新中国从成立到现在，在对社会主要矛盾的认识上（除少数时期外）是清醒的、正确的，根本原因是我们国家能够按照人民的需要和需要的变化确定社会主要矛盾。通过发展社会生产不断满足发展变化过程中的人民物质文化需要，从而保证了国家凝聚力在新中国成立后的整个历史阶段都没有进入衰退期，而是实现了螺旋式上升和发展。人民需要的发展具有周期性变化的规律，因而，决定着对人民的需要进行满足而产生的国家凝聚力也具有周期变化的规律。国家执政者不能认识和把握这个规律，不能自觉地联系社会主要矛盾已经转变后人民需要发生根本变化的实际，就会出现国家不能满足人民需要的问题。国家不能满足人民的需要，从另一个方面说，就是国家变成了人民不需要的国家，一个人民不需要的国家，其生命力、凝聚力也就结束了。我国已进入满足人民美好生活需要的新时期，也标志着国家凝聚力建设进入了全面满足人民美好生活的新需要才能全面增强的新时期。

二是党中央提出社会主要矛盾的变化，对国家凝聚力进入全面增强新时期的建设指明了方向。社会主要矛盾中提出的发展不充分和不平衡问题，恰恰也是国家凝聚力进入全面增强新时期后加强国家凝聚力建设的着力点。事实表明，无论是国家物质凝聚力、国家精神凝聚力、国家政治凝聚力、国家文化凝聚力、国家安全凝聚力，都有发展不充分不平衡的问题，都影响着满足人民美好生活的需要，影响着国家凝聚力的增强。

首先，从人民对美好生活的物质需要看。我们国家的经济总量居世界第二位，但人均国民生产总值还不是很高，人民的实际生活水平同西方发达国家相比，仍有很大的差距；人民群众的生活、生存环境，近年来有了很大改善，但是还没有从根本上改变，人民需要更多的蓝天白云好天气，需要完全健康的绿色食品，我们的地方政府还必须下大力气才能解决；我们脱贫攻坚战取得了举世瞩目的成绩，但仍还有近三千万贫困人口；我们取得了不少世界第一的科技成果，但许多重要产品的核心技术并不掌握在我们自己手中；人民需要更好、更有利于治疗各种疾病的好医好药，我们还不能全面满足；等等。努力解决好物质发展不充分、不平衡的问题，才能使国家物质凝聚力得到全面增强。

其次，从人民美好生活的精神需要看。我们确定的实现中华民族伟大复兴的中国梦和"两个一百年"的奋斗目标，已经成为凝聚全国人民的伟大理想，它反映着全国人民的根本需要。但仍有一些人并没有把国家的理想变成自己的目标；中国的国家信仰是马列主义、毛泽东思想和中国特色社会主义理论，已经成为中国人民的主体信仰，但同样存在着它还没有变成全体人民的精神需要的问题，甚至有些人的信仰"缺失症"还十分严重；国家精神已经成为人民战胜困难发愤图强的强大动力，但有些人并没有被国家精神激励和唤醒。社会主义核心价值观要转变为全体人民的需要，变成具体的行动还需要长期耐心的工作。

再次，从人民美好生活的政治需要看。我国建立了人民群众当家作主的政治制度，无论过去和将来，都是人民群众最根本的政治需要。保证和支持人民当家作主，不是一句口号，不是一句空话，必须落实到国家政治生活和国家社会生活中。因此，满足人民群众的这一需要，并落到实处，必须进一步丰富民主的形式，拓宽民主渠道，增强民主的广泛性，等等。法制建设取得了很大成就，但是同人民群众的期待需要相比，还存在许多不适应、不符合、不满意的问题。党风廉政建设和反腐败工作，不断加大力度，标本兼治，取得了巨大成效，但仍有少数干部在以权谋私，不收手。廉政建设和反腐败工作必须常抓不懈、狠抓不懈，才能取得让人民满意的效果。国家社会治理能力有了很大提升，但在政务服务、营商环境方面仍然有人民群众不满意的地方。这些不充分、不平衡的问题，显然在制约着国家政治凝聚力的增强。

从次，从人民美好生活的文化需要看。人民群众文化生活得到极大的丰富，但在国家文化满足人民需要方面，也有许多需要改进、改革、发展的地方。如文化传播过程中，反映人民根本利益和诉求的主旋律占主导的问题；文化教育方面更加公正公平的问题；文化产业方面如何满足人民文化生活的丰富多彩、多元化需要的问题；弘扬优秀传统文化、吸收先进外来文化、创新现代文化方面仍然同人民的需要存在着差距的问题。这些都是加强国家文化凝聚力建设的着力点。

最后，从人民美好生活的安全需要看。虽然国家安全整体在加强，但无论是国民安全、领土安全、经济安全、主权安全、政治安全、军事安全、文化安全、科技安全、生态信息安全等，都存在一些需要发展完善的方面。特别是一些和人民群众生活息息相关的安全建设，影响着人民群众的安居乐业，更需要通过加强国家安全凝聚力建设而得到解决。

从以上分析可以看出，满足人民美好生活需要的五大方面都还存在发展不充分不平衡的问题。解决好这些问题，就是在新时代全面增强国家凝聚力的着力点。遵循国家凝聚力建设的规律，解决好社会发展中不充分不平衡的问题，是今后一个时期全面增强国家凝聚力的新的要求。只有按照这个规律、按照这个要求加强国家凝聚力建设，才能确保国家凝聚力同国家理想和奋斗目标方向相一致，才能充分发挥实现中华民族伟大复兴的不竭动力作用。

国家凝聚力影响要素分析

——国家凝聚力研究笔记之七

刘学谦

一、国家凝聚力与要素的人民认可

国家凝聚力的形成不是具备了构成要素就能自然生成的。其中有一个关键的环节，就是要素的人民认可问题。国家对人民需要的任何满足和满足程度，如得不到人民的认可，凝聚力都将难以形成。人民的认可度，不是决定凝聚力形成的基础因素，但却是凝聚力形成不可缺少的必要环节。例如，物质凝聚力的构成要素中，财富的增加和公平的分配两要素本来就是客观性非常强的，但有时并不是要素的客观性就一定能够解决所有人的认可问题。这是由于物质凝聚力与每个人所处的环境和长期形成的心理定式，以及立场和社会态度有密切关系。我国取得了经济总量世界第二的发展奇迹，值得所有中国人自豪，但总有一些人用西方世界怀疑中国发展的眼光，看待中国的增长，认为要么数字造假，要么认为质量低下，总之认为中国的快速发展不是成就而是毛病。改革开放以来，人民群众的总体生活水平有了很大提高，这是有目共睹的事实，但仍然有些人不认可，反而认为生活水平下降了。从精神凝聚力的构成要素看，中国特色社会主义理论体系指导中国改革开放取得了巨大的成就，但仍有一些人难以认同中国特色社会主义理论体系。还有国家的理想目标也存在一个普遍性认可问题。这当然不是我们国家的理想目标有问题，问题出在人们的立场、态度和价值取向的选择上。这些问题得不到根本解决，很难让人民认可事关国家前途的目标和关系人民根本利益的理想。从政治凝聚力的构成要素看，没有中国共产党的领导，就没有新中国，就没有改革开放的伟大成就，就没有人民美好的生活，这是客观事实。但社会上仍有些人，一边享受着共产党领导人民创造的美好生活，一边否认共产党的伟大历史功绩。

二、国家凝聚力与社会主义市场经济

国家凝聚力是在满足人民美好生活需要的过程中产生的。如何通过好的体制机制生产出更多更好的满足人民美好生活所需要的产品，我们国家经历了由计划经济体制到市场经济体制的转变，这种转变的必然性，从国家凝聚力的角度来说，就是相比计划经济，人民的需要能够通过市场经济得到更充分更有效的满足。

社会主义市场经济是市场在社会主义国家宏观调控下，对资源配置起决定性作用的经济体制。它使经济活动遵循价值规律的要求，适应供求关系的变化，通过价格杠杆和竞争机制，把资源配置到效益最好的环节中去，并使企业实行优胜劣汰；同时政府可以运用市场对各种经济信号反应灵敏的特点，促进生产和需求的及时协调。发展社会主义市场经济对国家凝聚力主要有两个方面的意义。

一是市场经济对丰富国家凝聚力源泉的意义。人民的需要是国家凝聚力的源泉。市场经济的发展，可以促使人民的需要进一步丰富和多元化，实现需要的细分和精准化；并在价值规律的作用下，通过资源的有效配置，生产出更多的好产品，使人民在满足基本需要的基础上，产生更好更多新需求的愿望。这些不断增长的需要和愿望，成为国家凝聚力不竭的源泉。

二是市场经济对强大国家凝聚力动力的意义。市场经济通过对资源的有效配置，在价值规律的作用下，通过优胜劣汰，生产出更多更好符合人们需要的产品；市场经济不断促进市场细分，可以促使人民需要得到满足，实现满足的精准化。如满足不同职业人群的特色需求、不同性别人群的特色需求、城乡人群的特色需求等等，以此促进全体人民生活水平的提高。同时，国家满足人民的现有需求后，新需求又不断产生出来，国家按照人民的新需求不断调整供给侧，使国家凝聚力的源泉和动力不断发展。

三是市场经济也对国家凝聚力建设带来了新的挑战。首先是对人民需要变化的挑战。市场经济的繁荣，激发了人民的消费欲望，超前需要和超能力需要应运而生，形成了国家凝聚力源泉对动力的压力。一旦不能及时通过正确引导和供给侧改革处理问题，容易弱化国家的物质凝聚力。其次是对满足人民需要能力的挑战。人民需要的旺盛和市场利益的驱动，导致大批假冒伪劣产品的出现。尽管这些产品并不是国家允许生产的，但消费者会因国家市场监管不力而迁怒国家，进而对国家凝聚力产生影响。再次是对国家精神凝聚力的挑战。国家精神凝聚力所要求的理想、信仰、国家精神、核心价值等都会受到"个人利益至上、金钱崇拜"的挑战，容易使某些人损害国家利益和人民的长远利益。最后是对国家政治凝聚力的挑战。市场经济等价交换原则的泛化，使权钱交易、以权谋私成为一些人的惯性心理。政府廉洁高效、干部奉献社会、全心全意为人民服务等解决如果不好，会直接弱化国家的政治凝聚力。

三、国家凝聚力与改革开放

改革开放彻底改变了中国发展落后的面貌，使中国一跃成为世界第二大经济体。特别是综合国力的增强和人民群众生活水平的提高，极大地增强了中国人民的自信，人民为祖国的发展和强盛充满了自豪感。改革开放的伟大成就，毫无疑问增强了国家的凝聚力。从1978年以来，我国的国家凝聚力的发展经历了调整发展阶段、全面发展阶段到全面增强阶段。这是国家凝聚力不断上升的过程。在这个过程中，改革开放发挥了重要的推动作用，它不仅丰富和强大了人民需要这个国家凝聚力的源泉，而且极大提升了国家满足人民需要的动力。当然改革开放也给我们的国家凝聚力带来了许多新的挑战。战胜这些挑战，也成为增强当代中国国家凝聚力的重要机遇。

首先，从改革开放对国家凝聚力源泉的影响看。国家凝聚力的源泉是人民的需要。人民的需要在改革开放的影响下出现了什么样的变化？一是实现了由基本生活资料的需要向高层次、高质量、现代化生活需要的转变；二是实现了由过去单纯的物质文化生活需要向多元化的美好生活需要的转变；三是从过去更多的物质享受需要向现在更多的政治、精神、文化享受需要转变；四是从过去更多追求现代化生活方式需要向现在更多地追求生态绿色、环境优美、回归自然的需要转变。这些人民需要的转变对国家服务人民提出了更高要求。认识到人民需要的新变化，提高国家满足人民新需要的能力，是改革开放40多年来国家凝聚力不断增强的重要经验。

其次，从改革开放对国家凝聚力动力的影响看。国家凝聚力的动力是国家对人民需要的满足。动力的大小，取决于国家满足人民需要的能力大小。改革开放对国家满足人民需要能力的提升是全方位的。一是改革开放促进了国家干部解放思想、实事求是，在更高更宽阔的视野中，构架满足人民需要的发展战略，使之更加科学化、全球化。二是改革开放一方面创造了人民更高更现代化的新需要，同时也为国家满足人民的新需要找到了新的办法。招商引资、引智、引技术，在巨人头顶上创新，成为改革开放提升国家创新发展的必由之路。三是改革开放学习国外先进的管理经验，极大地提高了管理企业、管理社会的效率，使人民能够享受到质优价廉的各类产品服务，提高了国家满足人民需要的满意度等。四是改革开放带来的信息化，特别是互联网进入中国，改变了人民的生活方式和生产方式，使满足人民多种多样个性化的需要成为现实。互联网、大数据、云计算的出现使需要的满足变成了只要动动手指的简单过程。国家过去难以把改革开放的成果普惠到天涯海角、落后农村地区，在信息化条件下这些也已经不是难题。

最后，改革开放也给新时期增强国家凝聚力带来了许多新的挑战。一是改革开放后西方理想、信仰、价值观对我国理想、信仰和价值观的挑战。西方发达国家向来以输出自己的理想、信仰和价值观作为渗透开放国家的重要手段。它们往往以资本主义 100 多年发展的物质成果，诱导人民信仰它们的价值观念。这对发展中国家的人民来说是很难抵挡的诱惑。二是改革开放后西方文化对我国传统文化和现代主流文化的冲击带来的挑战。特别是在互联网的作用下，文化已超越了国家界限，成为世界不同国别、不同地域、不同肤色人群文化需要选择的内容。三是改革开放对我国安全凝聚力带来的挑战前所未有。改革开放，就要允许西方国家的企业、技术、知识和文化的进入，国家安全问题变得非常重要。人民安全需要已经成为国家富强、人民富裕起来后的第一需要，没有安全保证，挣多少钱都难以过上稳定和谐的幸福生活。

四、科学技术的发展与国家凝聚力

科学技术是第一生产力。国家创新驱动高质量发展，在一定意义上是科技创新发展。科学技术的发展与国家凝聚力的作用，主要体现在它对人民需要这个凝聚力源泉和满足人民需要这个凝聚力动力具有的双重促进作用。

首先，从国家凝聚力的源泉角度看。科学技术的发明创造会使人民产生新的需要。从我国最早的"四大发明"到近代的蒸汽机、电灯、电话再到现代的飞机、汽车、手机、互联网等，每一项关系人民需要的重大发明都会引起世界性的工业革命。人们的需求也会在每次工业革命之后，呈现爆发式的增长。

其次，从国家凝聚力的动力看。科技的发明创造带来生产工具的改进，极大地提高了产品的数量和质量，提高了生产的效率。不仅如此，科技创新产生的新产品还会引导人们的消费需要，实现对人民需要的创造性满足。如果说市场繁荣能够保证对人民需要的供给，那么科技发明的不断出现，则保证了市场繁荣的可持续，才能创造全面增强国家物质凝聚力的不竭动力。

全面增强国家凝聚力路径分析

——国家凝聚力研究笔记之八

刘学谦

国家凝聚力既包含内向的聚合力，又包含外向的吸引力。一个国家外向吸引力的形成，主要取决于这个国家在世界的国际影响力。一个国家在世界上有强大影响力，国外民众才有兴趣去关注、了解、学习。

不同国家的国际影响力是不同的。首先是有较多的外国民众关注的国家。世界关注度很低的国家，算不上有国际影响力的国家。其次是有较多的外国民众想深入了解的国家。这是有较强国际影响力的国家。最后是有较多的外国民众认知、向往的国家。这是有强大国际影响力的国家。按照国际影响力决定国家国际凝聚力的观点分析，不同国家的国家凝聚力也可按照国际影响力的大小划分为三个层次：一是在国际上有凝聚力的国家；二是在国际上有较强凝聚力的国家；三是在国际上有强大凝聚力的国家。根据我国的影响力实际，我们认为，我国现在还处在有较强国际凝聚力的阶段。

一、全面增强国家凝聚力，要提升我国影响世界的综合实力

能够影响世界的国家综合实力，主要包括四个方面：一是经济实力；二是国际竞争力；三是国家创新能力；四是军事实力。

首先，要大力提升我国的经济实力。我国现在已经是经济大国，总量居世界第二位。我国经济的强劲表现，带动了世界其他国家的经济发展，已经成为全球经济增长的"主引擎"。但是，我国和经济强国相比仍然有较大的差距。不仅存在发展质量上的差距，也存在人均数量上的差距。即便现在我们的经济总量能够超过世界第

一的美国，但在人均上，我们仍然落后世界发达国家很多。而这正是影响国家凝聚力的重要因素。增强我国的经济实力，既要质量，又要数量，必须保持我国高质量发展前提下的可持续总量增长。

其次，要大力提升我国的国际竞争力。一个国家的强大国际竞争力，本身就是强大的国际影响力和凝聚力。在这方面我们仍然和先进国家有差距，因为我们的产品主要依靠消耗资源和低劳动力成本获得利润，很难有核心竞争力。二是缺乏国际性大品牌，许多有质量的中国制造只能贴上国外的品牌商标进行销售，大部分利润都被外商拿走。三是我国的出口产品大部分科技含量低，虽然也有一定的市场占有率，但是价格比国外同类产品低很多；虽然有一定的出口量，但是很难在高端领域中与同类产品竞争。因此，要大力提升我国的国际竞争力，就必须提高我国产业和产品的科技含量，既要有高端产品，又要有中低端产品，形成全方位的、不同层次国际竞争力。一个国家的国际竞争力不仅指工农业产品，还包括服务业、教育、文化、科技在国际上的竞争力。大力提升我国的国际竞争力要充分利用现互联网、大数据、云计算等工具。

再次，要大力提高我国的科技创新能力。针对我国传统产业较多、占比较高的实际，支持改造提升转化创新，推进战略性、前沿性、颠覆性技术突破，掌控更多的核心技术，逐步占领全球价值链的核心。只有具备这样的创新能力，我国才能成为凝聚世界的强国。

最后，要大力提高国家军事实力，增强保卫国家安全和维护世界和平的力量。在世界形势复杂多变、不稳定性、不确定性增加的情况下，强大的军事实力就是世界影响力，就是话语权。党的十八大以来，国家的国防和军队的现代化水平有了很大提高，军队战斗力增强，在维护国家安全和维护世界和平过程中发挥着重要作用。但是我国的国防和现代化建设水平与保卫国家安全、维护世界和平的要求仍有差距。必须按照习近平总书记的要求，全面推进国防和军队现代化建设，建设强大的现代化陆军、海军、空军、火箭军和战略支援部队，打造坚强高效的战区联合作战指挥机构，构建中国特色现代作战体系，实现到21世纪中叶，把人民军队全面建成世界一流军队的战略部署，真正能够担负起保卫国家安全、维护世界和平的重任。

二、全面增强国家凝聚力，要不断提升国家的外交能力

改革开放以来，我国的外交能力有了很大提高，但是在面临外部环境的严峻挑战时，我国的外交能力还有很大的提升空间。根据新的国际形势新变化，首先要按

照党中央提出的外交总体布局，坚持统筹国内国外两个大局，推进全方位外交，形成全方位、多层次、立体化的外交格局。其次，利用各种峰会、论坛、访问、交流、外援等多种方式，积极构建人类命运共同体，促进我国义利观、发展观、合作观、安全观、治理观等的世界认同。再次，要大力推进"一带一路"提议，构建覆盖全球的伙伴关系网络。要针对"一带一路"国家的特点，精准施策，全面落实习近平总书记提出的"和平合作、开放包容、互学互鉴、互利共赢"。最后，积极引领和参与全球治理改革，进一步提升我国参与全球治理的能力，推动构建新型国际关系，营造有利于我国发展的国际合作环境和良好周边环境，从根本上改变我国在国际交往中面临的不利状况，争取在世界和平与发展中有更多的话语权。

三、全面增强国家凝聚力，要增强国家的文化传播力

增强国家的文化传播力是提高国家文化软实力的重要内容，也是增强国家国际影响力的重要手段。习近平总书记强调指出："提高国家文化软实力，要努力提高国际话语权，要加强国际传播能力建设。"

首先，增强我国的文化传播力，必须首先明确要向世界传播什么样的文化。纵观历史，向世界传播国家文化，历来都是一种顶层设计、一种国家战略。因此，我国的文化传播必须反映国家的价值观。在内容上，既要用艺术的、让外国民众乐于接受的形式反映中国的优秀传统文化，更要反映新中国成立以来，特别是改革开放以来的中国优秀时代文化。

其次，增强我国的文化传播力，必须使中国文化更好地融入世界文化。从实践中看，若使中国文化融入世界文化，并得到外国民众的认同，必须解决好三个问题：一是懂，二是信，三是好。所谓懂，就是要让外国人看得懂、听得懂我们传播的文化内容。如果外国人看不懂、听不懂，就没有任何传播力。所谓信，就是要让外国人相信我们传播的文化内容。这一点很关键。因此，必须要学会用当地的语言和思维方式讲好中国故事。所谓好，就是要让外国人在理解传播内容的基础上，实现民心相通、价值认同。这是增强国家文化国际传播力的目的和意义所在。

再次，增强我国的文化传播力，既要利用好传统的传播手段，也要利用好建立在互联网、大数据等基础上的各种新媒体手段。要充分发挥主流媒体对大众化媒体的引导作用，让主流文化通过互联网走向世界，让世界各国人民了解中国历史、中国文化、中国道路、中国制度。

最后，增强我国的文化传播力，既要大力发展文化产业，也要实现同各类外贸

产业的创意融合。文化产业具有产业经济和文化的双重属性，近年来，我国的影视、动漫、网游等新兴文化产品出口增长较快，版权输出达到了上万种。特别是一大批影视剧作品出口到"一带一路"沿线国家，受到了欢迎，对传播中国文化发挥了很好的作用。最近，《流浪地球》在北美地区成功上映，既是一种突破，也是一种成功尝试。同时，要充分利用我国对外出口的商品，增强国家文化的传播力。我国每年有十几万亿的产品出口到世界各国各地，出口产品涉及国外民众生活的方方面面。要利用好出口产品这个载体传播中国文化，在产品设计上更多地加入中国文化元素，实现产品与文化的有机融合。

论国家凝聚力的表现形态

——国家凝聚力研究笔记之九

刘学谦

所谓国家凝聚力的表现形态，是指国家凝聚力形成后一定能够通过一定的形态表现出来。无论是物质、精神凝聚力，还是政治、文化、安全凝聚力，虽然源泉和动力不同，发挥的作用点不同，却有大致相同的表现形态。认识和了解国家凝聚力的表现形态，可以更深刻地认识和把握国家凝聚力的历史作用和发展、变化的规律，同时又可以利用国家凝聚力的表现形态，进一步加强和巩固国家凝聚力。

一、国家凝聚力的物化形态

国家凝聚力的物化形态，就是国家凝聚力的形成通过特定的物的形态表现出来。物化形态大致可以分为两类，一类是象征性的物化形态，另一类是凝聚人民力量形成的物化形态成果。前一类包括代表国家的国徽、国旗、纪念碑和象征国民意志的塑像，以及代表国家凝聚核心的国家领导人办公地点。后一类可以是凝聚全国的力量形成的物质成果，如抗震救灾全国支援形成的一座崭新的城市，或是国家齐心协力完成的一项伟大工程，或是举全国之力建设的影响国家前途和命运的科研项目，等等。

国家凝聚力的物化形态有以下几个明显的特点。

一是可感性特点。物化形态一定是人民能够看得见、摸得着的客观存在，而且这种可观性、可感性，能够让人民产生强烈的国家意识和国家责任感。物化形态表现为物，但凝聚的却是整个国家的人民合力和意志。有些国家凝聚力的物化形态，虽然不是全体人民直接参与建设的，但它充分体现了全体人民的愿望和期盼，也是国家凝聚力的物化形态。例如，我国"两弹一星"的成功，虽然直接参与建设的是科研工作者，但它凝聚着全国人民的愿望和期盼，人民看到它就为祖国的强大感到自豪，这就是国家凝聚力物化形态的力量。

二是标志性特点。国家凝聚力的物化形态一定是具有标志性的，标志性才有影响力。任何时期的国家凝聚力物化形态，都在形式和内容上反映时代的特点。但这种时代特点的物化形态只有成为国家或地域性的标志物，才能广泛地影响人民大众。如抗震救灾纪念碑、抗洪救灾纪念墙等，看到它们，就看到了"一方有难，八方支援"的国家凝聚力量。

三是稳定性特点。国家凝聚力的物化形态，无论是象征性的，还是实体成果，都应该是具有稳定性的。只有稳定才能发挥持久影响民心的作用。不断变更物化形态，会在一定程度上破坏凝聚力量积累的作用。保持稳定性当然不是固守不变，只是物化形态不变，而内涵则必须根据时代变化不断赋予其新的内容，这样才能保持国家物化形态的鲜活生命力。

四是传承性特点。国家凝聚力的物化形态，由于它的实物性和可见性特征，所以它也是最有效的国家凝聚力传承力量。没有世代传承，多好的国家凝聚力的物化形态，都难以发挥巩固发展国家凝聚力的作用。

二、国家凝聚力的意识化形态

国家凝聚力的意识化形态，是指民众在长期的国家凝聚力作用下产生的内化于心的心理现象。国家凝聚力的意识化形态，同我们研究的精神凝聚力不是一个概念，它们有很大的区别。精神凝聚力有自己的源泉和动力，是国家凝聚力的相对独立体系。国家凝聚力的意识化形态，是国家凝聚力的多种要素体系，达到一定的发展程度以后，通过作用于国民大众，而形成的共识共知思想成果。国家凝聚力的形成与发展是一个过程，而国家凝聚力的意识化形态是凝聚力发展的必然结果。国家凝聚力的发展如不能在人民群众中形成意识化成果，则表明国家凝聚力根本没有形成或没有发挥作用。国家凝聚力的意识化形态，并非国家精神凝聚力单一发展的结果，而是国家物质凝聚力、精神凝聚力、政治凝聚力、文化凝聚力、安全凝聚力共同发展作用的结果。国家凝聚力的意识化形态，最显著的表现是人民群众形成了国家意识和国家责任感。国家意识是在国家凝聚力的作用下，逐渐积累而成的国家主人感、自豪感和归属感；国家责任感是在国家凝聚力的作用下，人民群众从为国家发展和繁荣而奋斗的责任义务要求到形成自觉性的转变。国家凝聚力的意识化形态主要有以下几个明显特点。

一是积淀性特点。国家凝聚力的意识化形态是在国家凝聚力长期作用下逐步积累形成的，而一旦形成就不会轻易发生改变。这是因为它反映了量变到质变的过程。这一特点还表明国家凝聚力意识化形态能随着积淀的增和减表现出国家凝聚力的强与弱。

二是激励性特点。国家凝聚力的意识化形态一旦形成，就会主导人的行为自觉为国家的利益而奋斗，同时对增强国家凝聚力、消除离散力具有很强的正能量作用。一个有国家意识和国家责任感的群体或个人，往往具有很强的奋斗精神，会时时刻刻维护国家和人民的根本利益。

三是发展性特点。为了适应时代的发展变化，国家满足人民美好生活的多样化需求所形成的国家凝聚力意识化形态一定也要是与时俱进的。这是因为国家凝聚力的意识化形态从根本上说仍然是对客观存在的反映。当然这种反映具有特定的方向性。正是这种方向性，保证人民群众能够适应时代的变化，成为增强国家凝聚力的内生动力。

四是传播力强特点。国家凝聚力的意识化形态具有很强的传播性。这种很强的传播力来源于国家意识和国家责任感对人民群众的感染力。在充满正能量的社会环境中，这种强烈的感染力，能够在人民群众中形成共识，内化为国家发展的精神动力。

三、国家凝聚力的行为形态

一个国家凝聚力的强弱，能够通过国民的行为形态表现出来。一方有难八方支援，是国家凝聚力的行为形态；为国家科技事业的发展，科技工作者夜以继日攻坚克难，是国家凝聚力的行为形态；一个公民在普通的工作岗位上，踏踏实实地工作，作出不平凡的业绩，是国家凝聚力的行为形态；在日常生活中，见义勇为，敢于站出来同坏人坏事作斗争，也是国家凝聚力的行为形态。国家凝聚力只有转化为人民的行为形态，才能体现国家凝聚力的价值和意义，才能成为推动国家发展的实际动力。国家凝聚力的行为形态，也有自己的特点。

一是正义性特点。国家凝聚力所表现的行为形态，无论是群体还是个人，一定是正义性的。这是由国家凝聚力的本质所决定的。被国家凝聚力凝聚起来的人民群众，一方面自觉地为国家和人民自己的利益而奋斗；另一方面，也会自觉地同违背国家利益和人民自己的利益做斗争。这也是为什么在国家凝聚力强大的国家，一些社会的敌对势力很难兴风作浪的原因。

二是群体性特点。国家凝聚力所表现的行为形态，可以表现为个人行为，但绝不仅仅是少数人的行为，而一定是群体行为。这种群体行为，超越年龄、职业、性别和民族，只要是祖国的人民群众，就都会产生的国家凝聚力的行为形态。国家凝聚力的凝聚对象有多广泛，国家凝聚力的行为形态在人民群众中就有多广泛。

三是社会性特点。国家凝聚力的行为形态，可以表现为社会的行为形态，形成社会行为的发展趋向和历史走向。社会性特点是国家凝聚力的行为形态的重要价值体现。国家凝聚力的行为形态，产生于国家凝聚力，又通过国家凝聚力的行为形态的社会性特点，反作用于国家凝聚力的巩固和发展。一个深深爱着祖国，心向祖国的人，除了有很强的职业责任行为以外，还必然表现为很强的社会责任行为。

四是实践性特点。国家凝聚力的行为形态，一定与时代的发展相联系，一定会表现为推动社会发展的伟大实践活动。这也是国家凝聚力行为形态存在的价值意义。在当代中国，国家凝聚力的行为形态，就是表现为投身于热爱中华人民共和国、热爱新时代中国特色社会主义，实现中华民族伟大复兴中国梦的实践行动中。

四、国家凝聚力的文化形态

国家凝聚力的文化形态，是指形成国家凝聚力要素——语言、文字和文学艺术等内含的强烈的爱国主义精神所表现出来的多种文化形式的统称。一个国家的文化形态是多种多样的，但并不是所有文化形态都是国家凝聚力的文化形态，只有充满爱国主义精神，充分体现国家意识和国家责任的文化形态，才是国家凝聚力的文化形态。国家凝聚力的文化形态，在不同的国家和民族及不同的时代，会有不同的表现形式，但有相同的特点。

一是跨时代特点。每个国家的文化都有传承性，国家凝聚力的文化形态，既然是一种文化形态，则必然是历史文化和现代文化的融合。但作为国家凝聚力的文化形态，必然是继承了不同时代的优秀文化的文化形态。

二是价值认同特点。国家凝聚力的文化形态，一定是凝聚对象的价值认同形态。一方面，国家凝聚力的文化形态来源于国家凝聚力，它所反映的价值取向必然体现着凝聚对象的价值认同；另一方面，国家凝聚力的文化形态发挥着巩固和发展国家凝聚力的促进作用，只有有了体现凝聚对象的价值认同，才能真正发挥其作用。

三是表现多样性特点。国家凝聚力的文化形态往往不是特定的单一表现形态，所有的文化表现形式在充分体现爱国主义价值取向的前提下，都可以成为国家凝聚力的文化表现形态。可以是文章著作，可以是电影电视剧，也可以是小说戏剧。国家凝聚力文化形态的多样性，也是由国家凝聚力形成要素的多样性所决定的。它本身是为了满足人民丰富多彩的美好生活需要而形成的，因此其表现形态必然是多种多样的。国家凝聚力的文化形态越是多种多样，凝聚的范围就越是广泛。

四是渗透性特点。国家凝聚力文化形态对人们的凝聚影响是通过渗透性来实现的。一个祖国培养教育多年，热爱祖国的人，在远离祖国的情况下，国家凝聚力的文化形态发挥着增强其对祖国的向心力的作用。对于诞生在祖国，正在成长中的青少年来说，培养他们对祖国的热爱，利用国家凝聚力文化的渗透性也尤为重要。

国家物质凝聚力的要素作用点分析

——国家凝聚力研究笔记之十、十一

刘学谦

国家凝聚力的要素作用点是指国家凝聚力的构成要素通过满足人民的需要而产生凝聚人民作用的关键点。没有这个关键点，国家凝聚力的要素无论多么强大，都不会产生同国家凝聚力的相关性，也不会转化为强大的凝聚力。因此，研究并认识国家凝聚力的要素作用点，至少有以下三个方面的意义：首先是认识国家凝聚力凝聚人民的作用。国家凝聚力形成、发展、变化有自己的规律，但是这种发展变化都是在国家凝聚力要素发挥凝聚人民的作用前提下产生的。认识国家凝聚力要素在国家凝聚力形成、发展、变化过程中的作用点，就等于掌握、认识和把握国家凝聚力变化规律的钥匙。其次是找准增强国家凝聚力的着力点。认识国家凝聚力的发展、变化规律，目的在于增强国家凝聚力。但是，国家凝聚力要素构成的复杂性，表明增强国家凝聚力必须找准各要素产生凝聚人民作用的作用点，才可以起到强化作用。最后是促进国家凝聚力从源泉到动力的转化作用。人民的需要是国家凝聚力产生的源泉，而人民的需要得到国家的满足，才能形成国家凝聚力的增强动力。但并不是人民的所有需要都能转化为国家凝聚力的动力，只有找到国家凝聚力转化为动力的作用点，才能促进国家凝聚力从源泉到动力的全面转化。

国家物质凝聚力要素包括国家财富、国民平均寿命、国家科技创新能力、国民社会保障程度、国民收入分配和国家可持续发展能力等六大部分。每一部分要素在形成国家凝聚力的过程中，都有自己独特的作用点。充分认识不同要素的不同作用点，就可以掌握物质凝聚力的形成规律和特点。

一、国家财富对国家物质凝聚力的作用点分析

国家财富是一个历史性概念，古今中外，国家的财富都是影响国家物质凝聚力的重要因素。国家财富一般通过以下几个作用点发挥凝聚作用。

（一）国家财富体现人民性，才能对人民产生吸引凝聚力

国家财富由人民创造，由人民共享。人民离不开物质生活的需要，因此，人民要创造物质财富，国家的物质财富只有满足人民的物质生活需要，才能对人民产生凝聚力。国家财富的性质一般由国家的性质决定。在私有制社会，国家财富虽然由人民创造，但并不属于人民；只有在以公有制为主体的社会主义社会，国家财富的人民性才能得到充分体现。而在这样的社会条件下，国家财富满足人民物质需要而产生凝聚力量是具有客观必然性的。人民通过劳动创造财富对于国家物质凝聚力具有两方面的意义。一方面是因果方面的意义。没有人民劳动创造的财富，国家不会有物质凝聚力。另一方面是动力方面的意义。人民是劳动主体，人民劳动创造的财富，用来满足人民的物质需求，人民才会产生劳动的积极性、创造性，因而社会才会有可持续增长的社会财富，国家物质凝聚力才有了不竭动力。

（二）国家财富的二重性协调平衡，才会对人民产生凝聚力

国家财富包括个人财富和社会财富两部分，二者相互依存、不可分割，并在相对平衡的条件下，实现凝聚人民的作用。在国家财富框架下，财富的二重性与国家物质凝聚力息息相关。国家物质凝聚力要求在财富二重性的背景下，个人财富与社会财富的协同平衡。协同平衡的平衡点，就是国家财富产生凝聚力的作用点。财富的总量固然是衡量国家物质凝聚力的直接指标，但是国家财富内部个人财富与社会财富的结构的稳固将更加深远地影响国家物质凝聚力的发展。一方面，当一个国家过于崇尚个人财富时，国家必然频繁出现以牺牲集体财富和国家财富为代价的、对于个人财富的过度追求，表现为个人对国家财富的贪婪无忌的公然侵占，导致国家内部贪污腐败盛行，甚至引发对其他国家的侵略和战争，从而导致国家凝聚力的下降。另一方面，当一个国家过度重视社会财富的积累，将导致人民群众的当下物质需要及增量需要无法得到及时满足，不能实现社会财富的增长同个人财富的增长同步，会导致生产活动效率低下，也会导致国家凝聚力的弱化。国家物质凝聚力要求在财富二重性条件下，个人财富与社会财富进行公平有效的整合，实现协同平衡、互相促进，这样才能实现国家财富的增长与国家物质凝聚力的增强同步。在实践中，

国家财富的二重性协同平衡并没有一个绝对值，有时国家为了发展，社会财富积累多一点；有时为了调动人民积极性、创造性，个人财富增长快一点。但应坚持双同步和双倾斜的原则。"双同步"即社会财富和个人财富应实现同步增长；"双倾斜"即个人财富向大多数人和中低收入者倾斜。财富增长的受益者越多，国家的物质凝聚力就会越强。

（三）国家财富高质量增长才会对人民产生持久凝聚力

从历史发展的角度看，无论是以实物形态为主导的国家财富，还是以货币形态为主导的国家财富，以及以价值形态为主导的国家财富，或是以知识形态为主导的国家财富，都有一个高质量增长的问题。那些靠毁掉绿水青山换来的财富增长，那些靠剥夺大多数人富裕少数人的财富增长，那些虽然国家财富在增长但贫富差距越来越大的增长，以及那些脱离人民需要而单纯追求 GDP 增长的财富增长，都是不能对人民产生持久凝聚力的低质量财富增长。因为这样的财富增长，富了少数人穷了多数人，富了当代人穷了后代人，增加了眼前利益损害了长远利益，是和人民美好生活的愿望完全背道而驰的。

二、国民平均寿命对国家物质凝聚力的作用点分析

国民平均寿命是联合国评价各个国家人们生活质量的重要指标，是体现国民生产、生活的综合性质量指标，能够反映包括卫生、医疗、身体及心理健康、教育等在内的多项指标。国民平均寿命的高低，显然是影响国家物质凝聚力的重要因素。一个国家国民的平均寿命越长，一般说来，其生活条件越好，而人民越向往。人民从温饱生活的需要到对美好生活的需要，增加国民平均寿命，让人活得更长久，显然是人民大众的共同愿望。国民平均寿命对国家物质凝聚力的影响作用主要通过以下三个方面体现出来。

（一）通过高质量生活增加国民平均寿命，增强国家物质凝聚力

高质量生活是一个综合性指标，既包括人民的吃穿住行，也包括人民的生产生活环境等。通过高质量生活，增加国民平均寿命，使人民在幸福生活中实现寿命的延长。人均寿命的提高，是人民高质量幸福生活的重要体现。没有高质量的幸福生活，单纯地实现了人均寿命的增加，虽然也反映社会的发展和科学的进步，但并不是人民向往的美好愿望，不会转化为对国家物质凝聚力。

（二）通过国家医疗和保障水平的提高增加国民平均寿命，增强国家物质凝聚力

国民平均寿命长短受多种因素的制约，其中医疗和保健是影响寿命的重要因素。人民的医疗和保健是国家应承担的公共责任行为。这种公共责任行为做得越好，人民的健康越有保证。当这种医疗和保健条件的改善，使国民寿命增加，人民会把良好医疗归功于国家，从而达到凝聚民心的作用。

（三）建设良好的生态环境增加国民平均寿命，增强国家物质凝聚力

国民的平均寿命是生态环境质量优劣的重要反映。随着国家最低生活保障制度的全面推行，基本生活条件已经不再是影响国民生命的关键因素，而环境污染和生态破坏所引发的疾病越来越成影响国民平均寿命。所以，环境与生态优劣对国民平均寿命的影响，必将更加强烈地影响国家物质凝聚力，将进一步提升我国的国民平均寿命，当然这也是强化国家物质凝聚力的重要着力点和突破点。

三、国家科技创新能力对国家物质凝聚力的作用点分析

国家科技创新能力是影响国家物质凝聚力的重要因素。国家科技创新能力往往影响人们美好生活的方方面面。哪一方面科技创新能力强大，实现高质量发展，哪一方面人们美好生活的质量提高得就快，人民美好生活的需要就能够得到高质量的满足。哪一方面科技创新能力差，不能实现高质量发展，哪一方面人民美好生活质量提高得就慢，人民美好生活的需要就难以得到高质量满足。国家科技创新能力对国家物质凝聚力的影响，主要通过满足人民美好生活需要而体现出来的。主要体现在以下四个方面。

（一）国家科技创新能力增强国家综合实力，让人民感受国家的强大与繁荣

增强国家科技创新能力，体现了人民美好生活的需要，能转化为国家物质凝聚力的强大动力。我国科技创新的每一项重大成果，都让人民感受到祖国的强大，并为之自豪。这种自豪可以转化为热爱祖国、奉献祖国的热情，这是由于科技创新成果，特别是提升我国国际竞争力和国防实力的重大科技创新成果，可以极大地增强国家综合实力，提升国家在世界格局中的地位，增强世界影响力。

（二）国家科技创新能力可以促进国家高质量发展，推进供给侧结构性改革，让人民对美好生活的需要得到更好的满足

无论是调整产业结构，还是推进"两化"的建设，都充分依赖科技创新的驱动力量。供给侧改革需要科技创新来支撑。供给侧怎么改、靠什么改、改到哪里去，都要国家科技创新成果来解决。同时，人民美好生活需要具有动态性、发展性、变化性，也不是简单复制别国的成果就能完成的，也需要引进再创新的过程。总之，没有科技创新，人民美好生活的愿望就难以实现。

（三）科技创新能力通过改变人民的生活，提升需求侧消费的层次和品位，使国家对人民的物质凝聚力有现代化要素的全方位支持和牢固基础

互联网、大数据和智能化的发展，已经在深刻地改变着人民的生活。人民的消费已不仅仅是为了生存。在这样的背景下，技术创新成果的加速转化能够从根本上改变人们的行为方式。如 5G 移动互联网技术，将推动人类更快地进入第四次工业革命时代。5G 技术的普及应用，将促进智慧城市、智能家居、可穿戴设备、自动驾驶、移动医疗等相关行业的发展。目前，我国在 5G 技术的研究和应用方面已经走在了世界的前列，在提升人民生活层次和品位的同时，也必然增强国家的物质凝聚力。

（四）科技创新能力提升国家治理现代化水平，满足人民群众的需求更加及时化和精准化，促进增强国家物质凝聚力更加高效率和现代化

随着人民生活水平的提高和生活方式的日趋现代化，人民对国家治理能力的现代化也提出了相应的要求，在互联网大数据的支持下，上连国家下连乡村的数字化服务网络极大地提高了行政服务的效率。效率提高了，人民的满意度也高了，国家对人民的凝聚力量也就增强了。

四、国民社会保障程度对国家物质凝聚力的作用点分析

国民社会保障是指国家和社会通过立法对国民收入进行分配和再分配，用于维护社会公平、保障人民基本生活的安全保障制度。一般由社会保险、社会救济、社会福利、优抚安置等组成。其中，社会保险是社会保障的核心内容。社会保障程度也是国家能力的重要表现，通过解决国民最基本的生活保障和福利待遇以及义务教育问题，免除人民的后顾之忧，为国家民众提供一个托底的支撑，同时也是国家物质凝聚力的

一条保障线。保障国家凝聚力在国家困难或国民收入分配差距条件下，通过国民共享社会保障、实施民生工程、促进社会公平，来保证国家物质凝聚力的源泉向动力的转换，发挥对国家物质凝聚力的保持和强化作用。主要体现在两个方面。

（一）国民社会保障通过各种保障措施，托底或公平实现国民基本需要的满足，稳定国家物质凝聚力

从历史上看，社会保障发挥了稳定和发展国家物质凝聚力的作用，社会保障的扩大又增强了国家物质凝聚力的影响范围。国民社会保障体系最初是为国民提供生活生存的底线，提供最低保障，帮助国民解决温饱、疾病、住房等一系列关系到人民基本生活水平的重大问题。但在经济社会发展到一定程度后，虽然社会保障的重要功能没变，但也成为国家平衡收入差距，发展成果共享，体现社会公平的重要手段。

（二）提高国民社会保障体系的协调性，可以提升国家物质凝聚力的可持续性

国民社会保障的协调性包括内部协调性和外部协调性两部分。一方面，内部协调性是指国民社会保障内部结构比例的协调性，主要是社会保险、社会救济、社会优抚等项目的配置比例。过于突出某个部分，将会削弱其他部分的保障力度和强度，减弱国民社会保障体系的效率。但是一味地平均满足也可能导致社会保障中影响全局的某一重要部分的投入力度不足。在实践中，应在充分调查研究和尊重规律的前提下，实现科学决策，正确决定国民社会保障内部各部分的配置比例，只有达到内部配置的高效率及协调性，才能保证国家物质凝聚力从源泉和动力转换的稳定性。另一方面，外部协调性主要是指国民社会保障与资源、自然环境、文化、教育等外部环境的协调发展。如果国民社会保障不顾环境约束，不顾国情国力盲目和发达国家攀比，或把国民社会保障演变为政绩、形象工程，卯吃寅粮，也会造成国家物质凝聚力的不可持续。只有保持这种协调性，才能促进国民社会保障体系的不断完善，推进国家物质凝聚力因国民社会保障的协调稳定实现可持续发展。

五、国民收入分配对国家物质凝聚力的作用点分析

国民收入分配指国家在一定时期内的经济活动成果在各经济主体之间的分配，主要包括初次分配、再分配和最终分配三个过程。国民收入分配对国家物质凝聚力的形成、发展、变化具有决定性作用。人民美好生活的多种需要，都是通过国民收入的分配来完成的。从国家物质凝聚力的角度来说，只有人民需要通过国民收入分

配的形式得到了满足，国家物质凝聚力的源泉才能实现向动力的转变。不合理的分配弱化了国家物质凝聚力，往往是人民的需要没有通过分配得到满足而造成的。而且哪一部分经济活动主体需要没有通过分配得到满足，哪一部分就会产生对国家物质凝聚力的弱化作用。国家物质凝聚力的强化，往往也是通过分配充分满足人们发展变化的需要而实现的。具体地说，国民收入分配对国家物质凝聚力的作用主要体现在以下三个方面。

（一）国民收入分配能够促进国家物质凝聚力的形成并发挥激励作用

在这里，国民收入分配对国家物质凝聚力起两方面的作用。一方面是通过分配使人民群众的需要得到满足，进而使国家形成对人民的凝聚力，实现由源泉到动力的转变；另一方面是通过分配把人民群众在国家物质凝聚力作用下产生的向心力导向物质和精神成果的再创造。依据劳动贡献的国民收入分配将会为国家物质凝聚力提供正确的导向。

（二）国民收入分配的连续性能够促进国家物质凝聚力的不断积淀

国家物质凝聚力的积淀特点是在国民的需要连续不断得到满足的基础上形成的。在国家正常发展的情况下，连续性地国民收入分配，是由国民需要的连续性决定的。国民连续性需要通过连续性国民收入分配得到满足，从而实现国家物质凝聚力的连续性增加。国民收入分配满足国民需要的连续性越稳定、时间越长，所形成的国家物质凝聚力积淀越深厚。当然，国民收入分配的不稳定性和不连续性，如果不是由于灾害和战争，而是由于国家执政能力的低下所造成，也会使国家物质凝聚力的积淀过程中断，最直接的表现就是人民由对政府的满意变为不满意，国家物质凝聚力由强变弱。

（三）国民收入分配的不断增长能够促进国家物质凝聚力不断增强

随着科技的进步和社会的发展，特别是人类认识的增长和社会生活的实践的增多，一方面创造不断增加的社会财富，使进入国民收入分配的财富不断增长；另一方面人民又创造出丰富多彩、不断增加的需要。人民的不断增加的需要能够通过不断增长的收入分配所满足，所产生的国家物质凝聚力也会不断地得到新的发展的强化。因为国家满足人民温饱需要所产生的物质凝聚力同满足人民美好生活所产生的物质凝聚力虽然在方向上具有趋同性，但人民对国家所产生的高度认同感、获得感和幸福感也是有层次上的区别的。

六、可持续发展能力对国家物质凝聚力的作用点分析

可持续发展的概念，最先是在 1972 年联合国人类环境研讨会上被提出的。1987年《我们共同的未来》报告中首次明确了可持续发展的内涵。1992 年 6 月，环境与发展大会通过了《里约环境与发展宣言》。1995 年，可持续发展战略成为我国国家战略，2012 年党的十八大报告提出，要以科学发展为主题，实现以人为本、全面协调的可持续发展。可持续发展理念的提出为国家物质凝聚力的发展开辟了新路径，改变了以往的只要满足人的吃穿住行基本需要就可以增强国家物质凝聚力的陈旧观念，将资源节约、环境友好、以人为本及代际公平理念融入国家物质凝聚力的增强渠道，为国家物质凝聚力实现可持续提升打下了坚实的理论基础。可持续发展对国家物质凝聚力的作用主要体现在以下六个方面。

（一）可持续发展为国家物质凝聚力提供全面支撑

可持续发展能力强化国家物质凝聚力发展度、平衡度、协调度和持续度，从可持续发展能力分析的角度来看，国家物质凝聚力的可持续性也同样包含发展度、平衡度、协调度和持续度四个方面。一个国家的可持续发展能力为国家物质凝聚力的可感性、可比性、公平性和可持续性提供有力的支撑。首先可持续发展就是强化国家物质凝聚力的发展度，在发展中解决前进中的问题，将较好地满足吃穿住行等基本生活需要，凸显出国家物质凝聚力的可感性与可比性；其次，可持续发展强化了国家物质凝聚力的平衡度和协调度，将不断修正不可持续的发展模式，强化人类不同代际之间、不同区域之间、不同种族之间和城乡之间的发展平衡度及协调度，使国家物质凝聚力的分布更加均衡协调，凸显出国家物质凝聚力公平性的客观要求；最后，可持续发展强化国家物质凝聚力的持续度，保持人、自然和资源之间的有机平衡，完善协同发展机制，保持国家物质凝聚力的持续增强态势。

（二）可持续发展的生存支持系统是国家物质凝聚力的临界阈值

生存支持系统在可持续发展体系中起到基础和支撑作用，同时也为国家物质凝聚力提供托底支撑，是保证国家物质凝聚力得以存续发展的基本条件。国家物质凝聚力的维持与增强也将反作用于生存支持系统，为生存支持系统提供更好的生产生活产品及必需条件，两者互相依托、互相支持。生存支持系统成为实施可持续发展的临界阈值，由于可持续发展与国家物质凝聚力的增强正相关性，以及当前资源环境形势的紧迫性，生态支持系统也必然成为国家物质凝聚力维持与增强的临界阈值。

（三）可持续发展的发展支持系统是国家物质凝聚力的动力牵引

发展支持系统是整个可持续发展体系的动力，同时也是国家物质凝聚力的动力系统。发展支持系统通过资源整合提高资源配置效率，转变增长方式，满足人民多种需要的平衡，进而提高国家物质凝聚力的结构优化程度；通过技术进步提高生产效率和生活的便捷及舒适程度，促进人民追求高品质的生活，满足人民高质量生活的生态、绿色要求，进而提升国家物质凝聚力的发展潜力；通过循环经济、低碳经济及资源节约举措增强经济社会发展驱动力，进而增强国家物质凝聚力的生态动力；通过可持续理念的教育、培训与实践提升经济社会发展的精神与文化内涵，提升满足人民需要的品位与层次，进而增强国家物质凝聚力的精神动力与文化动力。

（四）可持续发展环境支持系统是国家物质凝聚力的约束上限

环境支持系统是可持续发展的约束上限。国家物质凝聚力的维持与提升也必须以生态环境的维持为基础，如果国民赖以生存的环境被严重破坏，国民的生存都将受到直接威胁，更不用说满足国民的物质需要了，因此环境支持系统也必然成为国家物质凝聚力的约束上限。国家物质凝聚力的增强有利于国家综合国力的提升及经济社会的可持续发展，但这种发展不是无约束、无上限的，要以资源节约和环境友好为标准，在维持生态环境基本稳定的条件下，实现对国民物质需要的满足，决不能为了经济或政治目的，无约束地满足国民的物质需要，造成生态环境的严重破坏和发展资源的枯竭，这样不但无法增强现有的国家物质凝聚力，反而极还有可能削弱国家物质凝聚力，甚至导致国家物质凝聚力的消亡。

（五）可持续发展社会支持系统是国家物质凝聚力的社会选择

国家物质凝聚力本身是由国家满足国民物质需要而产生的吸引聚合力。国家凝聚力的基本原理表明，国家凝聚力的发展方向正确，才能防止国家凝聚力被极端势力所利用，避免造成类似第二次世界大战的悲剧。社会支持系统就是通过社会组织及社会自发力量对国家物质凝聚力进行把控与指引。社会支持系统由于是社会的主动控制，因此对于物质资源实际信息的把控更加精确严谨，可以有效地避免信息劣势及资源错配，可以更好地满足国民的物质需要。

（六）可持续发展智力支持系统是国家物质凝聚力的控制中枢

可持续发展的控制中枢是智力支持系统，智力支持系统的核心就是政府。政府作为可持续发展智力支持系统的核心，拥有配置物质资源和控制物质资源流向的绝对控制权。可持续发展的智力支持系统，要求政府在配置物质资源时必须兼顾生态环境的保护、资源的节约和循环利用以及社会保障等多方面，真正实现经济、社会、生态环境的和谐发展、科学发展，保证经济社会在生态环境及资源约束条件下实现适度发展。而这种平衡、适度、协调的控制使国民物质需要满足的同时也具备了可持续发展理念中的平衡性、适度性及协调性，进而保证了国家物质凝聚力的平衡性、适度性、协调性。

国家精神凝聚力要素的凝聚作用点分析

——国家凝聚力研究笔记之十二、十三

刘学谦

　　国家精神凝聚力是国家社会生活中最高层次的凝聚力量。这种高层次的凝聚力量并不是由单一要素形成的，而是构成国家精神凝聚力的多种要素共同发挥凝聚作用的结果。构成国家精神凝聚力的理想、信仰、精神、道德四大要素，共同发挥着各自独特的凝聚人民力量的功能。国家精神凝聚力同国家其他凝聚力之间具有不可取代性，国家精神凝聚力所包含的理想、信仰、精神、道德凝聚人民的功能，同样具有相互之间的不可取代性。以往的国家凝聚力研究的著作和论文，基本上都是用了整篇的篇幅去描述国家精神凝聚力的概念、意义和构成，更多的研究重点是解释什么是精神凝聚力。在已经初步建立了一个相对完整的体系之后，现在有必要进一步研究和揭示精神凝聚力要素为何能够渗透人们的精神和灵魂，指导人们形成一致行为的动因和结果。

一、国家理想对人民群众发挥凝聚作用的凝聚点分析

　　国家理想是国家精神凝聚力的第一构成要素，也是国家根据广大人民群众的愿望所制定的国家未来发展目标。任何国家都有自己的理想，不同的是，不同性质国家理想所体现的愿望主体不同。我国是社会主义国家，人民群众是国家的主人，我们国家的理想一定是充分体现最广大人民群众愿望的目标。新中国成立以来，党中央先后提出过"要在不太长的历史时期内，把我国建设成为一个具有现代农业、现代工业、现代国防和现代科学技术的社会主义强国"，"实现中华民族伟大复兴中国梦"。这些相互联系的国家奋斗目标，都是充分反映了全中国人民愿望的国家理想。

从国家精神凝聚力的角度分析，国家理想又是如何发挥对人民的凝聚作用的呢？我认为主要有以下三个方面。

（一）共同愿望

每一个人都生活在特定的国家，一个人无论从事什么职业，都有一个同自己的利益愿望相关的美好愿景。国家理想对人民的凝聚力就在于对人民愿望的体现度，或者集成度。体现度越高公因数越大，理想对人民的凝聚作用越强；体现度越低，公因数越小，国家理想对人民的凝聚力越弱。国家理想是全国人民的共同愿望，但也不是简单的个人愿望的相加，而是在集成的基础上，实现了由量到质的科学性、规律性提升。提升后的共同愿望，虽然已不再是简单的个人意志下的愿望，但却在更高层次和根本利益上又体现着每个人的愿望。这种体现可以从以下三个方面去理解：首先是国家理想提出人的人民代表性。代表人民根本利益的领袖或领袖集团，才可能提出代表人民愿望的国家理想。虽然代表人民的领袖或领导集团由于种种原因，在犯主观主义错误时，也有可能提出不是人民愿望的国家理想，但这并不能否认代表人民的领导人是为了人民的利益，因为他们除了人民利益没有任何个人利益和任何集团的利益，所以并没有失掉代表人民的政治基础和利益基础。其次是国家理想形成过程中的民主广泛性。国家理想是全体人民的理想，每一个公民都有参与制定国家理想的权力。从国家精神凝聚力的形成原理分析，国家精神凝聚力是一个参与实践程度形成的认知过程。一个公民参与认知过程的程度，往往决定着这个公民对国家理想的态度。参与程度越高，公民对国家理想的认知度越高。参与度还代表着公民的职责和义务，公民在实现国家理想的过程中，能表现出主人翁的责任和担当精神。最后是国家理想形成之后的人民广泛认同度。这里所说的认同度，有两方面的含义：一是对国家理想的合理、科学性认同。二是对国家理想的利益代表认同。这两个方面都非常重要。从实际的情况看，国家理想认同注重前者的多，注重后者的少。一般认为，人民当家作主条件下的国家理想的科学性和合理性是对人民利益的保证。中国梦能够凝聚中国力量，就在于中国人民充分认识到当代中国国家、民族、个人是一个命运共同体，中国梦把国家利益、民族利益、个人利益紧紧联系在了一起。

（二）共同奋斗

美好的国家理想要靠全体人民的共同奋斗才能实现。奋斗的过程也是凝聚人民的过程。通过奋斗把人民的力量凝聚起来，需要做好两项工作：一是通过最广泛的动员，实现最广泛的人民参与。参与奋斗的群众规模越大，凝聚的力量就越强大；奋斗的群众越广泛，凝聚的范围就越广泛。没有广大群众广泛参与奋斗的国家理想，是空想；只有少数人参与奋斗的国家理想，不能凝聚全国、全民族的力量，是难以实现的理想。实现群众的广泛参与，离不开广泛、深入、持久的宣传和动员。不能搞形式主义的"一阵风"宣传，要通过扎实有效的宣传，让国家理想深入人心，把国家理想变成人民自己的理想。实现从被动参与到主动参与的能动性转变。这种转变，体现的是国家理想凝聚力不断增强的过程，也能够形成三种能动性的力量。一是国家制度优越条件下的为国家理想奋斗的能动力量；二是实现国家理想所需要克服困难的改革创新力量；三是实现国家理想的可持续的不竭力量。要让人民认识国家有足够的实现国家理想的能力，让国家理想目标对人民产生足够的吸引力，各级党政领导人要成为实现国家理想而奋斗的引路人。实现国家理想需要引路人。有了正确方向的引路人，走正确的路，才能有希望实现理想。奋斗的方向错了，形成的力量越大，离理想越远。实现国家理想需要奋斗的榜样。

（三）共享成果

国家理想是全国人民的奋斗目标。但要保持国家理想对人民的长期稳定凝聚力，往往需要通过阶段性目标的不断实现来保持可持续凝聚力。中国梦能够对人民产生强大凝聚力，是因为阶段性目标的不断实现，增强了人民群众的信心。我国提出实现中华民族伟大复兴中国梦，不仅有一个最终目标，还有阶段性目标。阶段性目标成为最终目标的重要组成部分和实现最终目标的阶梯。如，在共产党成立100周年的时候（1921—2021），全面建成小康社会；在新中国成立100周年的时候（1949—2049），建成富强民主文明和谐的社会主义现代化国家，实现中华民族伟大复兴的中国梦。在实现中国梦的过程中，首先实现全面建成小康社会的目标，对中国梦凝聚全国人民发挥着承前启后的重要作用。这个作用的重要体现，不仅为实现最终目标打下了物质基础，同时极大地坚定了中国人民实现中国梦的信心和决心。从中外历史的经验看，如果一个国家的理想过于遥远，又没有接续的阶段目标，容易形成人民看不见、摸不着的空想，失去对人民的凝聚力量。

国家理想的阶段目标成果体现的普惠性是国家理想凝聚全体人民的重要凝聚点。这里所说的普惠性，就是指阶段目标成果要惠及每一个人。这一点非常重要。因为只有惠及每一个人，才能凝聚每一个人。如果没有惠及到每一个人，国家理想就会对没有惠及的人群失去凝聚力。实现理想阶段性目标成果的普惠性，并不是很容易做到的。特别是发展中国家，国内不同地区间发展的不平衡，必然出现由于资源、人才、市场、环境的差别形成的区域之间的先进与落后的差距、贫困与富裕的差距，这阻碍了普惠性的实现。我国在总体目标一定的情况下，根据不同地区的发展水平，实行差异化的支持政策，目的在于消除和缩小先进和落后地区的差距，实现综合平衡发展。特别是打赢脱贫攻坚战，确保"一个不落"，实现全面小康，让发展成果惠及每一个人。这种在理想目标发展阶段性富有成效的普惠性做法，极大地增强了国家理想的凝聚力。

二、国家信仰对人民群众发挥凝聚作用的凝聚点分析

国家的指导思想，就是国家的信仰。人类社会的信仰发展大体经历了自然崇拜信仰、图腾崇拜信仰、宗教信仰、理论信仰等阶段。我们国家的国家信仰是指把经过实践检验的正确理论作为国家的指导思想，实现了国家信仰的科学理论化。尽管我们的国家信仰还在随着新的实践不断完善发展，但它在国家全面发展中的指导思想地位，在社会主义制度条件下对人民群众的精神凝聚作用，是不可动摇的。

（一）国家信仰的科学性对人民形成凝聚作用

当代中国的国家信仰能够形成凝聚中国人民的精神力量，根本还在于它的科学性。这种科学性主要表现在继承和发展了马克思列宁主义，指导中国人民取得了举世公认的伟大成就，形成了一系列马克思主义中国化的成果。国家信仰科学的性对人民的凝聚作用，具有客观必然性。但这种客观必然性还需要通过各级党委和政府的工作，才能使国家信仰的科学性转化为对人民的凝聚作用。首先要帮助人民认识这种科学性。要通过理论与实践相结合的多层次、多元化的现代化、信息化方式方法，把国家信仰变成人民群众听得懂、信得过，入耳、入脑、入心的道理。其次要帮助人民理解科学性。现代国家信仰不同于古代图腾，是在实践中认识三大规律的智慧结晶，必须深刻理解，掌握精髓。最后要帮助人民"贯通"科学性。这里所说的贯通，特指国家信仰的科学性要通过融入人民的生活、工作和学习体现出来，这样才能使国家信仰产生凝聚民众的力量。

（二）国家信仰在指导实践中形成凝聚作用

国家信仰是在指导人民革命和建设的实践中形成的，也只有在指导人民的实践中才能不断增强对人民的凝聚力。具体体现在以下三个方面。首先是指导个人实践，通过塑造个人的世界观和方法论来产生凝聚作用。国家信仰是国家的指导思想，也

是人民群众的世界观和方法论。国家信仰形成凝聚人民的力量，就要通过指导人民的实践活动，形成世界观和方法论。其次是指导社会实践，通过推动国家和社会的发展来产生凝聚作用。自中华人民共和国成立以来，特别是改革开放以来取得的巨大成就，充分表明了坚定国家信仰的必然性和重要性，最后是国家信仰在同错误思想做斗争中形成凝聚作用。错误的思想和方法存在于社会生活的方方面面，是社会发展进步的羁绊，是弱化国家凝聚力的思想障碍。坚定国家信仰，不断排除和纠正错误思想，能让人民在伟大的斗争实践中认识国家信仰的科学。

（三）国家信仰在不断创新发展中形成凝聚作用

我国的国家信仰，是科学真理，其生命力和凝聚力在于对实践活动进行科学指导。要进行科学指导，就必须根据不断发展变化的实际，不断创新和完善国家信仰。马克思主义中国化和中国特色社会主义理论的发展，都体现了国家信仰的不断创新和完善。国家信仰在不断创新和发展完善中形成对人民的凝聚力。这离不开三个基本条件：一是在继承中创新。国家信仰的凝聚力要求国家信仰必须保持稳定性，在继承中创新体现了凝聚力形成规律的客观要求。二是在创新中不断发展和完善。创新不是发展的中断或另起炉灶，而是通过创新使国家信仰保持适应时代的生命力，使其真理性不断释放出璀璨的光芒。三是在发展完善中形成新的时代特色。习近平新时代中国特色社会主义思想，是马克思主义中国化的最新成果，是指导当下中国人民在新时代进行革命、建设、改革的科学指导思想，更是新时代凝聚中国人民的国家信仰。

三、国家精神对人民的凝聚作用点分析

弘扬中国精神，凝聚中国力量。这里所说的中国精神，也就是当代中国的国家精神。国家精神对人民形成的凝聚力量，是长期稳定的，不是单一、个别和偶然的，它一定是同国家的前途命运相联系，同国家优秀传统文化的影响相传承，同国家倡导的价值取向相一致的。以下四个方面是国家精神对人民群众形成凝聚力量的基本作用点。

（一）国家精神体现的爱国主义形成凝聚作用点

爱国是人类国家诞生以来，国民共有的情怀。爱国主义是凝聚人民力量的永远不倒的旗帜。国家精神无论以何种行为方式，都无一不洋溢着爱国主义。因此，国

家精神的弘扬，必然激起人民的爱国主义情怀。人民的爱国情怀汇聚在一起，就成为强大的国家凝聚力量。实现国家精神到国家凝聚力的转变，首先要是培育国民的爱国主义情怀。爱国如爱家，但如何将朴素的爱国情怀提升到爱国主义的能动自觉，还需要动用国家的力量，以起到强化的作用。有了爱国情怀，才会激发爱国热情，才会有爱国的行动，才会形成以祖国为核心的凝聚力量。其次要打造长期、稳定、可传承的祖国利益高于一切的优秀文化环境。要从体现国家精神的事例中，汲取爱国主义精神的价值内涵，通过宣传教育，让祖国利益高于一切的爱国主义精神深深扎根于广大人民群众，特别是广大青少年头脑之中。最后要反对狭隘的民族主义。狭隘的民族主义不是爱国主义，而是害国主义。它往往打着爱国的旗号，搞盲目排外和极端利己主义，损害的是国家的长远利益和根本利益。我们倡导的爱国主义是既体现中华民族宽广胸怀，又放眼国家长远利益和根本利益的爱国主义。弘扬这样的爱国主义，才能形成正确方向的国家凝聚力。

（二）国家精神体现的革命英雄主义发挥凝聚作用

国家精神无论以何种行为方式表达，表现的都必然是强烈的革命英雄主义，这也是国家精神能够凝聚广大人民群众的凝聚点。革命英雄主义有特定的含义，主要指在同各种困难和敌人进行斗争中不怕艰难险阻的品德。老一辈无产阶级革命家朱德曾对革命英雄主义有一段精准概括，他说："革命英雄主义是视革命的利益高于一切，对革命事业有高度的责任心和积极性，以革命之忧而忧，以革命之乐而乐，赤胆忠心，终身为革命战争事业奋斗，而不斤斤于作个人打算，为了革命的利益和需要，不仅可以牺牲自己的某些利益，而且可以毫不犹豫地贡献出自己的生命。"国家精神的创造者们，无论个人还是集体，他们所体现的精神品质，正是凝心聚力的根本。首先，要在全社会不间断地进行革命英雄主义教育。革命英雄主义是国家之魂。要广泛宣传革命英雄主义的价值和意义。充分认识革命英雄主义不仅在战争时期需要，在和平建设时期，在战胜各种自然灾害时，在深入改革开放、为实现中华民族伟大复兴的中国梦的过程中同样需要。那种认为在市场经济条件下"革命英雄主义过时论"的观点可以休矣。其次，要在全社会形成崇尚英雄、争做英雄的氛围。习近平总书记指出："崇尚英雄才会产生英雄，争做英雄才能英雄辈出。"我们正在进行实现中华民族伟大复兴的伟大事业，因此注定我们这个时代一定是英雄辈出的伟大时代。全社会崇尚英雄，学习英雄，形成人人争做英雄的正能量，就能够让革命英雄主义精神发扬光大，在推动伟大事业不断前进的过程中凝聚起全民的力量。最后，要树立革命英雄主义的典型。让鲜活的英雄形象、英雄精神发挥新时代革命英雄主义的强大凝聚力作用。

（三）国家精神体现的集体主义发挥凝聚作用

国家精神的种种表现，无一不表现着强烈的集体主义精神。正是这种强烈的集体主义精神，形成了凝聚人民群众的作用点。集体主义精神能够发挥凝聚民心的作用主要有以下三个方面的原因：一是当集体利益受到损害或威胁时，有人挺身而出，同危害集体利益的行为和现象作斗争，实质上是在保护每一个人的利益。以反腐败为例，人民群众痛恨贪污腐败分子，根本原因是腐败分子侵犯了每一个人的利益；党中央狠抓反腐败为什么受人民群众欢迎，实质上也是在维护每一个人的切身利益。二是维护集体利益，往往会以损失个人利益甚至生命为代价，这充分体现了舍己为人、公而忘私的高尚品德。这种优秀的品性历来深受人民的推崇和赞扬。在保家卫国的战斗中，在战胜各种自然灾害中，在和各种疾病疫情作斗争中，一批又一批的优秀分子勇敢地保卫了亿万人民群众的生命安全。三是发扬集体主义精神是社会主义国家大力倡导和鼓励的行为。集体主义是和社会主义国家的本质相一致的。在社会主义国家，人民群众是国家的主人，全心全意为人民服务是党的宗旨；人民群众是国家中最大的集体，全心全意为人民服务是最彻底的集体主义精神。

人民赞扬集体主义，推崇集体主义，使得集体主义能够凝聚人民的力量，还是社会主义国家人民的社会性本质的体现。共同的社会生活使人民形成社会共同体、利益共同体、命运共同体。当人们认清集体主义对共同体的价值和意义时，集体主义必然对人民产生强大的凝聚作用。现在社会上存在贬低集体主义的思想倾向，认为集体主义否认个人利益，实际上这是错误的理解。集体主义从来不否定人民群众的个人利益，因为集体利益是由每个个体的个人利益构成的，从这个角度说，没有了个人利益，就构不成集体利益，集体主义也就失去了存在的价值和意义。集体主义对人民的凝聚作用，从来就不是否定人民的个人利益，因为只有坚持集体主义，才能更好地维护和发展个人利益，这是集体主义凝聚力的根本所在。

（四）国家精神体现的改革创新发挥凝聚作用

改革创新是推动社会发展进步的强大动力，没有改革创新，因循守旧、故步自封会桎梏国家的活力，使国家发展止步不前国家改革创新能够对人民发挥凝聚作用，根本就在于通过改革创新，能够解放和发展社会生产力，改变贫穷落后的社会面貌，使国家尽快富裕和强大起来。在各项工作中发扬改革创新精神，能极大地提高工作效率，创造较多的社会财富，让人民群众不断增加收入，消除贫困，提高生活水平。

改革创新作为当代中国精神的核心，能够凝聚人民，还在于它是一种不断锐意进取，敢于破除陈规陋习、勇往直前的精神境界。人民群众在崇尚改革创新的氛围中会逐步将其内化为优秀的国民品格。我国改革开放以来取得的巨大成就，不仅使我国成为世界第二大经济强国，同时也塑造了人民崇尚改革创新的优秀国民品格。如果说改革开放促进了生产力的发展，增强了国家物质凝聚力，而人民崇尚改革创新的优秀国民品格的形成，则增强了国家精神凝聚力。这里所说的增强，是通过人民对改革创新的认同、践行和传承体现出来的。

四、国家道德对人民的凝聚作用点分析

道德能够对人民形成强大的凝聚力，这是国家治理成功的重要标志。世界上任何国家都有道德规范，特别是现代国家，没有道德的国家会成为危害自己也危害世界的流氓国家。国家有国家的道德，但只有对广大人民群众形成凝聚力才有价值和意义。因此，认识国家道德对人民群众产生凝聚力的作用点，能够增强国家道德对人民的凝聚力，既有理论意义，也有实践意义。国家道德就其内在本质要求来说，能够对人民产生凝聚力，主要有以下四个方面的原因。

（一）国家道德价值取向的引领性

国家道德能够形成凝聚力，引领性具有重要的作用。国家道德引领性的内容，包括人民生活的方方面面，凡是国家倡导的道德行为，都具有引领性。这种引领性主要体现在国家倡导的价值取向上。但是国家倡导的价值取向，一定要同人民的道德需求、道德愿望相一致。这样才能实现国家价值取向转变为人民的价值需求。完成这个转变，国家道德价值取向的引领性，才能形成对人民的道德凝聚力。国家道德价值取向转变为人民的道德价值需求方面，有大量的工作要做。只有人民对国家道德价值取向认可，才能形成道德行为的引领力。

（二）国家道德对人民的正义感染力

正义感染力是指人们对社会正义行为和言论的认同、学习和传播。正义感染能力的大小，首先与内容有关，也与社会发展环境舆论和历史文化传承密切相关。正义感染力越强，国家道德对人民的凝聚力就越强。国家道德对人民的正义感染力，一方面在于道德内容的教育感染力，另一方面在于道德模范的行为感染力。从道德内容的教育感染力来看，这种感染力的大小，往往与国家的性质以及教育感染对象

的道德文化传承和道德素质有关。在我国，人民群众是国家的主人，人民群众是道德内容的实践者。因此，看道德内容的教育感染力，关键是看对人民群众的感染力。一方面要充分反映人民群众的道德诉求，另一方面要体现具有吸引力的道德美好前景。党中央提出的社会主义核心价值观充分体现了这两点。从道德模范的行为感染力来看，感染力的大小往往取决于以下两个方面：一方面是道德模范行为所体现的精神价值能否引起被感染者的道德共鸣。共鸣越强烈，感染力就越大。另一方面是道德模范的行为的优秀表现能否得到国家的充分肯定和大力表彰。国家肯定和表彰的力度越大，对人民群众的感染力就越强。

（三）国家道德约束公民的公正公平性

国家道德约束的公正公平问题，是一个国家的政治生态问题，也是国家道德凝聚人民的重要凝聚点。国家道德的约束公正公平问题，是随着社会的发展和进步逐步实现的。在奴隶社会、封建社会以及走向没落的资本主义社会，很难实现国家道德约束的公正公平问题。原因就在于国家统治者和被统治者之间在政治待遇和社会地位上存在的不平等性。只有在人民当家作主、政治上人人平等的社会主义国家才能实现国家道德约束的公正公平。这里有必要指出，我们所说的国家道德约束的公正公平，主要是指两个方面：一是道德内容规范在内容上是面向全社会所有成员的，或者说对社会所有的公民都是"善"的，都是公正公平的，都是没有任何特权规定和歧视性的。二是国家道德的约束性对所有国家成员都是公正公平的。不分职务高低，不分性别，不分职业，对国家所有成员都具有相同的行为约束性。

（四）国家道德建设成果的人民满意度

国家道德建设成果的人民满意度实际上是解释以什么为标准判断形成的国家凝聚力最强的问题。这种满意度绝不是国家道德规划和目标设计中数字模型模拟出的满意度。而是建立在广大人民群众实际感受中的满意度。也只有这样的满意度，才对增强国家道德的凝聚力有意义。要做到这一点，国家道德建设必须力戒形式主义、官僚主义和功利主义，坚持以人民为本，以人民对国家道德建设的实际感受满意度为最高评价标准，不断调整和推进国家道德建设工作。同时，广大共产党员和社会各界先进分子要做践行国家道德的模范，发挥道德建设的引领力和带动力作用，在全国上下形成道德建设的合力。一个能让人民群众满意、幸福的具有新时代中国特色社会主义特色的道德社会，一定能够对人民群众产生强大的凝聚力。

国家政治凝聚力要素的凝聚点分析

——国家凝聚力研究笔记之十四、十五

刘学谦

国家政治凝聚力是国家凝聚力的核心组成部分。认识国家政治凝聚力的要素如何发挥凝聚人民的作用，对于掌握国家政治凝聚力的形成变化规律有重要意义。不是说在国家凝聚力总体发展变化规律之外，存在独立的国家政治凝聚力形成变化的规律，而是国家满足人民政治需要所形成的凝聚力在国家凝聚力总体发展规律中的体现。国家政治涵盖的面非常广，但是这并不妨碍从各国的国情出发，去解析国家政治构成要素如何对人民形成国家政治凝聚力。

由于国家政治凝聚力的构成要素比较复杂，这里只选择国家政治制度、人民在国家中的地位，以及国家能力三个方面进行凝聚作用点分析。

一、国家政治制度的凝聚作用点分析

国家政治制度的凝聚力在国家政治凝聚力中占首要和核心地位。因为一旦一个国家的政治制度丧失了对人民的凝聚力，这个国家的政治凝聚力也就不存在了。而一个国家的政治制度对人民有没有凝聚力，在一定程度上又取决于这种制度有没有比较优势，并能通过国家政权发挥出这种比较优势。制度有比较优势是前提，发挥出比较优势才能形成对人民的凝聚力。一个国家政治制度的诞生是和该国生产力发展水平相关的，因此每个国家政治制度的诞生都有其历史的必然性。随着生产力的发展，人类历史上曾先后出现了奴隶制国家、封建制国家、资本主义国家和社会主义国家。从理论上说，上述国家政治制度的产生，也都体现着社会进步条件下的比较优势。如封建制国家的政治制度比奴隶制国家的政治制度有比较优势，而资本主

义国家的政治制度又比封建制国家的政治制度有比较优势，而社会主义国家的政治制度又比资本主义国家的政治制度有比较优势。这当然只是就一般规律而言。但在具体的社会历史发展过程中，具体到某一个国家的政治制度，在多种制度并存的条件下，能否体现出一般规律所具有的比较优势，则没有确定的结论。根本原因就在于国家政治制度建立之后，能否体现出比较优势；在于统治阶级掌握了国家政权之后，能否发挥出政治制度的比较优势。理论上有比较优势，在实践中不能发挥出来，从国家凝聚力的角度来说，等于没有比较优势。

发挥国家制度比较优势的好与坏，直接决定着国家对人民形成政治凝聚力的强与弱。发挥国家制度比较优势对国家政治凝聚力的影响不仅存在于不同政治制度国家之间，也存在于相同的政治制度国家之间。对世界典型资本主义国家凝聚力的强弱分析，国家间政治凝聚力的强弱差别很大。社会主义国家之间也同样存在国家凝聚力强弱的差距。这表明无论哪一种社会制度的国家，只有充分发挥出比较优势，国家政治凝聚力的强弱才有意义。

（一）充分发挥国家政治制度的比较优势，可以最大限度地促进经济社会实现跨越式发展

这也是历史上先进国家政治制度能够取代落后国家政治制度的根本原因。马克思在《共产党宣言》中写道："资产阶级在它的不到一百年的阶级统治中所创造的生产力，比过去一切世代创造的全部生产力还要多，还要大。"直到现在，我们也不能否认资本主义政治制度在历史上的优势。但是当一种比资本主义制度更具比较优势的社会主义制度诞生，并且充分表现出能够超越资本主义国家政治制度时，同样也出现了不可避免的历史轨迹。新中国成立70多年取得的伟大成就，远远超过了当代资本主义国家的发展速度，英国伦敦政治经济学院全球事务研究所所长埃里克·伯格洛夫认为，中国经历了40余年的高速发展和经济增长之后，正向世界提供中国方案与智慧。俄中友协第一副主席加林娜·库利科娃认为，回顾70多年的发展历程，中国之所以能够取得如此辉煌的发展成就，是因为中国始终坚持中国共产党的领导，坚定走中国特色社会主义道路。中国政府采取了行之有效、有延续性的政策，脚踏实地、实干拼搏，推动中国经济社会不断向前发展。这种发展的背后，毫无疑问是国家政治制度比较优势的支撑，是中国人民对党和政府的强大向心力。

（二）充分发挥国家政治制度的比较优势，在很大强度上能够最大限度地体现人民的意志

在现代社会的生活条件下，人民的意志所反映的价值取向和需求是国家政治凝聚力的源泉和动力。因此国家政治制度的比较优势就在于能够充分体现人民的意志。这种体现也应该包括两方面的内容：一是政治制度的构成要充分体现人民的意志，二是政治制度有利于形成体现人民意志的决定和决策。这两点对于国家政治制度形成比较优势非常重要。前者体现的是国家政治制度的建设由人民的意志所决定，后者体现的是国家政治制度能够保证按照人民的意志进行决定和决策。国家政治制度通过充分体现人民的意志而形成国家发展的比较优势，它又如何形成凝聚力呢？首先是由人民的意志构成的比较优势，体现了人民的国家主人地位，体现了国家的人民性质；其次是由人民的意志构成的比较优势，能够最大限度地调动起人民的积极性和创造性，体现着真正推动历史前进的人民力量；最后是由人民的意志构成的比较优势，能够形成打败一切敌人、战胜一切困难的力量。因此它能够凝聚全国人民的智慧和力量。

（三）充分发挥国家政治制度的比较优势，能够形成全国一盘棋、集中力量办大事的国家力量

自国家诞生以来，国家政治制度建立的价值和意义，虽然从来都是为体现统治阶级的意志，巩固统治阶级的统治而建，但同时也是为促进国家的统一和国家发展的合力而建。但是，这种国家政治制度的价值和意义并不是任何统治集团都能有能力实现的。这就形成了同是国家、特别是不同性质的国家，面对战争、面对灾难、面对疫情时，所表现出来的差距。具有国家政治制度比较优势的国家，当战争、灾难和各种疫情疾病袭来时，能够迅速形成全国一盘棋和集中力量办大事的国家力量。这种国家力量，在新中国成立以来，让世界人民在中国人民抗美援朝、保家卫国的伟大战争中见到过；在 1976 年唐山大地震发生后，全国人民支援唐山抗震救灾的伟大实践中见到过；在 1998 年抗洪斗争、2003 年抗击"非典"、2020 年抗击新冠疫情中见到过。全国一盘棋、集中力量办大事的国家力量能够在面对战争、困难和各种灾害时，给人民以信心和力量，产生强大的凝聚力和向心力。

二、人民群众当家作主的凝聚作用点分析

人民当家作主是社会主义民主政治的本质特征。因此，人民群众当家作主不是

所有国家都具有的国家政治凝聚力要素。尽管有些国家标榜自己的国家是民主国家，但是它们所谓的民主，和人民群众当家作主的民主具有本质上的差别。这种差别不仅表现在性质上，也表现在层次上。人民群众当家作主的民主，是基于人民群众是历史的创造者和发展的推动者的理论，是以人民为本的国家性质的体现，更是社会民主的最高层次。所以它不可能存在于非以人民为本的国家，只能存在于社会主义国家。当代中国建设的具有中国特色社会主义的国家，是人民群众当家作主的最完整、最先进的体现。人民群众当家作主的国家专属性质，决定了我们分析人民群众当家作主作为国家政治凝聚力的要素如何发挥凝聚作用时，必然以当代中国为背景。

（一）人民当家作主的凝聚点，首先在于人民的国家主人翁意识

国家与人民之间的凝聚与被凝聚关系，在一定程度上体现的是人民在国家中的定位。在不同的社会制度下，人民在国家中的地位不同，国家与人民之间所表现出来的凝聚关系一定也不同。从历史的发展看，国家无论实行什么制度，只要能够存在，总有一定的合理性，因此国家在不同制度下都存在对人民的凝聚力。从历史进步的角度说，即便是在私有制条件下的国家制度变迁，也都不同程度地改变了国家与人民的地位关系，因而每一次改变都不同程度地提升了人民在国家中的地位。但这种提升，仅仅同一定程度地解放和发展生产力的客观要求相联系。在公有制占主导的国家制度条件下，人民在国家中地位的提升，则完全体现了全面解放和发展社会生产力的客观要求。国家从私有制占主导到公有制占主导，随着所有制形式的转变，人民也从私有制社会的最底层，一跃转变为公有制社会的最高层，成为国家的主人。正是地位的根本改变，人民对国家产生了超越以往任何时代的向心力。这种向心力的表现，就是人民树立了国家主人翁的意识。当然，人民国家主人翁意识的真正形成，还具有过程性和条件性特点。从过程性来说，从旧体制到新体制，必然有一个过程，这个过程起决定作用的仍然是社会生产力的发展水平。从实践中看，生产力水平达不到，私有制到公有制的转变就不可能做到完全彻底。私有制的典型经济形态——市场经济，将长期存在。市场经济等价交换原则，突破经济领域，渗透到政治思想领域时，必然对国家主人翁意识形成挑战。从条件性说，最根本的是制度和法治的完备。要从制度上明确人民当家作主的地位，人民的主人翁意识才能牢固。并且这种地位不应当只是形式上的，而应当体现在国家治理的方方面面。这种来自人民的政治需要和国家满足人民政治需要在国家治理过程中的体现程度，决定着国家凝聚人民的力量和人民对国家的向心力量的程度。要从法律上保障人民当家作主的地位，不仅要把它写入宪法，还要体现在国家法律体系中，更要体现在执法

的全过程中。人民有国家主人的地位，才有国家主人翁的意识。人民国家主人翁的意识越强，国家政治凝聚力越强。

（二）人民当家作主的凝聚点在于形成了人民利益的共同体

人民当家作主所指的人民，是包括国家所有公民的概念。同时人民当家作主又是一个常态化的原则，不是时有时无的虚幻概念。正因如此，国家中的人民与国家存在"一荣俱荣一损俱损"的利益共同体关系。这种人民利益的共同体，可以从以下三方面产生国家凝聚力。一是利益共同体使人民形成"国家好个人才会好"的意识。国家利益是人民利益共同体的集中体现。维护好国家利益，发展好国家利益，人民美好生活的需要才会得到满足，人民的根本利益才会得到保障，人民才会对国家产生向心力。二是利益共同体使人民形成只有努力奋斗才能保证利益共同体凝聚力量的意识。人民当家作主决定了人民利益和幸福不可能由别人创造，因为在社会主义国家，人民是最大的社会主体，要丰富人民利益共同体，除了人民自己努力创造没有其他途径。要创造财富，就要凝聚自己的全部力量，才能战胜各种困难。三是利益共同体使人民之间形成团结互助的凝聚力。共同体共同利益的形成，使人民群众成为共同利益链上的一分子。因此个体之间的共同利益，使人与人之间的思想和行动实现统一。在这种共同利益为基础的社会生态环境中，人民之间必然是互助、互爱、协同奋斗的关系。

需要指出的是，以上是从理论的角度，分析了人民利益共同体与形成国家政治凝聚力的因果相关性。但在社会实践中却更复杂，因为人民利益的获得是通过分配实现的，而分配的地域发展的差异性和不平衡性，以及人民个体奉献社会的能力差别，都决定了利益分配的不均等。这种利益分配的不均等，直接导致国家对人民凝聚力的不均等。因此，国家努力缩小地区发展差距，减小人民之间的收入差距，才能保证国家对人民凝聚力的均衡性。

（三）人民当家作主的凝聚点在于能最大限度地激发人民的创造性

人民当家作主充分体现了我国国家制度的先进性。从历史唯物主义的角度来说，人民当家作主促进人的全面解放，更高层次上实现民主、自由，可以最大限度地调动积极性、激发创造性。一是人民当家作主能够充分调动人民建设国家的积极性。人民当家作主，赋予了人民主人的地位和权力，充分满足了人民由被剥削、被压迫到成为国家主人地位的政治需求。这种满足人民政治需求所产生的精神动力，就是人民建设自己国家强烈积极性的源泉。新中国成立以来，无论是开展社会主义建设、抗美援朝保家卫国，还是改革开放、脱贫致富奔小康，实现"两个一百年"奋斗目标，党和国家对人民的号召力越来越强，人民建设国家的积极性越来越高涨。二是人民当家作主能够激发人民的创造力。创造力一般是指产生新思想、发现和创造新事物的能力。创造力的产生，绝不是可以计量的日常工作，更不是靠规范靠强迫，而是一种宽松自由的灵感爆发。创造力的形成，至少需要两个条件，即创造的冲动和必要的知识积累。人民当家作主能够激发人民的创造力，主要在于以下三个方面：第一，人民当家作主能够激发人民形成伟大的创新精神。伟大的创新精神，能够克服一个又一个困难，创造一个又一个奇迹。第二，人民当家作主能够促进人民的思想解放。只有打破思想的桎梏，人民才有创新思维。有创新思维，才有创造力。第三，人民当家作主有学习和全面受教育的权利，能够形成创造力所必需的知识积累。人民广泛开展的学习活动，不仅让人民的生活更精彩，还会使人民在各自的工作岗位上产生创造力，使我们的国家通过全民创新创业，实现国家的高质量发展。

语言文字的凝聚力作用点分析

——国家凝聚力研究笔记之十六

刘学谦

一个国家的语言文字既是该国宝贵的历史文化遗产，又是一个国家维系统一和凝聚的纽带。语言文字的统一，曾在我国古代历史上发挥过促进统一国家的重要作用。秦始皇统一六国之前，各个国家都有自己的文字，例如当时的一个"马"字，就有多种不同的写法。秦统一六国之后，促进国家统一的重要措施就是实施"车同轨，书同文"。据有关资料介绍，在民国的时候，在报纸上还专门刊登过讨论汉语文字对中国团结统一的作用的文章，认为"国人所赖以相通、相结合者，语言也"，如果人们"各操土音"，必然"对面无言"，"言不类则心易疑，此涣散之本也"；而如果"文话皆相通，中国虽大，犹如一家"。因此，"世界各强国无不以全国语言一致为内治之要端"。

在现代社会，语言文字的职能是传播知识，是人们必不可少的交流工具。但它对于凝聚人民力量，维护国家的团结和统一，仍然具有十分重要的作用。语言文字作为国家文化凝聚力的要素，对广大人民群众的凝聚点主要体现在以下四个方面。

一、语言文字通过相同的表达方式发挥凝聚人民的作用

汉语言文字先后经历了甲骨文、金文、篆书、隶书、楷书等发展阶段，现在人们普遍使用楷书来书写和应用，而楷书在中国大陆又经历了从繁到简的过程。汉文字从繁到简的过程，起决定作用的是人民对文化表达的需求。虽然现在的简化字仅在中国大陆通行，但这是语言文字发展的一个不可逆的趋势。这个过程并没有改变中国人民通过共同的语言文字和共同的语言结构表达相同意思。这是因为在中华文

化传播的过程中，汉语言文字始终起着工具的作用，无论是科学技术的文献记载，重大历史事件的论述，非物质文化遗产的描述，还是知识文化教育传承，无一不是通过汉语言文字来完成的。这种汉语言文字，会深深地刻在中国人的脑海之中，形成不可抹去的深深记忆。这就是语言文字不可取代的凝聚功能。

对汉语言文字的认同，属于文化认同的一部分，但又不完全等同于文化认同。文化认同是一种纯文化的现象，而对汉语言文字的认同，并不完全是文化现象。对语言文字的认同除了对文字本身的认同以外，还有对语言文字表达内容的认同。而对语言文字和对语言表达内容认同的统一，是凝聚作用的关键点。这里有一个认识误区，即有时对语言文字认同但对其所表达的内容不认同，这是现实中常见的现象。但是这里所说的语言文字表达内容的认同，是对语言文字描述的这件事的内容表达方式的认同，因为这种内容表达方式和内容是没有关系的。

二、汉语言文字是中华文明的重要标识，是文化凝聚人民之源

据语言研究学者分析，汉语言文字具有独特的形象和书写方式，汉字使用蕴含中华民族的思维特色，形音一体，音形达意，这是其他民族文字所不具备的。汉字是中华民族的符号，是中华民族魅力之所在。汉语言文字不管是繁是简，都是中国人之间相互认同的标识，而且这个标识能够成为凝聚人民之源。

汉语言文字，是中华民族广大人民在改造客观世界的过程中，取得的重要认识成果。从早期的象形文字到后来的繁体字，都能看到中国人认识世界的智慧结晶。每一个汉字的形成、传承，都经历了反复应用、完善的过程。对于汉语言文字，曾经有人认为其难学、难记、难用，是世界上最难掌握的语言，以至于提出是否取消的建议。现在看来，这种认识只是把语言文字作为一种交流工具而言，否定了汉语言文字历史文化传承的价值和意义。其实，简繁只是一个相对的概念。随着科学技术的进步，不管多么复杂的文字，都可以通过现代科技的帮助，变成大众化。

汉语言文字是中华民族大家庭的凝聚之源。人与人之间的凝聚是从相互交流开始的，而交流又是从语言文字开始的。语言文字不通，就会"对面无言"，根本谈不上相互认同。汉语言文字还有一个重要的特点——包容性。汉语言文字，语言发声在全国各地大不相同，但文字却是相同的，这就能够实现相互交流。这种文字的统一和语音的多样化，都在一定程度上影响了不同地域人们的交流，但普通话的推广，又打破了地域之间语音不通的障碍。推广普通话又保留语音的多样化，恰恰体现了汉语言文字的包容性，使中国人能够在南腔北调中相互交流与融合。

三、汉语言文字所表达的国家理想目标发挥着凝聚人民精神力量的作用

国家理想目标是国家凝聚人民的强大精神力量，只有通过语言文字表达出来，被群众接受与认同，才能实现凝聚人民精神力量的作用。没有用语言文字表达出来的国家理想目标难以转换为人民大众的理想。而没有经过语言文字的传播，得不到人民认可的国家理想目标也就难以凝聚人民的力量。因此，汉语言文字所表达的国家理想目标发挥凝聚人民精神力量的作用，需要具备的首要条件是人民群众有共同的语言文字认知。这包括认同语言文字的表达方式、准确理解语言文字所传递出的含义、认同语言文字所包含的文化等等。从历史角度分析，秦始皇统一六国后，"罢其不与秦文合者"，制定出小篆作为标准文字，通用于公文法令。后来程邈又根据当时民间流行的字体，整理出更为简便的新书体——隶书，作为日用文字在全国范围推广，这对推行法令、传播文化具有重要的促进作用。新中国成立后，国家也多次制定简化汉字的改革方案，帮助少数民族创立文字，同时又开展推广普通话等工作。这些措施的推行是保证国家社会稳定、社会主义文化得以广泛传播的前提，是发挥文化凝聚力作用的基础。语言文字所表达的国家目标之所以能凝聚人民，是因为中国人民对语言文字所承载的文化的认同。正是基于这种认同，人民群众可以理解国家理想目标的丰富内涵，从而统一思想和行为，凝聚力量。

新中国成立后，我国先后提出过"反对帝国主义、封建主义和官僚资本主义，为中国的独立、民主、和平、统一和富强而奋斗"，"实现四个现代化"，"共同理想"，"中国梦"等国家理想目标。以汉语言文字表达的国家理想准确、精练地反映了国家理想所具有的时代性、连贯性、统一性、共同性等特点，具有鲜明的时代烙印。因此，这些国家理想可以在不同时期发挥凝聚人民精神力量的作用。

四、汉语言文字所表达的社会道德发挥着凝聚人民行为规范的作用

中国上下五千多年的历史，分分合合、朝代更迭，但却是古代四大文明中唯一一个延续下来没有中断的国家。社会道德作为文明的一部分，虽历经朝代更换和外族入侵，但流传至今，且在其价值取向的引领性、对人民的正义感染力、约束公民行为和建设成果的人民满意度等方面继续发挥凝聚作用。群体间的相互合作是基于对合作对象的认同，而这种认同是基于对社会道德所规范的行为准则的认同。追根溯源，仍然是对以汉语言文字为载体的文化的认同。语言文字是社会道德记录、传播的载体。语言文字本身是客观的，但由于社会道德具有的教化、指导人民行为

的功能，语言文字的表述内容和方式也就具有了主观性和能动性。因此社会道德能否有效地凝聚人民、凝聚人民作用的强弱直接依赖于语言文字表达的生动与准确。

朗朗上口、简洁有力的语言文字内容和方式，一方面直抵人心，有助于社会道德在更广的范围内、更长的时间里，进行持久性宣传，从而在最短时间内得到大多数人民群众的认同；另一方面可以深入浅出地向群众传递所表达的社会道德内容，有利于公民对道德的理解，从而更好地自觉践行。因此，社会道德通过语言文字记录、宣传、传播、传承，并随着时代的发展增添新的元素与内涵，发挥凝聚人民的作用。

首先，社会道德通过语言文字来表达，这是社会道德发挥凝聚作用的基础。社会道德的表达是社会道德约束和指导公民行为的第一步，而社会道德的表达只能依靠语言文字才能得以实现。没有语言文字记载的社会道德会随着时间的流逝被遗忘，更不用提发挥凝聚人民的作用了。语言文字记载突破了口头传播的时空局限，中国历史上产生了许多著名的叙述道德规范的典章，如《道德经》等。尽管古代关于道德的论述中有许多在今天看来是不合理的，但在当时发挥了重要作用。其次，社会道德通过语言文字传播和传承，这是社会道德在国家建立初期，国家凝聚力周期变化过程中，保证国家稳定、发挥精神凝聚作用的重要条件。我国历史上曾发生多次外族入侵建立新的政权，这些政权或多或少都会被汉族同化，这正是对汉文化的认同，其中，语言文字挥着重要作用。如《吐蕃王朝世袭明鉴》等记载，文成公主进藏时，除各类珍宝、生活用品外，还带有"360 卷经典，卜筮经典 300 种，识别善恶的明鉴，营造与工技著作 60 种，100 种治病药方，医学论著 4 种等"。诗文、农书、佛经、史书、医典、历法等典籍，一方面促进了吐蕃经济、文化的发展，另一方面也加强了汉藏人民的友好关系。最后，语言文字表达的社会道德不断与时俱进，更好地发挥了凝聚人民的作用。如《论语》中提到的"孝、悌、忠、恕、仁、智、勇、礼、乐、义、恭、宽、信、敏、惠、温、良、恭、俭、让、刚、毅、谦逊、忍让、慎言、知耻"等，这些思想从古至今一直影响着中国人民，发挥着凝聚人民的作用。同时，随着时代的发展，社会道德也增加了反映社会发展进步的新内容。如"富强、民主、文明、和谐，自由、平等、公正、法治，爱国、敬业、诚信、友善"的社会主义核心价值观，在继承和发扬原有社会道德的基础上，加入了"富强、民主、和谐、自由"等内容，其语言表达方式更加简洁、明了，朗朗上口；其内涵也更符合中国特色社会主义发展的新特征；更有利于凝聚人民力量，实现中华民族的伟大复兴。